JN441056

2026 | 개정판 |

비상장 주식평가 Pro

상속세 및 증여세법상 평가규정

공인회계사 김영수 저

머리말

상속세법상의 비상장주식평가규정은 이론적인 해석보다는 비상장주식을 평가해야 할 실제상황에서 오류나 누락 없이 정확한 법규정에 따라 평가액을 산정하는 것이 그 목적이다.

현행 상속세 및 증여세법상 비상장주식 평가규정은 기업회계의 지식과 법인세법의 지식을 동시에 요구하고 있고, 기업별로 서로 다른 상황이 있을 경우 모든 예외상황들을 고려하여 주식평가에 반영하여야 한다는 점에서 실무적용에 어려움이 있는 것이 사실이다.

이 책을 집필하는 과정에서 염두에 둔 것은,

첫째, 실무에서 비상장주식평가업무를 하는 과정에서 본 저자가 실제 경험했던 여러 난해한 사례들에 대하여 법규정과 예규, 심판례 및 법원 판례를 제시하였고, 2026년 2월 현재까지 개정된 법과 시행령 및 시행규칙을 반영하였으며, 상속세법상 별도의 규정이 없는 부채에 대한 평가방법은 별도의 장으로 설명하였고, 분할·합병·자기주식의 처리·부동산비율 산정·발행주식수 변동·상호출자주식 평가등과 같은 실무에서 발생가능한 모든 예외상황들을 빠짐없이 설명하고자 하였다.

둘째, 상속세 및 증여세법의 규정만으로 충분한 설명이 되지 아니하는 상황에 대하여는 관련 예규나 도표를 첨부하여 이해를 도우고자 하였고, 또한 법적용에 주의를 요하는 상황들에 대하여는 실제 발생 가능한 사례를 만들어 풀이를 함께 제시함으로서 독자들의 실무적용에 도움이 되도록 하였다.

셋째, 장부에 계상되지 않은 퇴직급여나 대손상각비에 대한 해석사례를 보충하였고, 실무상으로 도움이 될 수 있도록 실무사례와 해석을 추가하였다.

바쁜 업무 중에도 본서의 출간을 승낙해 주신 도서출판 ONE(원)의 정성열사장님, 그리고 최고수준의 편집을 위해 마지막까지 힘써준 출판사의 편집부직원들에게 감사의 인사를 대신한다.

독자 여러분들의 실무에 작은 도움이 되었으면 하는 바람과 함께 독자여러분들의 애정 어린 질책과 격려를 기대하며 …

2026년 2월 10일

저자 씀

차 례

Ⅰ _비상장주식 평가의 개요

1 평가액의 개념

현행 상속세 또는 증여세가 부과되는 재산의 평가는 상속 · 증여일 현재의 시가에 의한다. 이 경우 시가라 함은 불특정다수인 간에 자유로이 거래가 이루어지는 경우에 통상 성립된다고 인정되는 가액으로 하되, 상속일 전후 6월(증여는 증여 전 6개월부터 증여이후 3월 이내)이내의 기간 중 매매 등의 실제거래가 있는 경우 이를 시가로 볼 수 있다.

다만, 시가를 산정할 수 없는 경우에는 부동산, 동산, 유가증권 등의 재산종류별로 상속세 및 증여세법(이하 상속세법) 제61조 ~ 제65조에 규정된 평가방법(이 규정에 따른 평가를 보충적 평가방법이라 함)에 의하여 평가한 가액을 재산가액으로 보며, 비상장주식의 경우 실제매매가 빈번하지 아니하여 시가가 존재하지 아니하므로 현행 상속세법상의 보충적 평가방법에 의한 평가금액을 상속 · 증여의 기준금액으로 보고 있다.

2 시가의 개념

비상장주식을 평가하고자 하는 경우로서 상속세법에서 인정되는 시장가액이 있는 경우에는 해당 시장가액을 평가액으로 한다. 상속세법상 비상장주식의 시가로 인정되는 것은 상속이나 매매인 경우 평가기준일 전후 6개월(증여목적으로 평가하는 경우에는 평가기준일전 6개월부터 평가기준일후 3개월)이내의 기간 중 매매, 공매, 경매가 있는 경우의 해당거래가액을 의미한다.

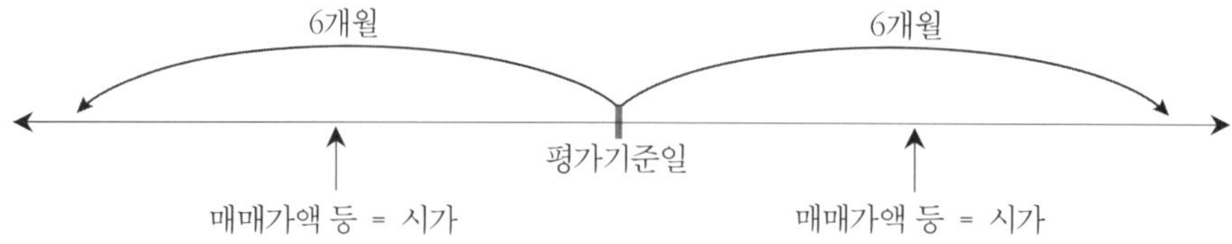

* 평가기준일 전후 6개월은 매매계약일자를 기준으로 판단하며 두개이상인 경우 평가기준일에서 가까운 것을 시가로 간주함

(1) 매매가액

시가로 인정되는 매매가액은 특수관계가 없는 제3자간의 거래에서 발생되어야 하고, 또한 거래된 주식의 액면가액이 일정기준금액을 초과하는 거래이어야 한다.

① 특수관계자의 범위 : 상증법상 특수관계자의 범위는 다음과 같다(시행령 제2조의 2, 2023.2월 개정)

- 친족 - 4촌 이내의 혈족
  - 3촌 이내의 인척
  - 배우자(사실상의 혼인관계에 있는 자를 포함한다)
  - 친생자로서 다른 사람에게 친양자 입양된 자 및 그 배우자 · 직계비속
- 본인의 사용인 : 본인이 자영업 등을 통해 고용하고 있는 자 등을 의미한다.
- 지배법인의 사용인 : 본인과 특수관계자가 합하여 30%이상을 출자하고 있는 법인에 근무하고 있는 임직원
- 본인의 재산으로 생계를 유지하는 자 : 본인의 사용인 이외에도 본인이 생활비 등을 지원해주고 있는 자가 있을 경우의 해당자
- 다음 각 목의 어느 하나에 해당하는 자
  가. 본인이 개인인 경우 : 본인이 직접 또는 본인과 특수관계자에 해당하는 자가 임원에 대한 임면권의 행사 및 사업방침의 결정 등을 통하여 그 경영에 관하여 사실상의 영향력을 행사하고 있는 기업집단의 소속 기업, 해당 기업의 임원 및 퇴직 후 5년이 지나지 아니한 그 임원이었던 사람으로서 사외이사가 아니었던 사람을 포함한다.
  나. 본인이 법인인 경우 : 본인이 속한 기업집단의 소속 기업(해당 기업의 임원을 포함한다)과 해당 기업의 임원에 대한 임면권의 행사 및 사업방침의 결정 등을 통하여 그 경영에 관하여 사실상의 영향력을 행사하고 있는 자 및 그와 위 어느 하나에 해당하는 관계에 있는 자

- 본인, 또는 본인과 위 특수관계자가 공동으로 재산을 출연하여 설립하거나 이사의 과반수를 차지하는 비영리법인
- 위 기업집단 소속의 임원이 이사장인 비영리법인
- 본인, 또는 위 특수관계자가 공동으로 발행주식총수의 100분의 30 이상(2차출자의 경우에는 100분의 50)을 출자하고 있는 법인
- 본인, 또는 본인과 위 특수관계자가 공동으로 재산을 출연하여 설립하거나 이사의 과반수를 차지하는 비영리법인

② 일정기준금액(양적조건) : 시가로 인정되기 위해서는 최소수준이상의 거래에 해당되어야한다. 최소거래수준은 발행주식총수의 1%이상인 거래이면 시가로 인정되는 수준이며, 1%미만 거래인 경우에는 액면가액합계액이 3억 원을 넘는 매매거래인 경우에만 시가로 인정된다. (상증법 시행령 49조 ①항 1호)

만일 개별거래는 1% 혹은 3억 원에 미달되지만 여러 건의 거래를 합치면 1% 혹은 3억 원을 초과하는 경우에는, 여러 건의 거래를 합치지 않고 거래건 별로 1% 혹은 3억 원을 넘는 거래만을 시가로 인정한다.

[관련예규] (기준 - 2021 - 법령해석재산 - 0003, 2021.04.22)

【제목】

甲과 乙이 부모로부터 비상장주식을 증여받은 후 「상속세 및 증여세법 시행령」 제49조 제1항에 따른 평가기간 이내의 기간 중에 다른 주주로부터 같은 주식을 공동으로 매수한 경우 해당 거래가 같은 항 제1호 나목에 해당하는 지는 甲과 乙이 취득한 주식별로 각각 판정하는 것임

【질의】

(사실관계)

○ (증여세 신고)
남매지간인 甲과 乙은 '19.11.14 부모로부터 각각 비상장 A법인 주식 △△△, △△△ 주를 증여받고, 보충적 평가방법에 따라 증여재산가액을 1주당 8,980원으로 계산하여 증여세 신고

○ (경정청구)
甲과 乙은 비특수관계자 丙으로부터 평가기간 내인 '20.2.5. A법인 주식 각 19,200주를 1주당 7,815*원에 매수(이하 "쟁점거래")하고, 이를 매매사례가액으로 적용하여 증여세 경정청구

* 현금흐름할인법(DCF)에 따른 평가액

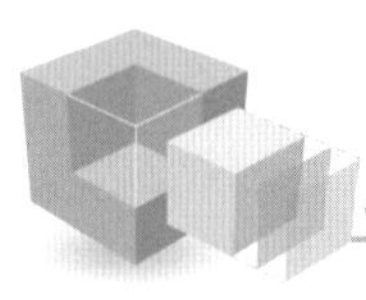

〈쟁점거래 내역〉

(주, 백만 원)

계약	주권이전	대금지급	양도자	양수자	주식수	가액	비고
					38,400	300	합계
'20.2.4.	'20.2.5.	'20.3.31	丙	甲	19,200	150	1주당 7,815원
				乙	19,200	150	

(질의내용)

○ 1장의 매매계약서를 작성하여 매도인 1명이 매수인 2명에게 비상장주식을 동시에 양도 시 소액거래 판정 방법

- 매수인별 거래가액으로 판정 혹은 매도인 거래가액 합계액으로 판정하는지 여부

③ 거래가액의 객관성(질적조건) : 매매사례가액이 평가기준일 전후 6월 이내이고 거래금액도 최소기준을 넘는 경우에도, 매매사례가액이 상속세법에 의한 평가액과 크게 차이가 나는 경우에는 그 차이내용에 대한 객관적인 사유가 입증되어야 한다. 예를 들어 매매사례가액이 1주당 1,000이지만 상속세법에 의한 1주당평가액이 10,000으로 그 차이가 현저한 경우에는 매매사례가액을 부인하고 상속세법에 의한 평가액으로 과세되는 경우가 있다. 이런 경우에 매매사례가액을 인정받기 위해서는 상속세법상 평가액보다 매매가액이 낮은 객관적이고 합리적인 사유를 입증하여야 한다.(서울행법2017구합50485, 2017.10.12.)

합리적인 사유라 함은 회계법인 등이 발행한 평가보고서를 갖추고 해당기업의 매출액, 순이익, 배당액 등의 추세와 주식평가액의 관계를 객관적으로 설명할 수 있어야 한다는 것이며, 법원의 판례에서는 객관적 교환가치를 반영하는 정상적인 시가를 판정하는 기준으로서 다음과 같은 기준을 예시하고 있다.

- 객관적인 회계자료를 통해 적정한 가치가 평가되었는지
- 거래당사자가 각자 경제적 이익의 극대화를 추구하는 대등한 관계에 있었는지
- 거래당사자 사이에 실질적인 가격협상을 통하여 가격이 결정되었는지
- 거래사실에 대하여 합리적인 지식이 있었으며 강요에 의하지 아니하고 자유로운 상태에서 거래하였는지
- 상증법상 보충적 평가액에 비하여 현저한 차이가 없는지

④ 유상증자 납입액 : 법인이 유상증자 시 납입 받은 1주당 금액은 제3자간의 객관적 교환거래가 아니므로 상속세법상의 시가에 해당하지 아니한다.

[관련예규] 유상증자가액의 시가여부 (서면 4팀 - 1704, 2006.6.13)

비상장법인이 발행한 주식의 가액은 「상속세 및 증여세법」 제60조 제1항·제2항 및 같은법 시행령 제49조의 규정에 의하여 평가기준일 현재의 시가에 의하는 것이며, 시가를 산정하기 어려운 경우에는 같은법 제63조 제1항 제1호 다목 및 같은법 시행령 제54조의 규정에 의하여 평가하는 것임. 이 경우 법인의 증자시에 불입한 1주당 주금납입액은 같은령 제49조 제1항의 규정에서 시가로 인정하는 거래가액에 해당하지 아니하는 것임.

⑤ 유사재산 매매사례가액의 적용 : 매매사례가액은 당해 재산의 취득이나 양도가액 즉, 해당 재산의 매매사례가액이 있으면 우선적용 하되 당해 재산의 매매사례가액이 없는 경우에는 유사한 재산의 매매사례가액을 적용할 수 있다.

다만 당해 재산이 아닌 유사매매사례가액은 평가기준일 전 6개월부터 신고일 까지만 대상으로 하고 신고일 이후의 유사매매사례가액은 적용할 수 없다.

이 경우 유사재산가액이라 함은 평가대상 재산과 면적, 위치, 용도, 종목 및 기준시가가 동일하거나 유사한 다른 재산을 의미한다.

상속세법시행령 제49조 **[평가의 원칙]**

④ 제1항을 적용할 때 기획재정부령으로 정하는 해당 재산과 면적·위치·용도·종목 및 기준시가가 동일하거나 유사한 다른 재산에 대한 같은 항 각 호의 어느 하나에 해당하는 가액 [법 제67조 또는 제68조에 따라 상속세 또는 증여세 과세표준을 신고한 경우에는 평가기준일 전 6개월부터 제1항에 따른 평가기간 이내의 신고일까지의 가액을 말한다]이 있는 경우에는 해당 가액을 법 제60조 제2항에 따른 시가로 본다.(2019. 2. 12. 개정)

(2) 경매 혹은 공매가액

과거에 해당 비상장주식을 물납한 후 국가기관에서 해당 주식을 경매방법으로 매각을 하거나, 담보로 제공된 주식을 임의경매방식으로 매각하게 되면 해당 경매가액도 시가로 인정된다. 다만 다음의 경우에는 정상적인 거래에 의해 형성된 교환가액이라고 볼 수 없으므로 해당 경매가액을 시가로 인정하지 아니한다.

① 해당 주식을 상속인 등의 당사자나 그의 특수관계인이 경매로 취득한 경우

② 경매로 취득한 주식의 액면가액합계가 발행주식의 1% 미만이거나, 취득한 주식의 액면가액합계가 3억 원 미만인 경우

③ 해당 주식을 수의계약으로 취득한 경우 등

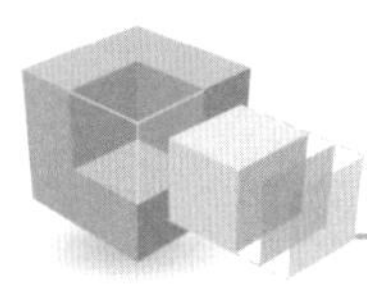

(3) 감정가액

① 감정가액의 적용대상 : 상속세법상 부동산 등은 2개 이상 감정기관의 평균 감정가액을 시가로 인정한다. 그러나 상증세법 시행령 제49조 ①항 2호에서 감정가액을 시가로 인정한다고 규정하면서 「법 제63조 ①항 1호에 따른 재산 즉, 주식은 제외한다」고 하고 있으므로 주식은 감정기관의 감정가액을 상증법상의 시가로 인정하지 아니한다. 상증법상으로는 부동산에 대한 감정가액인 경우에도 2개 이상의 평균감정가액이 아닌 단일기관의 감정가액도 시가로 인정되지 아니한다. 다만, 법인이 특수관계자와 재산 매매거래를 하는 경우에 적용되는 법인세법상의 시가에는 하나의 감정평가법인에 의한 단일감정가액도 인정된다.

② 감정가액의 하한 : 감정기관의 감정가액이 일정기준에 미달되는 경우에는 감정가액을 인정하지 아니하고 세무서장이 다른 감정기관에 의뢰하여 감정한 가액을 평가액으로 한다. 기준금액이란 「상속세법에 의한 보충적평가액」과, 매매사례가액 등과 같은 「시가의 90% 상당액」 중 적은 금액을 의미한다.

[관련법령] 상증세법시행령 제49조 ①항

2. 해당 재산(법 제63조 제1항 제1호에 따른 재산을 제외한다.)에 대하여 둘 이상의 기획재정부령이 정하는 공신력 있는 감정기관이 평가한 감정가액이 있는 경우에는 그 감정가액의 평균액, 다만, 해당 감정가액이 법 제61조·제62조·제64조 및 제65조에 따라 평가한 가액과 제4항에 따른 시가의 100분의 90에 해당하는 가액 중 적은 금액에 미달하는 경우에는 세무서장이 다른 감정기관에 의뢰하여 감정한 가액에 의하되, 그 가액이 납세자가 제시한 감정가액보다 낮은 경우에는 그러하지 아니하다.

③ 소액부동산에 대한 예외 : 소득세법 99조 제1항에 따른 기준시가가 10억 원 이하인 소액부동산은 예외적으로 단일감정기관의 감정가액도 시가로 인정된다.(2018.4.1 이후부터 적용)
기준시가 10억 원 이하를 판정할 때 토지는 각 필지별로 기준시가가 10억 원 이하인 경우를 의미하며, 건물은 등기된 1개의 물건별로 10억 원 이하인지를 판정한다.(기준 2023 법규재산-0160, 2024.4.25.)

④ 감정시기 : 감정가액을 시가로 인정받기 위하여 평가기준일 전후 6개월(증여재산은 증여 전 6개월부터 증여 후 3개월까지)에 감정하여야 한다. 해당기간을 경과한 이후 소급하여 감정한 가액은 시가로 인정되지 아니한다.(재산세과-171, 2011.4.1.)

3 보충적 평가액의 적용대상

상속세법에 의한 비상장주식 평가액(보충적 평가액)은 비상장주식을 상속하거나 증여하는 경우에 상속세와 증여세를 계산하기 위한 기준이 된다.

상속세나 증여세를 부과하기 위한 목적 이외에도 법인세법 혹은 소득세법에서도 특수관계자 간에 비상장주식을 거래하는 경우에는 상속세법 규정에 따라 평가한 비상장주식 평가액을 법인세나 소득세계산을 위한 기준으로 사용한다.

(1) 법인세법

① 상증법상 보충적 평가액의 적용대상 : 법인세법 제52조의 부당행위부인규정에 따르면 법인이 법인세법 시행령 제89조에서 규정하고 있는 특수관계에 있는 자와 재산매매를 하는 경우 시가로 거래하도록 요구하고 있으며, 이 경우 시가란 제3자간에 일반적으로 거래된 가격을 의미하되 시가가 불분명한 경우에는 상속세법에 따른 평가액을 시가로 인정하고 있다. 그러므로 법인이 다음과 같은 특수관계자 간의 거래를 하는 경우로서 시가가 없는 경우에는 상속세법에 의한 보충적 평가액을 그 기준으로 사용하여야 한다.

- 법인이 보유한 다른 비상장주식을 관계회사, 대주주, 임직원 등과 같은 법인의 특수관계자에게 매각하는 경우의 매각가액산정
- 관계회사, 대주주, 임직원 등의 특수관계자가 보유한 비상장주식을 법인이 인수하는 경우의 인수가액산정
- 법인의 유상증자나 유상감자시 기존주주의 지분비율에 따라 균등하게 하지 아니하고 증자 혹은 감자 비율을 차등하게 하고자 하는 경우의 주식발행가액산정(유상증자나 감자를 기존주주의 지분율대로 하는 경우에는 각 주주간 이익의 이전이 없으므로 주식발행가액을 시가로 하지 않고 임의의 가액으로 산정할 수 있음)
- 법인이 자기 주식을 취득하고자 하는 경우의 인수가액산정 등

② 부당행위부인의 영향 : 법인이 특수관계자와 거래시 시가대로 거래하지 아니하여 법인세법상 부당행위부인에 해당되면 다음과 같은 세무상 불이익이 있다.

부당행위 유형	해당법인에 대한 불이익	상대편에 대한 불이익
a. 법인이 특수관계자가 보유하던 비상장주식을 시가보다 높게 매입한 경우(고가매입)	고가매입시점에는 법인세가 과세되지 아니하지만, 향후 해당주식을 양도하는 시점에 높게 매입했던 차액만큼 익금에 산입되어 법인세 과세	○법인인 경우 : 고가로 양도하여 과세되므로 추가 법인세 과세 없음 ○개인인 경우* : 시가와의 차액을 상여금(임직원인 경우) 혹은 배당(주주인 경우)으로 보아 소득세 과세
b. 법인이 보유하던 비상장주식을 특수관계자에게 시가보다 낮게 매각한 경우(저가양도)	매각시점에 이익이 과소계상되므로 시가와의 차액만큼 익금에 산입되어 법인세 과세	○법인인 경우 : 저가로 매입했으므로 매입시점에 법인세과세 없음 ○개인인 경우 : 시가와의 차액만큼 법인이 개인에게 상여금 혹은 배당을 지급한 것으로 보아 소득세 과세

* 고가매입의 상대편이 개인인 경우 법인이 시가와의 차액을 개인에게 증여한 효과가 있으나 상속세법 제4조의 2 ②항 규정에 따라 소득세가 과세되는 경우 증여세는 부과되지 아니하며, 해당 시가를 초과한 차액에 대한 양도소득세가 과세되는 경우에는 상여 혹은 배당소득세와 이중으로 과세되지 아니함.

③ **부당행위부인규정의 적용 요건** : 부당행위부인 규정은 특수관계자의 자산을 고가로 매입하거나 법인의 보유자산을 저가로 양도하는 경우로서 그 차액이 3억 원 이상이거나 시가의 5% 이상인 경우에만 적용되며, 해당범위 이내의 거래에는 적용하지 아니한다.

부당행위 적용기준 : 시가와 거래가액의 차액 ≥ Min[3억 원, 시가의 5%]

예를 들어 법인이 보유한 비상장주식의 상속세법상 평가액이 10억 원인 경우에는 3억 원과 시가의 5%인 5천만 원 중 적은 금액인 5천만 원의 차액까지만 인정되므로, 시가의 ±5%인 10억5천만 원과 9억5천만 원 사이에 거래하여야 적법한 거래로 인정된다.

만일 보유한 비상장법인의 상속세법상 평가액이 100억 원인 경우에는 3억 원과 시가의 5%인 5억 원 중 적은 금액인 3억 원의 차액까지 인정되므로, 시가의 ±3억 원인 103억 원과 97억 원 사이에 거래하여야 적법한 거래로 인정된다.

(2) 소득세법

소득세법 제101조의 부당행위계산 규정에 따르면 개인이 가족 등과 같은 특수관계자에게 자산을 양도하는 경우 시가를 기준으로 거래하여야 하며 시가와 다른 금액으로 거래한 경우에는 시가를 기준으로 양도소득세를 재계산하게 된다. 이 경우 시가란 상속세법에 따른 평가액을 의미한다.

비상장주식의 경우 상속세법에 따른 평가액 이외에도 소득세법 제99조의 규정에 따라 평가한 기준시가가 있으며 두 가지 평가액에는 다음과 같은 차이가 있다.

① 소득세법 제99조의 규정에 따른 기준시가 : 개인이 비상장주식을 타인에게 양도한 경우에 양도소득을 계산하기 위해서는 양수, 양도시 실지거래가액을 사용한다. 다만 양수, 양도시 실지거래가액을 확인할 수 없는 경우에는 당해 소득세법상의 기준시가로 양도소득을 계산한다. 그러므로 소득세법상의 기준시가는 과세관청의 입장에서 납세자가 실지거래가액을 신고하지 아니한 경우에 양도소득세를 계산하기 위한 기준가격이 된다.

② 상속세법에 의한 평가액 : 개인이 가족 등과 같이 특수관계자가 있는 자에게 비상장주식을 양도하고 양도소득을 실지거래가액으로 신고하였으나 상속세법에 따른 평가액과 다르게 신고한 경우, 과세관청에서는 상속세법에 따른 평가액으로 양도소득을 재계산하여 양도소득세를 추징할 수 있다. 그러므로 소득세법상의 기준시가는 과세관청의 입장에서 실지거래가액을 확인할 수 없는 경우에 양도소득을 계산하기 위한 평가액이며, 상속세법에 따른 평가액은 특수관계자간의 거래에서 양도소득의 부당행위부인규정을 적용하여 양도소득세를 추징할 수 있는 위한 기준이 된다.

(3) 상속세법

상속세법에서는 상속이나 증여행위 이외의 매매거래에 대하여도 시가와 다른 금액으로 매매한 경우 증여세를 과세하는 경우가 있으며 이를 증여의제라 한다. 증여의제규정은 특수관계인과의 거래와 제3자간의 거래로 구분된다.

① 특수관계인과의 거래 : 특수관계인 간에 재산을 시가보다 낮은 가액으로 양수하거나 시가보다 높은 가액으로 양도한 경우로서 그 대가와 시가의 차액이 기준금액 이상인 경우에는 해당 재산의 양수일 또는 양도일을 증여일로 하여 그 대가와 시가의 차액에서 기준금액을 뺀 금액을 그 이익을 얻은 자의 증여재산가액으로 한다.

- 기준금액의 계산 : 특수관계자와의 거래에서 증여의제의 판단기준이 되는 기준 금액이란 다음 중 적은 금액을 의미한다.
  - 시가의 30%
  - 3억 원

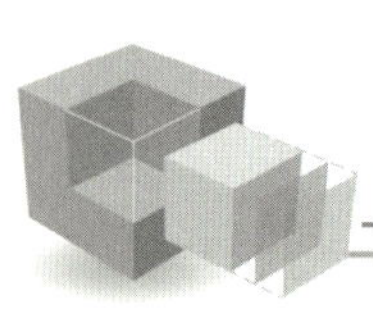

- 증여의제금액 : 시가와 거래가액의 차액에서 위 기준 금액을 차감한 금액을 증여의제금액으로 한다. 예를 들어 시가가 8억 원인 비상장주식을 자녀에게 4억 원에 양도한 경우 다음과 같이 계산된 1.6억 원을 자녀가 증여받은 것으로 본다.

[8억 원 − 4억 원] − Min[8억 원 × 30% = 2.4억 원, 3억 원] = 1.6억 원

② 제3자와의 거래 : 특수관계인이 아닌 자 간에 거래의 관행상 정당한 사유없이 재산을 시가보다 현저히 낮은 가액으로 양수하거나 시가보다 현저히 높은 가액으로 양도한 경우로서 그 대가와 시가의 차액이 기준금액 이상인 경우에는 해당 재산의 양수일 또는 양도일을 증여일로 하여 그 대가와 시가의 차액에서 3억 원을 뺀 금액을 그 이익을 얻은 자의 증여재산가액으로 한다.

- 기준금액 : 제3자와의 거래에서 증여의제의 판단기준이 되는 기준 금액은 시가의 30%를 의미한다.

- 증여의제금액 : 시가와 거래가액의 차액에서 3억 원을 차감한 금액을 증여의제금액으로 한다. 만일 시가와 거래가액의 차액이 3억 원 이하인 경우에는 제3자간의 거래인 경우 증여의제를 적용하지 아니한다. 예를 들어 시가가 8억 원인 토지를 제3자에게 4억 원에 양도한 경우 다음과 같이 계산된 1억 원을 제3자가 증여받은 것으로 본다.

[8억 원 − 4억 원] − 3억 원 = 1억 원

- 거래가액의 산정방법 : 비상장주식을 제3자간에 거래하는 경우에 전술한 실제매매가액이 있는 경우에는 실제매매가액을 시가로 사용할 수 있으나 실제매매 사례가 없는 경우에는 회계법인이 평가한 가액 혹은 상속세법 규정에 따른 보충적 평가규정을 적용하되 자산과 부채 중 회수할 수 없거나 면제된 것을 추가로 반영하여 평가한 후 대상법인의 상황에 따라 일정율로 할인된 가액으로 거래할 수도 있다. 다만 회계법인의 평가액이나 상속세법상의 보충적 평가액을 수정하여 평가한 가액 등을 거래가액으로 할 경우 평가과정에서 사용된 가정이나 수정요소 등에 대하여 그 합리성을 입증하여야 한다.

[관련심판례] 조심 2020중 0413 (2020.06.22.)

> 청구인과 ○○○은 1주당 매매가액 평가시 상증세법상 보충적 평가방법을 준용하여 평가하되, 자산과 부채 중 실질적으로 회수할 수 없거나 채무가 면제된 것은 손익에 반영하여 평가하기로 약정하였고, 쟁점주식의 1주당 평가금액을 서로 검증하여 동 금액에서 30% 할인된 금액으로 최종 합의하였는바, 이는 합리적인 경제인의 관점에서 비정상적인 거래라고 보기 어려움(인용)

(4) 각 법률 간의 상호관계

자산을 특수관계자에게 시가보다 낮은 가액으로 양도하거나 특수관계자로부터 자산을 시가보다 높은 가액으로 양수하는 경우에는 거래당사자 중 법인에 대하여는 법인세법이 적용되고, 개인에 대하여는 소득세법과 상속세법이 각각 적용된다. 저가양도와 고가매입의 각 당사자별 적용규정은 다음과 같다.

사례 저가양도

① 법인이 개인특수관계자(법인의 임직원, 주주 등)에게 저가로 양도한 경우

법인 — 처분이익으로 계상 30(익금산입 불필요) / 부당행위부인 익금산입 20

100 (법인의 취득원가) — 130 (양도가액) — 150 (시가)

개인 — 상여, 배당으로 종합 소득세 부과(증여세는 제외)

② 개인A가 개인특수관계자(가족, 친인척 등) B에게 저가로 양도한 경우(심사 양도 2003.3.20., 2004.4.26.)

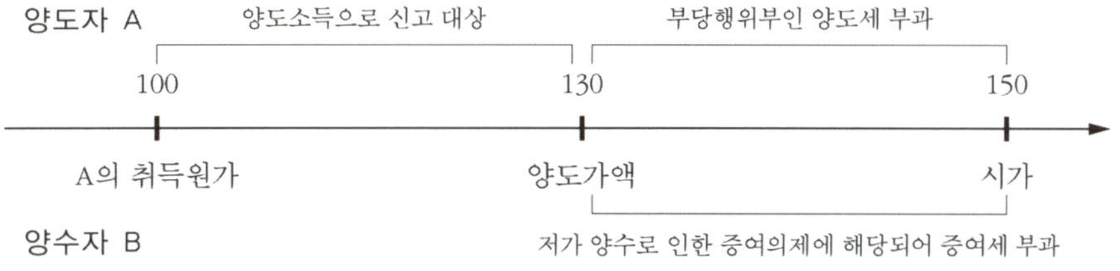

* 특수관계가 없는 자에게 저가로 양도한 경우에도 상속세법상 보충적 평가액을 시가로 보고 양수자에게 증여세를 부과한 사례도 있음(조심 2016 중 682. 2016.5.30.)

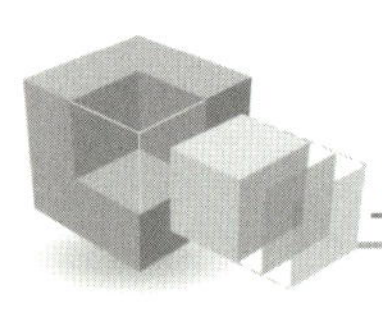

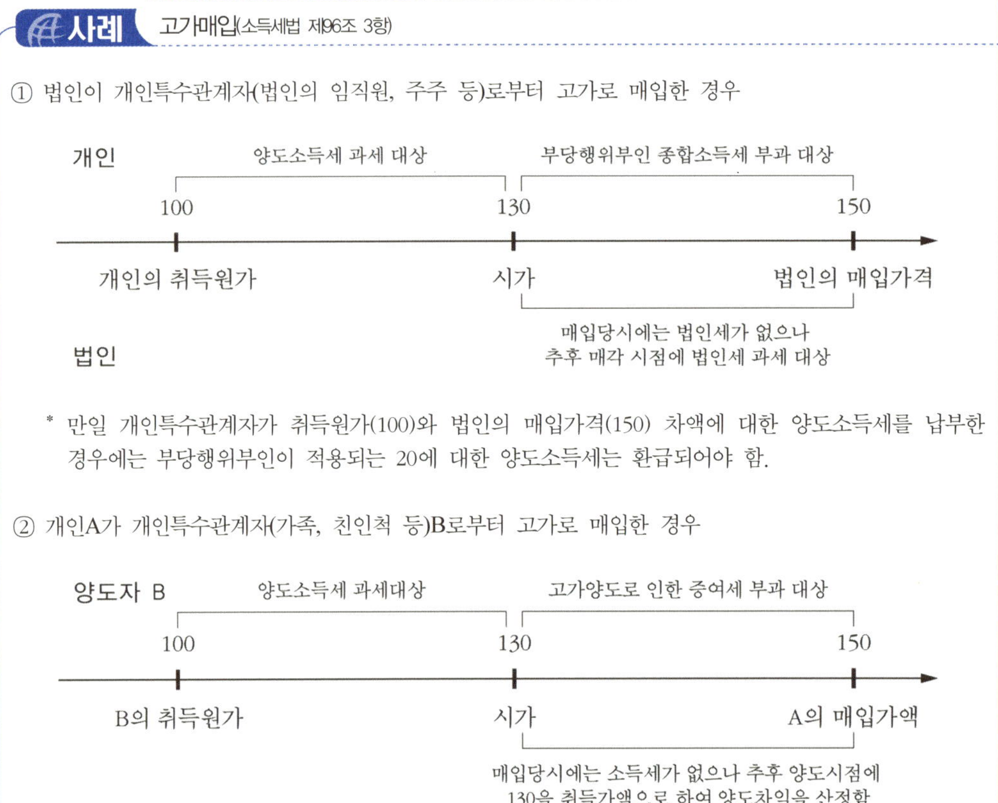

(5) DCF평가법과의 관계

상증법에 따른 주식평가액은 과거 3년간의 손익을 기준으로 평가된 금액이다. 그러나 주식의 가치가 과거손익보다는 미래에 발생될 손익으로 평가하는 것이 더 합리적이라고 판단되는 경우에는 미래예상현금흐름을 기준으로 주식가치를 평가할 수도 있다.

미래현금흐름을 기준으로 주식가치를 평가하는 대표적인 방법으로 현금흐름할인법(Discounted Cash Flow Method, DCF법)이 있다. DCF법은 미래 일정기간(5년 ~ 10년)에 예상되는 영업현금흐름을 현재가치로 할인한 금액을 기업의 가치로 보는 방법이며, 회계법인에서 기업의 적정인수가격을 산정하는 목적 등으로 평가하는 방법이다.

주식의 적정한 가치를 산정할 때 상증법상의 보충적 평가액과 DCF법 중에서 어떤 방법을 적용해야 할지는 거래당사자가 특수관계에 있는지 여부, 미래손익을 평가할 필요성이 있는지 여부 등에 따라 결정되어야 한다.

① **특수관계가 있는 경우** : 주식을 거래하는 당사자 간에 특수관계가 있는 경우에는 객관적인 매매사례가액이 우선하지만, 객관적인 매매사례가액이 없는 경우에는 상증법상의 보충적 평가액으로 거래하는 것이 일반적이다. 그러나 당사자간에 특수관계가 있는 경우에도 상증법상 보충평가액으로 평가한 금액이 주식의 실제가치를 반영하지 못하는 경우에는 DCF법으로 평가하여 거래할 수도 있다. 다만 특수관계자간의 거래임에도 불구하고 DCF법으로 평가한 금액으로 거래하기 위해서는 DCF법을 사용한 근거를 명백히 입증할 수 있어야 한다.

DCF법을 사용할 수 있는 근거로는 다음과 같은 사항을 갖추어야 한다.

- 우선적으로 과거 3년간의 손익을 기준으로 평가하는 것이 불합리하여 미래 이익을 기준으로 평가하여야 할 구체적인 사유가 있어야 하고
- 객관적인 회계자료와 미래손익의 추정근거를 기초로 한 회계법인의 평가보고서가 비치되어야 하며
- 추정에 사용하였던 미래의 손익이 사후적으로 확인된 손익과 큰 차이가 없어야 함

최근의 조세심판사례에서 특수관계자의 거래에서도 DCF법을 적용하여 상증법상의 평가액보다 낮게 주식을 평가하였으나 그 평가액을 인정받은 사례가 있으며 그 인정근거는 다음과 같다.(조심2020서2120, 2022.4.27.)

- 거래 당사자가 모두 DCF법으로 평가한 사실이 있고 상호평가액에 유사하게 거래가 되었으며
- 향후 매출계약이 종료되면 매출이 줄어 미래이익에 중대한 영향이 있을 것임이 예상되고
- 평가보고서상 추정한 영업이익이 실제 영업이익과 유사한 것으로 사후적으로 확인되었고
- 매도법인이 경영상의 어려움이 있으므로 의도적으로 주식가치를 낮출 이유가 없는 점 등

② **특수관계가 없는 경우** : 거래상대방이 특수관계가 없는 경우에는 상호간에 합의된 가격으로 거래하는 것이 일반적이다. 이 경우 상호간에 상증법상의 보충적 평가액으로 평가하여 거래하면 세법상의 문제는 발생하지 않는다. 그러나 상증법상의 평가액이 기업의 특수한 상황을 반영하지 못함으로서 평가액이 기업의 실질가치를 반영하지 못하였다고 판정되면 세법상의 문제가 아닌 매각의사결정에 대한 다른 법률상의 문제가 제기될 수도 있다.

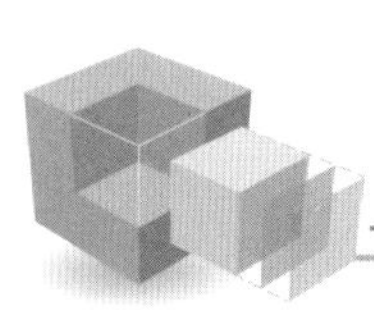

그러므로 특수관계가 없는 제3자간의 거래에서 객관적인 매매사례가액 혹은 DCF법으로 평가한 금액으로 거래하여 거래의 객관성을 갖추어야 하며 이와 함께 상증법상의 보충적 평가액과도 비교하여 큰 차이가 없는 지를 확인하여야 한다. 만일 거래한 금액이 상증법상 보충적 평가액과 큰 차이가 있다면 그 차이가 발생한 이유를 설명할 수 있어야 하며, 그 차이를 설명할 수 없는 경우에는 상증법상의 보충적 평가액으로 평가액이 수정되어 세금이 추징될 수도 있다.

조세심판원에서는 특수관계가 없는 제3자간의 거래에서 거래가액을 부인하고 상증법상의 평가액으로 수정하여야 한다는 판정을 한 사례가 다수 있다.

- 비록 상증법상의 특수관계는 아니지만 법인과 이해관계가 있는 자간의 거래이고, 평가보고서가 없어 객관적인 가액으로 인정할 수 없으므로 상증법상의 보충적 평가액으로 추징된 사례(조심2021부4682, 2022.5.23.)
- 비특수관계이지만 주식의 거래가액을 산정한 내역을 제시하지 못하므로 상증법상의 보충적 평가액으로 추징한 사례(조심2021인2544, 2022.5.17.)
- 비특수관계이지만 주식의 평가액이 상증법상의 평가액의 11%에 불과하고 가액산정근거를 제시하지 못하므로 상증법상의 평가액으로 추징한 사례(조심2021인6683, 2022.5.18.)

Ⅱ _비상장주식의 평가모형

1 일반모형

상속세법상의 주식평가액은 기업의 전체가치 중 주주지분의 가치를 의미하며, 주주지분의 가치는 기업의 자기자본의 평가액이 된다. 기업의 자기자본을 평가하는 방법으로는 자산기준평가 방법과 이익기준평가 방법이 있다.

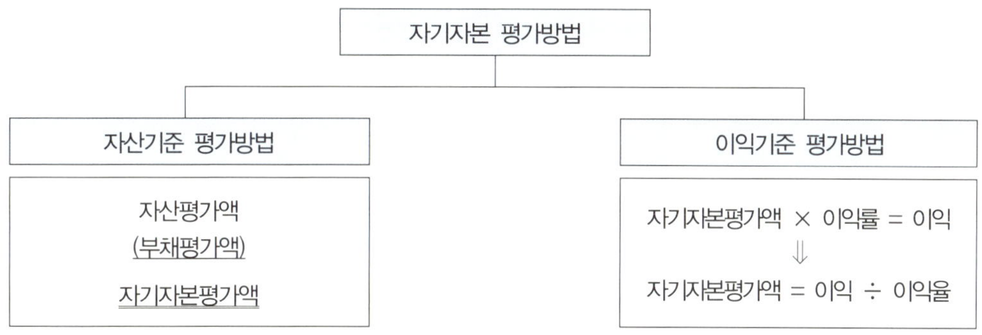

현행 상속세법에서는 자산을 기준으로 주식가치를 평가한 금액을 순자산가치라 하고, 이익을 기준으로 주식가치를 평가한 금액을 순손익가치라 하며, 순자산가치와 순손익가치를 각각 40% : 60%의 가중치를 두어 평균한 값으로 주식평가액을 계산한다. 다만 가중평균한 가액이 순자산가치의 80%에 미달되는 경우에는 순자산가치의 80%를 주식평가액으로 한다.(경과규정에 따라 2017.4.1.부터 2018.3.31.까지는 70%를 적용하고 2018.4.1. 이후는 순자산가치의 80%를 평가의 하한으로 적용함)

가중평균한 1주당 주식평가액 = [1주당 순자산가치 × 2 + 1주당 순손익가치 × 3] / 5

* 부동산과다보유법인은 순자산가치에 3, 순손익가치에 2의 가중치를 둔다.

* 1주당 평가액계산시 원단위 미만의 금액은 없는 것으로 본다.

1주당 주식평가액 = Max[가중평균 1주당 평가액, 1주당 순자산가치 × 80%]

구분	2017.3.31. 이전	2017.4.1. 이후	2018.4.1. 이후
평가액의 하한	없음	순자산가치의 70%	순자산가치의 80%

2 일반모형의 예외

순자산가치에 40%, 순손익가치에 60%의 가중치를 두어 주식가치를 평균하는 일반모형과 달리, 순자산가치로만 평가하는 경우와 순자산가치에 60%의 가중치를 두고 순손익가치에 40%의 가중치를 두는 두 가지의 예외적인 경우가 있다.

구분	일반법인	순자산가치 평가법인	부동산과다법인
가중방법			
순자산가치	40%	100%	60%
순손익가치	60%	-	40%
평가하한	순자산가치의 80%	없음	순자산가치의 80%

(1) 순자산가치로만 평가하는 경우

다음에 열거하는 법인의 주식은 순자산가치만으로 평가한다.

① 사업의 계속이 곤란하다고 인정되는 법인 : 상속세 및 증여세 신고기한 이내에 청산이 진행 중인 법인의 주식

② 사업개시전의 법인

③ 사업개시 후 3년 미만의 법인 : 주식의 평가기준일부터 역산하여 3년 이내에 사업을 개시한 법인의 주식은 순자산가치로만 평가한다. 예를 들어 2013년 3월 31일이 평가기준일인 경우 이로부터 3년 전인 2010년 4월 1일 이후에 사업을 개시한 법인은 사업개시 후 3년 미만법인에 해당되어 순자산가치로만 평가한다. 사업개시일이란 부가가치세법 시행규칙 제3조의 규정에 의한 사업개시일을 의미한다.

부가가치세법에 따른 사업개시일이라 함은, 제조업은 제조를 개시하는 날로 하고 기타의 사업은 재화나 용역의 공급을 개시하는 날로 한다. 다만, 분할에 의해 설립된 분할신설법인은 법인의 신규설립으로 보지 아니하므로 평가기준일로부터 역산하여 3년 이내에 분할로 설립된 법인은 분할일자가 아니라 분할 전 법인의 사업개시일을 기준으로 3년 이내를 판정하여야 한다.

또한 사업개시일을 판정할 때 주요업종이 변경된 경우에도 업종변경과 관계없이 당해 법인이 처음으로 재화나 용역의 공급을 개시한 때를 사업개시일로 한다.

만일 사업개시후 3년 미만의 법인이 사업개시 후 3년 이상인 법인을 합병하였다면 3년 미만 법인에 해당되어 순자산가치로만 평가한다.(법령해석 재산 0367 2018.4.30.)

[관련예규] 사업개시일의 의미 (재산 - 574, 2010.8.10)

「상속세 및 증여세법 시행령」 제54조 제4항 제2호의 규정에 의하여 순자산가치로만 평가하는 "사업개시 후 3년 미만의 법인"은 당해 법인의 사업개시일부터 평가기준일까지 역에 의하여 계산한 기간이 3년 미만인 법인을 말하는 것이며, 이 경우 사업개시일은 업종변경 여부에 관계없이 당해 법인이 처음으로 재화 또는 용역의 공급을 개시한 때를 말하는 것임.

④ 휴업이나 폐업 중에 있는 법인 : 현재 휴업이나 폐업상태에 있는 법인을 의미하며 과거에 휴업한 사실이 있는 법인은 제외된다.

⑤ 부동산 평가액이 총자산의 80% 이상인 법인의 주식

부동산 평가액은 「토지 및 건물가액」과 「부동산이 50%이상인 법인의 주식가액에 해당법인의 부동산비율을 곱한 금액」을 합한 것으로 한다. 2025년까지는 부동산 비율이 80% 이상인 법인은 순자산의 100%로 평가하였으나, 2026.3월부터는 순자산의 100%와 가중평균 평가액 중 큰 금액으로 평가하는 것으로 개정되었다.

$$\text{부동산보유비율} = \frac{\{(\text{부동산가액} + \text{부동산50\%이상인 법인의 주식가액} \times \text{해당법인의부동산비율})\}}{\text{자산총액}}$$

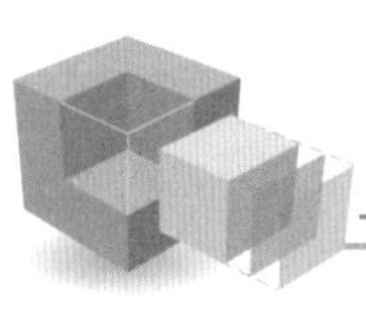

부동산 보유비율을 산정하는 경우의 자산총액은 소득세법 시행령 제158조 ④항을 적용하여 법인세법에 따라 계산한 가액을 의미하므로, 기업회계상 장부가액에 법인세 신고서상에 남아있는 유보금액을 가산한 금액으로 계산한다. 또한 부동산 가액은 법인세법에 의한 장부가액에 의하되 부동산의 기준시가가 장부가액보다 큰 경우에는 기준시가로 한다.(자산총액과 부동산 가액을 계산하는 방법은 Ⅳ.순자산가치의 계산, 8.부동산 과다보유법인 판정 참조)

[관련예규] 서면-2022-자본거래-2737 (2022.7.7)

【질의】

(사실관계)

○ 민원인이 보유한 비상장주식이 「상속세 및 증여세법 시행령」 제54조 제4항 제3호에 따라 순자산가치로만 평가하는 비상장주식에 해당하는지 여부 판단하고자 함.

(질의내용)

○ 「상속세 및 증여세법 시행령」제54조 제4항 제3호에 따른 법인의 주식인지 여부 판단 시, 법인의 자산총액 평가 방법 질의

【회신】

「상속세 및 증여세법 시행령」 제54조 제4항 제3호에 따라 순자산가치로만 평가하는 비상장법인의 주식 등에 해당하는지 여부를 판단하는 경우, 법인의 자산총액은 '법인의 장부가액'에 따르고, '법인의 장부가액'이란 해당 법인이 「법인세법」 제112조에 따라 기장한 장부가액에 대하여 각 사업연도의 소득에 대한 법인세 과세표준 계산 시 자산의 평가와 관련하여 익금 또는 손금에 산입한 금액을 가감한 세무계산상 장부가액을 의미하는 것임.

[관련예규] 기획재정부 조세법령운용과-1086(2022.9.30)

【질의】

○ 비상장주식의 보충적 평가시 상증령§54④(3)에 따라 순자산가치로만 평가하는 부동산과다보유법인의 주식을 판단시, 자산총액을 장부가액으로 할 것인지, 상증법상 평가방법으로 할 것인지 여부

【회신】

「상속세 및 증여세법 시행령」 제54조 제4항 제3호의 '법인의 자산총액 중 「소득세법」 제94조 제1항 제4호 다목 1) 및 2)의 합계액(이하 '부동산등 가액'이라 한다)이 차지하는 비율'을 계산할 때, '법인의 자산총액' 및 '부동산등 가액'은 「소득세법 시행령」 제158조 제4항에 따라 해당 법인의 장부가액에 따라 산정하는 것임.

⑥ 주식가액이 자산의 80%이상인 법인(2017. 2월 이후 평가분부터 적용)

2025년까지는 법인이 보유한 주식의 가액이 전체자산가액의 80% 이상인 법인은 순자산의 100%로 평가하였으나, 2026.3월부터는 순자산의 100%와 가중평균평가액 중 큰 금액으로 평가하는 것으로 개정되었다. 주식의 보유비율 산정시의 주식과 자산가액의 계산은 기획재정부 예규에서 자산과 주식을 상속세법에 따라 평가한 가액으로 한다고 해석하였다. 또한 조세심판원에서도 동일한 취지의 결정을 한 바 있다.(조심 2021서 0842, 2023.3.7.)

[최근예규] 주식 가액이 80% 이상인지 판정하는 평가 기준 (기획재정부 재산세제과 - 943, 2020. 10. 27)

- 「상속세 및 증여세법」 시행령 제54조 제4항 제5호의 '법인의 자산총액 중 주식 등의 가액의 합계액이 차지하는 비율' 산정 시 '자산총액' 및 '주식 등의 가액' 산정방법

<1안> 「상속세 및 증여세법」 제60조 내지 제66조의 재산 평가방법에 따라 평가한 가액

<2안> 각 사업연도 소득에 대한 법인세 과세표준 계산시 익금 또는 손금에 산입한 금액을 가감한 세무계산 상 장부 가액

【회신】

「상속세 및 증여세법」 시행령 제54조 제4항 제5호의 '법인의 자산총액 중 주식 등의 가액의 합계액이 차지하는 비율' 산정 시 '자산총액' 및 '주식 등의 가액'은 「상속세 및 증여세법」 제60조 내지 제66조에 따라 평가한 가액으로 함.

[종전예규] 주식 등 평가기준 (법령해석과 - 1618, 2019. 6 .25)

귀 서면질의의 경우 「상속세 및 증여세법 시행령」 제54조 제4항 제5호에 따라 순자산가치로만 평가하는 비상장법인의 주식 등에 해당하는지 여부를 판단하는 경우, 법인의 자산총액 및 주식 등의 가액은 '법인의 장부가액'에 따르고, '법인의 장부가액'이란 해당 법인이 「법인세법」 제112조에 따라 기장한 장부가액에 대하여 각 사업연도의 소득에 대한 법인세 과세표준 계산 시 자산의 평가와 관련하여 익금 또는 손금에 산입한 금액을 가감한 세무계산상 장부가액을 의미하는 것입니다.

〈평가 방법 비교〉

	부동산이 80% 이상인 법인	주식가액이 80% 이상인 법인
자산 등의 평가방법	소득세법 시행령 제158조 ④항 (법인세법상 장부가액)	상증법 제60조~66조 (보충적 평가방법)

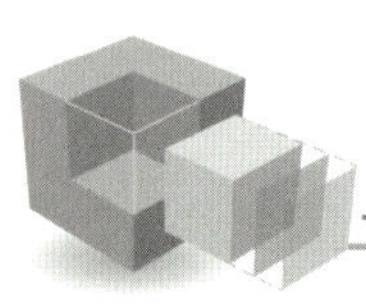

⑦ 설립시부터 존속기한이 확정된 법인으로서 평가기준일 현재 잔여존속기간이 3년 이내인 법인

〈2018.2.13. 시행령 개정내용〉

항목	2018.2.12. 이전	2018.2.13. 이후
부동산이 80%이상법인	골프장 등 영위법인만 순자산으로 평가	모든 법인은 순자산으로 평가
3년간 계속결손법인	순자산가치로 평가	가중평균으로 평가

[관련예규] 인적분할 신설법인의 사업영위기간 (재산 - 624, 2009.3.25)

상속세법에 의한 주식평가시 인적분할의 경우 분할신설법인의 사업영위기간은 분할 전 분할법인의 사업개시일부터 기산하는 것임

[관련예규] 물적분할 신설법인의 사업영위기간 (재산 - 498, 2009.10.20)

비상장주식 평가시 법인세법 제47조 제①항의 요건을 갖춘 물적분할에 의해 신설된 분할신설법인의 사업영위기간은 분할 전 동일사업부문의 사업개시일부터 기산하는 것임

⇒ **[관련법령]** 법인세법 제47조①항

① 분할법인이 물적분할에 의해 분할신설법인의 주식을 취득한 경우로서 제46조 제②항의 요건을 갖춘 경우 자산양도차익에 상당하는 금액은 손금에 산입할 수 있다.

⇒ **[관련법령]** 법인세법 제46조 제②항

② 다음 각 호의 요건을 갖춘 분할의 경우에는 양도손익이 없는 것으로 할 수 있다.
1. 분할등기일 현재 5년 이상 사업을 계속하던 법인이 분할할 것
2. 분할대가의 전액이 주식일 것
3. 분할등기일이 속하는 사업연도 종료일까지 승계 받은 사업을 계속할 것

(2) 부동산 과다법인인 경우

법인이 소유하고 있는 부동산 가액이 전체자산가액의 50% 이상인 법인을 부동산 과다보유법인이라하며, 부동산 과다보유법인에 해당하는 경우에는 일반적인 경우와 달리 순손익가치에 40%, 순자산가치에 60%의 가중치를 두어 평가액을 계산한다.(부동산가액이 80% 이상인 법인은 순자산가치로만 평가) 다만, 가중평균한 평가액이 순자산가치의 80%에 미달하는 경우에는 순자산가치의 80%를 평가액으로 하는 하한규정은 일반법인과 동일하게 적용된다.

부동산 과다법인의 가중평균한 1주당 평가액 = [1주당 순손익가치 × 2 + 1주당 순자산가치 × 3] / 5

이 경우 부동산 과다보유법인의 판정은 소득세법 시행령 제158조 제④항에 따른다.(IV. 순자산가치 : 8. 부동산과다법인의 판정 참조)

3 다른 평가방법과의 비교

비상장주식을 평가하는 방법에는 현행 상속세법에 의한 보충적 평가방법이외에 「자본시장과 금융투자에 관한 법률」에 의한 평가방법과 「현금흐름할인(DCF모형)」에 의한 평가방법 등이 있으며 이들 평가방법을 비교하면 다음과 같다.

〈비상장주식 평가방법별 비교〉

구분	상속세 및 증여세법상 평가방법	현금흐름할인에 의한 평가방법(DCF)	자본시장법상 평가방법
평가의 목적	특수관계자간 주식매매시의 거래가격, 상속이나 증여시 재산평가 등	기업인수가액산정, 계속기업가치평가 등	상장법인과 합병시 합병비율산정, 기업공개시 기준가격 등
평가모형	자산가치 × 40% + 수익가치 × 60%	영업이익가치 + 비영업자산가치	자산가치 × 40% + 수익가치 × 60%
평가액의 하한선	자산가치 × 80%	없음	없음
자산가치 산정기준	기업회계상의 순자산가액 – 무형자산 등 + 자산평가 등	영업이익가치에 포함되지 아니한 비영업자산가치	기업회계상의 순자산가액 - 무형자산 등
부동산시가평가규정	있음	임의	없음
부동산과다법인특례	자산가치에 60% 가중치	없음	없음
수익가치 산정기간	과거 3년간 실제손익	미래 5~10년간 추정영업손익	DCF 방법 등 합리적인 평가방법(평가기관이 선택)
순손익액 산정기준	법인세법상 소득금액	순영업현금흐름	DCF와 동일
수익가치환원율	10%	–	–
미래이익할인	–	순영업현금흐름을 적정할인율(가중평균자본비용 등)로 할인하여 평가	DCF 등과 동일
최대주주할증	할증적용	없음	없음

4 평가 준비자료

현행 상속세법에 따라 비상장주식을 평가하기 위해서는 다음과 같은 자료를 필요로 한다.

평가목적	평가에 필요한 자료	자료수집원천
순손익가치산정	1. 직전3년간 유상증자 혹은 유상감자금액	직전3년간 법인세신고서 제54호서식 (주식 등 변동상황명세서)
	2. 직전3년간 소득금액계산내역	직전3년간 법인세신고서 제15호서식 (소득금액조정합계표)
	3. 직전3년간 법인세 등 부담세액	직전3년간 법인세신고서 제3호서식 (법인세 과세표준 및 세액조정계산서)
	4. 직전3년간 피합병법인소득금액 계산내역 (3년내합병법인의 경우)	직전3년간 법인세신고서 제15호서식 (소득금액조정합계표)
	5. 직전3년간 분할이전소득금액 계산내역 (3년내분할신설법인의 경우)	직전3년간 법인세신고서 제15호서식 (소득금액조정합계표)
순자산가치산정	1. 평가기준일현재 재무상태표	평가기준일 현재로 작성된 재무상태표
	2. 토지 필지별 공시지가	토지공시지가조회 사이트 (국토해양부 홈페이지 등)
	3. 건물 물건별 기준시가 (취득연도, 용도, 구조, 부속토지공시지가)	건물기준시가조회 사이트 (국세청 홈페이지 등)
	4. 보유상장주식 전후 2개월종가평균	상장주식종가조회 사이트 (한국거래소 홈페이지 등)
	5. 10%초과보유한 비상장법인주식평가내역	상속세법상 평가내역
	6. 평가기준일현재 법인세법상 유보잔액	법인세신고서 제50호서식(을) (자본금과적립금조정명세서(을))
	7. 상호간 10%초과보유 비상장법인 평가내역 (상호주식을 제외한 순자산, 수익가치평가 결과)	상속세법상 평가내역

Ⅲ_순손익 가치의 계산

1 • 개 념

상속세법상 비상장주식의 순손익가치는 평가기준일 이전 최근 3년간의 순손익금액을 가중평균한 이익금액을 기준으로 주식평가액을 산정한 것을 의미하며, 이 경우 순손익금액이라 함은 법인세법상 과세소득금액을 출발점으로 하되 상속세법에 규정된 가산 · 차감항목을 조정하여 계산한 손익금액으로서 법인세법상의 소득금액을 의미한다.

1주당 순손익가치는 평가기준일 이전 최근 3년간의 순손익금액을 매사업연도말 현재의 발행주식 총수로 나누어 매연도별 1주당 순손익액을 산정하고, 매연도별 1주당 순손익액을 평가기준일로부터 가까운 연도부터 3:2:1의 가중치로 평균하여 1주당 가중평균 순손익액을 계산한 후 가중평균한 1주당 순손익액을 10%로 나눈 금액을 1주당 순손익가치로 계산한다.

구 분	전1차연도	전2차연도	전3차연도	합 계
(1) 사업연도소득금액	7,000	4,000	3,000	
(2) 가산항목	1,000	1,000	1,000	
(3) 차감항목	(4,000)	(3,000)	(2,000)	
(4) 사업연도별 순손익액	4,000	2,000	2,000	
(5) 발행주식총수	(÷)10주	(÷)10주	(÷)10주	
1주당 순손익액	400	200	200	
가중치	(×)3	(×)2	(×)1	6
가중후 1주당 순손익액	1,200	400	200	1,800
1주당 평균순손익액(1,800÷6)				300
환원율(10%)				(÷)10%
1주당 순손익가치				3,000

위와 같이 계산한 순손익가치가 (-)가 되는 경우 순손익가치는 0으로 한다.

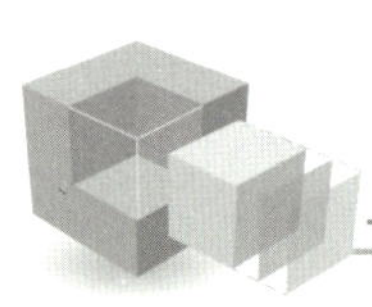

2 사업연도별 순손익금액의 계산

사업연도별 순손익금액은 매 사업연도별로 법인세 신고시 계산된 각 사업연도소득금액에 상속세법에서 규정한 가산·차감항목을 가감하여 계산한다.

(1) 사업연도 소득금액

1주당 순손익액의 출발점이 되는 사업연도 소득금액은 평가기준일이 속하는 사업연도를 제외한 이전 최근 3년간 매 사업연도별로 법인세신고시 신고된 각사업연도 소득금액으로서, 손익계산서상의 당기순이익에 세무조정항목을 가감한 법인세법에 따라 계산된 소득금액을 의미한다.

사업연도 소득금액은 법인세 신고서 제3호 서식(법인세 과세표준 및 세액조정계산서)의 107란의 금액이 된다.

[별지 제3호 서식]

사업연도	2026.01.01 ~ 2026.12.31	법인세 과세표준 및 세액조정계산서	법인명	
			사업자등록번호	-

구분	항목		코드	금액
① 각사업연도소득계산	(101)결산서상당기순손익		01	200,000,000
	소득조정 금액	(102)익 금 산 입	02	424,500,000
		(103)손 금 산 입	03	260,000,000
	(104)차가감 소득금액 (101+102−103)		04	364,500,000
	(105)기부금한도초과액		05	0
	(106)기부금한도초과 이월액손금산입		54	20,000,000
	(107)각 사업연도소득금액 {(104)+(105)-(106)}		06	344,500,000

구분	항목	코드	금액
② 과세표준계산	(108)각 사업연도 소득금액 (108=107)		344,500,000
	(109)이 월 결 손 금	07	107,000,000
	(110)비 과 세 소 득	08	0
	(111)소 득 공 제	09	0
	(112)과 세 표 준 (108−109−110−111)	10	237,500,000
	(159)선 박 표 준 이 익	55	0

구분	항목	코드	금액
	(113)과세표준(112+159)		237,500,000
	(114)세 율	11	20%

구분	항목	코드	금액
	(133)감면분 추가납부세액	29	0
	(134)차 감 납 부 할 세 액 (125−132+133)	30	15,375,000

구분	항목		코드	금액
⑤ 토지등 양도소득에 대한 법인세 계산	양도 차익	(135)등 기 자 산	31	
		(136)미 등 기 자 산	32	
	(137)비 과 세 소 득		33	
	(138)과세표준(135+136−137)		34	
	(139)세 율		35	
	(140)산 출 세 액		36	
	(141)감 면 세 액		37	
	(142)차감세액(140−141)		38	
	(143)공 제 세 액		39	
	(144)가 산 세 액		40	
	(145)가감계(142−143+144)		41	
	기납부 세액	(146)수시부과세액	42	
		(147)( )세액	43	
		(148)계(146+147)	44	
	(149)차 감 납 부 할 세 액 (145−148)		45	

	법인세법 상 각 사업연도 소득
+	상속세법 상 가산항목
−	상속세법 상 차감항목
	사업연도별 순손익액

순손익가치 산정대상이 되는 평가기준일 이전 최근 3년간이라 함은, 평가기준일이 포함되지 아니하는 직전사업연도부터 3년간을 의미한다. 만일 평가기준일이 2026.1.1. ~ 12.30일 중의 어느 날인 경우에는 2026년도를 포함하지 아니한 2025, 2024, 2023 사업연도를 의미하며, 평가기준일이 2026.12.31인 경우에는 2026년도를 포함한 2026, 2025, 2024 사업연도를 의미한다.

[관련예규] 최근3년의 판단 (서면4팀 - 499, 2007.2.6)

평가기준일이 2006.12.30.인 법인의 평가기준일 이전 1년이 되는 사업연도는 2005 사업연도를 의미함.

〈직전 3년의 계산〉

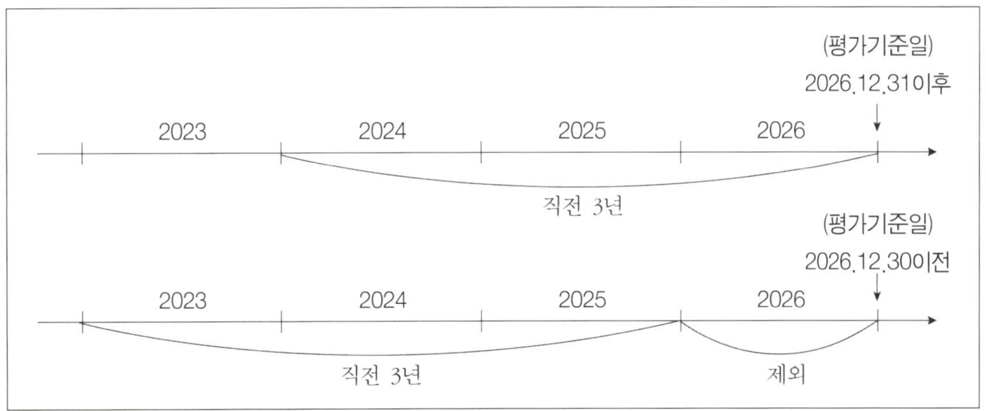

(2) 가산항목

법인세 신고시 각 사업연도 소득금액에 포함되어 있지 아니한 항목 중 주식평가를 위해 가산하여야 하는 항목은 다음과 같다.(상속세법 시행령 제56조 제3항 1호) 아래의 가산항목은 법인세 신고시 세무조정 항목을 집계한 법인세 신고서식 제15호(소득금액조정합계표)의 손금산입 · 익금불산입란의 조정항목에 기록되어 있다.

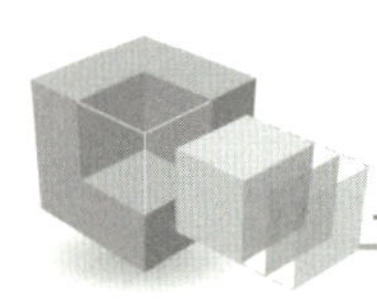

① 법정가산항목 : 현행상속세법상 각 사업연도소득에 가산할 항목은 다음과 같다.

법정가산항목	내 용	관련신고서식
국세 등 환급이자 익금불산입액	국세나 지방세를 환급받는 경우 국가로부터 지급받은 수입이자로서 익금불산입한 금액	소득금액조정합계표
수입배당금 익금불산입액	지주회사 혹은 일반법인의 수입배당금 중 익금불산입한 금액	소득금액조정합계표
전기기부금 중 당기손금산입액	전기에 한도초과된 법정 · 지정기부금 중 당기에 이월되어 손금산입한 금액	법인세과세표준 및 세액조정계산서(106)란(P37 별지 제3호 서식 참조)
유상증자 가산액	유상증자를 한 시점이전의 소득에 [증자금액 × 10%]를 가산 (p.44 발행주식총수 참조)	법인세 신고서와 무관
외화환산 이익	법인세법상 외화자산·부채에 대한 환산이익을 반영하지 않은 경우	외화자산 등 평가차손익 조정명세서(별지 제40호 서식)
업무용 승용차 관련 손금산입액	업무용 승용차 감가상각비, 처분손실로 손금불산입된 금액 중 이월하여 손금산입 된 금액 (2020.2.11.이후부터 적용)	소득금액 조정 합계표

[별지 제15호 서식]

사업연도	소 득 금 액 조 정 합 계 표		법 인 명
2026.01.01 2026.12.31			
사업자등록번호	-	법인등록번호	-

익금산입 및 손금불산입				손금산입 및 익금불산입			
①과 목	②금 액	③소득처분		④과 목	⑤금 액	⑥소득처분	
		처분	코드			처분	코드
퇴직급여충당부채	40,000,000	유보		국세환급이자	40,000,000	기타	
대손충당금	37,500,000	유보		전기대손충당금	20,000,000	유보	
접대비한도초과	10,000,000	기타사외유출		국고보조금	20,000,000	유보	
손금불산입공과금	7,000,000	기타사외유출		수입배당금	14,000,000	기타	
잡손실(가산세)	3,000,000	기타사외유출		지분법평가이익	30,000,000	유보	
법인세비용	200,000,000	기타사외유출		단기매매증권평가익	30,000,000	유보	
가지급금인정이자	20,000,000	상여					

② 외화환산손익 : 현행 법인세법에서는 결산일에 보유한 외화예금이나 외화매출채권 및 매입채무 등의 화폐성 외화자산부채는 해당 법인이 선택하여 평가손익 반영여부를 임의로 결정할 수 있다. 그러나 상속세법상 주식을 평가하는 경우에는 외화평가이익이나 손실을 순손익금액에 반영하여야 한다.(2019.2.12. 이후 평가분부터 적용)

예를 들어 법인이 외화채권에 대한 환산 이익을 장부상 계상한 후 세무조정을 하지 아니하면 이미 평가이익이 소득에 반영되어 있으므로 상속세법상 순손익액을 수정할 필요가 없으나, 법인이 장부상 외화채권에 대한 환산이익을 계상하지 아니하거나 혹은 환산이익을 장부상 계상한 후 세무조정을 통하여 익금불산입으로 조정한 경우에는 상속세법상 주식평가시 동 평가이익을 가산조정하여야 한다.

법인세법 시행령 제76조 2항 **[외화자산부채의 평가]**

② 금융회사 등외의 법인이 보유하는 화폐성외화자산·부채와 제73조 제5호에 따라 화폐성외화자산·부채의 환위험을 회피하기 위하여 보유하는 통화선도 등은 다음 각 호의 어느 하나에 해당하는 방법 중 관할 세무서장에게 신고한 방법에 따라 평가하여야 한다.

1. 화폐성외화자산·부채와 환위험회피용통화선도 등의 계약 내용 중 외화자산 및 부채를 취득일 또는 발생일 현재의 매매기준율 등으로 평가하는 방법(평가손익을 계상하지 아니하는 방법)
2. 화폐성외화자산·부채와 환위험회피용통화선도 등의 계약 내용 중 외화자산 및 부채를 사업연도 종료일 현재의 매매기준율 등으로 평가하는 방법(평가손익을 계상하는 방법)

③ 법정가산항목이외의 항목 : 현행 상속세법상 각 사업연도소득에 가산하는 항목은 법에 규정된 항목에 한정되며, 법에 규정되어 있지 아니한 기타의 익금불산입 항목은 가산하지 아니한다. 예를 들어 대도시지역외의 지역으로 공장을 이전한 법인이 조세특례제한법에 따라 구공장 양도차익을 익금불산입한 경우에도 동 양도차익 익금불산입액은 법정가산항목이 아니므로 각 사업연도소득에 다시 가산하지 아니한다.

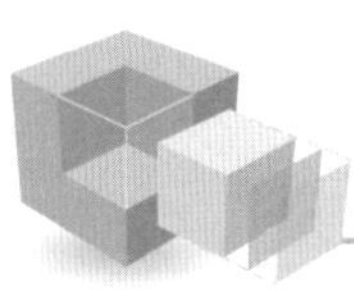

[관련예규] 자산양도차익 익금불산입액의 조정여부 (재산 - 858, 2010.11.18)

【질의】

(사실관계)

○ 당사는 2008년도에 공장을 대도시 밖으로 이전하였으며 이전으로 인해 대도시에 소재하는 기존의 공장을 매각하였음

○ 또한 2008년도 법인세 신고시 조세특례제한법 제60조[공장의 대도시 밖 이전에 대한 법인세 과세특례]를 적용하여 대도시에 소재하는 공장의 매각으로 인한 양도차익 12억 원을 익금불산입 하였으며 동 양도차익은 2013년도부터 균등한 금액으로 5년간 익금산입할 예정임

(질의내용)

○ 상속세 및 증여세법 시행령 제56조 규정에 따라 최근 3년간(2009, 2008, 2007년)의 순손익액을 산정함에 있어 위의 공장 양도차익 12억 원의 이월과세분에 대하여 2008년 순손익액 산정시 별도의 조정(가산)없이 계산하는 것이 타당한지 여부

【회신】

귀 질의의 경우 「조세특례제한법」 제60조 공장의 대도시 밖 이전에 대한 조세특례를 적용받아 익금불산입한 금액은 「상속세 및 증여세법 시행령」 제56조에 따른 비상장주식의 순손익액 계산시 각 사업연도에서 가감되는 금액에 해당하지 아니하는 것임

(3) 차감항목

법인세 신고시 익금산입되어 각사업연도 소득금액을 증가시켰으나 상속세법의 규정상 주식평가를 위해 차감하여야 하는 항목은 다음과 같다. 이러한 차감항목은 법인세법상 손금으로는 인정되지 않아 소득금액에 가산되어 있으나 실제 기업외부로 현금이 유출된 항목들이므로 주식가치 평가시에는 동 항목들을 소득금액에서 차감하여 주식가치를 감소시켜야 한다.(상속세법 시행령 제56조 제3항 2호) 아래의 차감항목은 법인세신고서식 제15호(소득금액조정합계표)의 익금산입 · 손금불산입란의 조정항목에 기록되어 있다.

상속세법에 따라 주식을 평가하는 경우에는 상속세법상에 열거된 가산항목과 차감항목이외의 세무조정항목은 비록 사외로 유출된 항목이라 하더라도 각사업연도 소득금액에서 조정하지 아니한다. 예를 들어 익금산입·손금불산입(유보)로 소득처분 된 항목이나 가지급금 인정이자 익금산입(상여) 등은 법에서 정해진 차감항목이 아니므로 소득금액에서 차감조정하지 아니한다.

다만, 현재까지 국세청예규 등에서는 상속세법에 규정된 가산항목과 차감항목은 예시적 규정이 아니라 열거규정이므로 규정되지 아니한 항목은 가감할 수 없다고 해석하고 있으나, 최근 국세심판례에서는 비록 열거되지 아니한 항목이라 하더라도 사업과 관련하여 실제 지출된 금액은 사업연도소득에서 차감할 수 있다고 결정된 사례가 있다.

[관련심판례] 조심 2019서 0395 (2020.6.30.)

조세정책적 측면에서 법인세 과세표준 계산의 손익과는 다르다 하더라도 청구외법인이 사업과 관련하여 실제로 지출한 쟁점수수료를 당해법인의 각 사업연도소득에서 차감하여 주식가치를 평가하는 것이 적절하고 정확하다 할 것인바, 청구외법인의 비상장주식 평가와 관련하여 순손익액 계산시 사외유출된 쟁점수수료 상당액을 각 사업연도소득에서 차감하는 것이 타당함(경정)

[관련예규] 각 사업연도소득 조정항목 (재산 46014 - 1006, 1998.6.2)

비상장주식을 평가할 때 법인세법에 의한 각사업연도 소득금액에 상속세법시행령 제56조 제3항 1호에 규정한 금액을 가산하고 제2호에 규정된 금액을 차감하여 그 이외의 금액은 각사업연도 소득에서 차가감하지 않는 것임

[관련예규] 영업권손상차손 · 합병양도차익의 조정여부 (서면법령재산 - 1758, 2016.1.14)

【질의】

합병 후 3년이 경과하지 않은 합병법인의 순손익가치를 평가하는 경우 합병법인이 손금불산입 세무조정한 손상차손(합병차손에 따른 영업권 손상차손)과 피합병법인이 익금산입한 합병양도차익 차감여부

【회신】

합병 후 3년이 경과되지 않은 비상장법인인 합병법인의 주식을 평가하는 경우로서 1주당 순손익 가치를 「상속세 및 증여세법 시행령」 제56조 1항에 따라 계산한 가액으로 하는 경우 합병일이 속하는 사업연도의 「법인세법」 제14조에 따른 각 사업연도소득에 포함되어 있는 합병법인의 영업권손상차손 금액과 피합병법인의 합병양도차익 금액은 「상속세 및 증여세법 시행령」 제56조 제4항에 따라 각 사업연도소득에서 차감하지 아니하는 것임

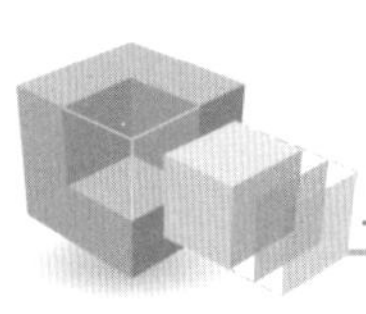

① **부족상각액의 처리** : 유형자산과 같은 상각대상 자산의 경우 법인세법에 의한 상각범위액(신고내용연수 혹은 기준내용연수로 상각한 금액)보다 적게 상각하여 상각부족액이 발생한 경우에는 부족상각비를 소득금액에서 추가적으로 차감하여 조정한다.

위와 같은 부족상각의 경우 순손익액계산시에는 부족상각액을 추가로 상각하는 것으로 순손익액을 수정하며, 후술하는 순자산가액계산시에도 법인세법에 따른 상각액에 미달되는 부족상각액을 상각누계액에 포함하여 순자산가액을 계산한다.

결산에 반영되지 아니한 부족 상각액을 주식평가시 상각한 것으로 보아 소득금액에서 차감하는 규정은 2014.2.21. 이후 평가하는 분부터 적용한다.

다만, 법인세법상의 상각범위액보다 더 큰 금액을 상각한 경우에는 세무조정과정에서 과다상각한 금액을 손금불산입할 것이므로 순손익액을 수정할 필요는 없다.

[관련예규] 서면 2022 법규재산 - 0792, 2023.3.16

【질의】

(사실관계)

○ 신청법인은 차량 렌트업을 영위하는 법인으로, 설립시부터 기준내용연수(5년)을 적용하여 감가상각하였으나,

- '16년부터 내용연수를 6.5년*으로 변경하여 감가상각비를 계상함.
  - * 법인세법 시행령 제28조의 신고내용연수에도 해당하지 않음.

○ 감가상각대상 자산 대부분은 렌트업에 이용되는 차량임.

(질의내용)

○ 상증법 §63①(1)나목에 따른 보충적 평가시 순손익액에 반영하는 감가상각자산의 감가상각비 계산시 적용하는 내용연수

【회신】

「상속세 및 증여세법 시행령」 제54조에 의하여 비상장주식 등을 평가할 때, 같은 영 제56조제1항의 순손익액을 계산함에 있어, 「법인세법 시행령」 제28조에 따른 기준내용연수 또는 신고내용연수가 아닌 임의의 내용연수에 따라 계상한 감가상각비는 「법인세법 시행령」 제28조에 따른 기준내용연수에 따라 산정한 감가상각비로 조정하여 계산하는 것임

법정차감항목	내 용	관련신고서식
벌금, 과태료손금불산입액	교통사고벌과금 등 임직원의 각종 법률위반시의 벌금으로 손금불산입된 금액	소득금액조정합계표
공과금손금불산입액	법령에 의해 의무적으로 납부하는 공과금이외의 공과금으로서 손금불산입된 금액	
업무무관지출손금불산입액	법인의 업무와 관련 없는 자산의 유지관리비용으로서 손금불산입된 금액	
원천징수불이행 등의 각종가산세	세법상의 의무불이행으로 인해 납부한 각종 가산세로서 손금불산입된 금액	
기업업무추진비한도초과, 증빙불비액	기업업무추진비한도초과, 증빙불비로서 손금불산입된 금액	
지급이자손금불산입액	가지급금에 대한 지급이자 등으로 손금불산입된 이자금액	
과다경비손금불산입액	임원상여금중 손금불산입액, 임원에게 지급한 퇴직금중 손금불산입액, 임원인건비중 손금불산입액, 복리후생비중 손금불산입액, 지배주주여비 등 손금불산입액	
비지정기부금, 손금불산입액	법정·지정기부금을 제외한 기부금 손금불산입액	
법정기부금, 지정기부금한도초과액	법정기부금 및 지정기부금중 법인세법상 한도초과로 손금불산입된 금액	법인세과세표준 및 세액조정계산서 (105)란의 금액
법인세 등 결정세액	당해연도분 각사업연도의 소득금액에 대한 법인세·지방소득세·농어촌특별세 등의 실제 부담세액을 차감하되, 과거연도분 법인세 추징세액을 당해연도에 납부한 경우의 과거연도분 법인세는 차감하지 아니하며, 이월결손금을 공제받는 경우에도 이월결손금공제전의 법인세부담액을 재계산하여 차감.	법인세과세표준 및 세액조정계산서 (125)란의 법인세 금액 및 법인세의 10%인 지방소득세, 감면세액의 20%인 농어촌특별세 합계액
외국납부세액	해외영업소 등에서 납부한 외국납부세액으로서 장부상 비용계상후 손금불산입된 금액 혹은 선급세액으로 계상후 세액공제 받은 금액	법인세 과세표준 및 세액조정계산서 별지 제8호서식 부표5
유상감자 차감액	유상감자를 한 시점이전의 소득에서 [감자금액×10%]를 차감함(p.44 발행주식총수 참조)	법인세 신고서와 무관
감가상각 부족액	당기 법인세법상 상각범위액에 미달되게 상각한 경우 부족상각비 상당액을 차감조정(부인액 중 손금추인분은 가산조정)	상동
외화환산손실	법인세법상 외화자산·부채에 대한 환산손실을 반영하지 않은 경우	외화환산 등 평가차손익 조정 명세서
징벌적 목적 손해 배상금	법인이 지급한 손해배상금 중 실제 발생손실을 초과하여 지급한 징벌적 목적 손해배상금으로 손금불산입된 금액	소득금액 조정 합계표
업무용 승용차 관련 비용 중 손금불산입액	업무용 승용차에 대한 감가상각비, 처분손실 중 법인세법상 한도를 초과하여 손금불산입된 금액(2020.2.11.이후부터 적용)	소득금액 조정 합계표

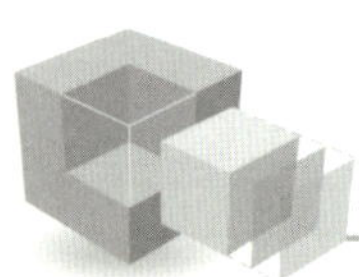

[별지 제15호 서식]

사업연도	소 득 금 액 조 정 합 계 표		법 인 명
2026.01.01 2026.12.31			
사업자등록번호	-	법인등록번호	-

익금산입 및 손금불산입				손금산입 및 익금불산입			
①과 목	②금 액	③소득처분		④과 목	⑤금 액	⑥소득처분	
		처분	코드			처분	코드
퇴직급여충당부채	40,000,000	유보		퇴직보험예치금	40,000,000	유보	
대손충당금	37,500,000	유보		전기대손충당금	20,000,000	유보	
접대비한도초과	10,000,000	기타사외유출		국고보조금	20,000,000	유보	
손금불산입공과금	7,000,000	기타사외유출		수입배당금	14,000,000	기타	
잡손실(가산세)	3,000,000	기타사외유출		지분법평가이익	30,000,000	유보	
법인세비용	200,000,000	기타사외유출		연구인력개발준비금	100,000,000	유보	
가지급금인정이자	20,000,000	상여		단기매매증권평가익	30,000,000	유보	
가지급금지급이자	12,000,000	기타사외유출		미수수익	6,000,000	유보	
제품평가충당금	30,000,000	유보					

[별지 제3호 서식]

사업연도	2026.01.01 ~ 2026.12.31	법인세 과세표준 및 세액조정계산서	법인명	
			사업자등록번호	-

① 각 사업연도 소득계산				
(101)결산서상당기순손익			01	200,000,000
소득조정 금 액	(102)익 금 산 입		02	424,500,000
	(103)손 금 산 입		03	260,000,000
(104)차가감 소득금액 (101+102−103)			04	364,500,000
(105)기부금한도초과액			05	0
(106)기부금한도초과 이월액손금산입			54	20,000,000
(107)각 사업연도소득금액 {(104)+(105)−(106)}			06	344,500,000

(133)감면분 추가납부세액	29	0
(134)차 감 납 부 할 세 액 (125−132+133)	30	15,375,000

⑤ 토지등			
양도 차익	(135)등 기 자 산	31	
	(136)미 등 기 자 산	32	
(137)비 과 세 소 득		33	
(138)과세표준(135+136−137)		34	0

④ 납부할 세액계산				
(120)산출세액(120=119)				31,375,000
(121)공제감면세액(ㄱ)			17	6,000,000
(122)차 감 세 액			18	0
(123)공제감면세액(ㄴ)			19	0
(124)가 산 세 액			20	0
(125)가감계(122−123+124)			21	25,375,000
기납부	기한내	(126)중간예납세액	22	10,000,000
		(127)수시부과세액	23	
		(128)원천납부세액	24	0

⑥ 세액계			
분납할 세 액	(154)물 납	49	
	(155)계(153+154)	50	0
차감 납부 세액	(156)현금납부	51	0
	(157)물 납	52	
	(158)계(156+157) 158=(150-151-155)	53	0

② 퇴직급여 손금불산입액의 처리 : 법인이 기업회계기준에 따라 퇴직급여충당부채를 전액 비용으로 계상하면 법인세법상 한도초과액이 발생하게 되며, 퇴직연금에 가입하면 동 한도초과액을 손금산입하게 되어 손금불산입액과 동액의 손금산입이 발생되어 소득금액에 미치는 영향은 없어진다. 만일 한도초과액이 발생한 법인이 퇴직연금 가입대상금액 전액을 가입하지 아니한 경우에는 손금불산입액이 더 크게 발생되므로 소득금액이 증가하게 된다. 이 경우에도 상속세법상의 순손익액을 계산하는 경우 퇴직급여 손금불산입액을 수정하지 아니하고 신고된 순손익액을 그대로 사용한다.

다만, 후술하는 순자산을 계산하는 경우에는 소득금액계산시 퇴직급여 부족설정 혹은 손금불산입 여부와 관계없이 기업회계기준에 따른 퇴직급여추계액총액을 부채로 보아 자산에서 차감한다.

[관련예규] 퇴직급여 손금불산입액의 처리 (재산 - 13, 2012.1.13)

비상장주식을 보충적으로 평가하는 경우 "최근 3년간의 순손익액"은 각 사업연도소득을 기준으로 산정하는 것으로 이 경우 퇴직급여충담금 유보금액을 차감하지 않는 것임

○ 평가 대상인 비상장법인은 매 사업연도말 퇴직급여충담금 설정 대상인 임직원에 대한 퇴직금추계액을 재무상태표에 계상하고 있으며, 동 퇴직급여충담금에 대해 법인세법 제33조 및 동법 시행령 60조에 의한 한도초과액을 손금불산입한 유보금액이 법인세 세무조정계산서 상 자본금과적립금조정명세서(을)에 존재함
○ 한편, 평가대상법인은 외부금융기관에 퇴직보험이나 퇴직연금에 가입한 바가 없음

(질의내용)

○ 상증법 시행령 제56조에 의해 순손익액 계산시 퇴직급여충당금 유보금액을 그 부인된 연도에 배분하여 각사업연도 소득에서 차감하여야 하는지 여부를 질의함

위 국세청의 해석과는 별도로 법원판례와 조세심판례에서는 순손익액을 계산하는 경우 사외적립 미이행으로 인한 퇴직급여 손금불산입액을 손금으로 보아 차감하여야 한다는 사례가 있으며, 결산 시 비용으로 산입 되지 아니한 퇴직 급여도 손금에 산입하여 순손익가치를 계산하여야 한다는 심판례도 있다.(조심2021인1211, 2021.8.17, 조심2021구2760, 2021.12.15.)

아래의 국세심판원 결정문을 보면 퇴직급여충당금추계액 전액을 손금으로 반영하여 비상장주식을 평가하는 것이 타당하므로 결산시 반영되지 않은 퇴직급여가 있다면 이를 각사업연도소득에서 손금으로 차감조정하여 주식을 평가하여야 할 것이라고 결정하였다. 퇴직급여추계액을 기준으로 주식을 평가하는 것이 타당하다는 결정에 따르면, 결산상으로 퇴직급여추계액에 해당하는 퇴직급여전액을 비용으로 계상하였으나 퇴직연금을 사외에

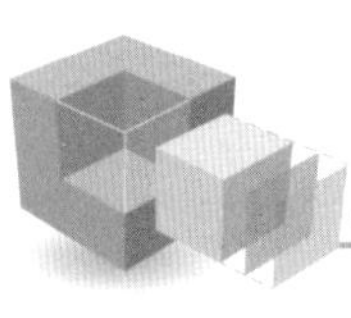

적립하지 않아 손금불산입된 금액이 있다면 그 손금불산입된 금액도 손금으로 차감조정 하여야 할 것으로 판단된다.

퇴직금추계액을 전액을 손금으로 산입된 손익을 기준으로 주식을 평가하여야 한다는 국세심판원의 취지는 법원의 판례에서도 동일하게 확인되고 있다.(대법원 2019두 30546, 2019.4.25., 수원지방법원 2018구합60664, 2020.5.21.)

[관련심판례] 결산시 미계상된 퇴직급여의 처리 (조심2021인1211, 2021.08.17.)

1) 퇴직급여는 「근로자퇴직급여보장법」에 따라 임직원 퇴직시 법인이 반드시 지급할 구속력을 갖고 있으므로 사용인 등에 대하여 장래에 지급 의무가 있는 부채일 뿐만 아니라 당해 사업연도의 법인의 자산을 감소시키는 손비에 해당되는 점, 퇴직급여(퇴직급여충당금)는 퇴직금 사외적립 보장을 위한 조세정책적 목적으로 손금불산입된 금액으로 상증법 시행령 제56조 제4항 제2호의 차감 항목에 부합되는 점, 퇴직급여충당금의 사외적립 여부는 기업의 순자산 증감이 발생하지 않으므로 기업가치에 영향을 미치지 않아야 하나, 사외 미적립으로 인한 손금불산입액을 순손익 가치산정시 차감하지 않으면 사외적립 여부에 따라 기업가치가 달라지는 모순이 발생하는 점, 퇴직급여추계액 전체를 차감한 금액을 기준으로 순손익가치를 평가하는 것이 평가기준일 현재의 주식가치를 정확히 파악하려고 하는 위 규정의 입법취지에도 부합하는 점 등에 비추어 쟁점주식 평가시 반영되지 아니한 퇴직급여가 있다면 이를 쟁점주식 평가에 반영하는 것이 타당하다고 판단되고

2) 쟁점법인은 채권 중 채무자의 파산 등으로 회수할 수 없는 금액인 대손금에 대하여 손금산입한 사실은 보이지 않는 점 등에 비추어, 손금으로 실제 결산에 반영하지 않았으나 「법인세법」 제19조의2 및 같은 법 시행령 제19조의2에 따른 대손금의 요건을 충족한 대손상각비가 있다면 이를 쟁점주식 평가시 반영하는 것이 쟁점주식의 가치를 정확하게 평가할 수 있는 방법이라 할 것이다.

3) 따라서 쟁점법인의 결산시 반영되지 아니한 퇴직급여나 대손상각비가 있다면 이를 재조사하여 그 결과에 따라 쟁점주식을 다시 평가하는 것이 타당하다고 판단된다.

③ 대손상각채권의 처리 : 법인이 보유하고 있는 채권 중에서 실질적으로 회수할 수 없는 채권은 순자산평가시 자산에서 제외하여 평가한다. 이와 같이 채권을 상각된 채권으로 보아 순자산에서 제외할 경우, 순손익가치를 계산할 때도 대손상각비를 손금으로 인정할 것인지가 문제가 된다.

앞서 본 바와 같이 법인의 장부상 퇴직급여미계상분은 손순익액계산시에 손금으로 반영하여야 한다는 조세심판례와 같이, 법인의 장부상 미계상된 대손상각비도 순손익액계산시에 손금으로 반영하여야 한다는 심판례가 있다.

그러나 대손상각비를 순손익액에 반영하기 위해서는 해당 채권이 과거 3년 중 어느 연도에 대손이 확정되었다는 사실을 입증하여야 한다. 그러므로 대손금을 손금으로 산입하고자 하는 그 연도에 법인세법상의 대손요건이 충족되었다는 입증자료를 갖추는 것이 필요하다. 만일 장부상 보유하는 채권에 대하여 주식평가시 대손상각으로 순손익가치에 반영하고자 한다면, 과거 3년 중 대손요건을 갖춘 해당연도의 법인세신고분을 수정신고하여 대손상각을 인정받은 후 주식평가에 반영하는 것이 바람직하다.

[관련심판례] 대손상각액의 순손익가치 반영 여부 (조심 2022서 5708, 2024.3.18.)

- ○ 비상장주식의 순손익가치를 평가함에 있어 최근 3년간의 순손익액은 「법인세법」제14조에 의한 각 사업연도의 소득에 「상속세 및 증여세법 시행령」제56조 제4항 제1호에 의한 금액을 가산한 금액에서 같은 항 제2호에 의한 금액을 차감한 금액에 의하여 산정하도록 규정하고 있는바, 이러한 규정의 입법 취지가 평가기준일 이전 최근 3년간 기업이 산출한 순손익액의 가중평균액을 기준으로 평가기준일 현재의 주식가치를 정확히 파악하려는 데 있는 점(대법원 2011.7.14. 선고, 2008두4275 판결, 같은 뜻임)에 비추어 보면, 「법인세법」상의 과세표준 계산과정에서 반영할 수 없는 금액이라 하더라도, 「상속세 및 증여세법」에 따라 주식의 가치를 정확하게 평가하기 위해서는 위 금액을 주식평가 과정에 반영함이 타당하고, 순자산가액(또는 순손익액)에 반영된 금액은 순손익액(또는 순자산가액)에도 반영함이 타당하다고 할 것이다. (조심 2021서626, 2021.7.1.)
- ○ 이 건의 경우, 처분청은 청구법인의 순자산가액 계산 시 쟁점채권을 포함하지 않았는바, 평가기준일 현재에는 쟁점채권이 '채무자의 파산, 사업의 폐지 등으로 회수할 수 없는 채권'에 해당되어 그 처분예상금액이 없다고 인정된다 하더라도, 순손익가치는 평가기준일 직전 3년간의 순손익액을 가중평균하여 산정함에 따라 쟁점채권이 회수 불가능하게 된 시점이 구체적으로 특정되어야 할 것이고, 채권의 회수 불능에 대한 입증책임은 이를 주장하는 청구인들에게 있다 할 것임.

〈손금미계상분의 순손익 가치산정〉

구분	상증법상의 규정	조세심판례 및 판례
감가상각미계상분	차감항목으로 규정	-
퇴직급여미계상분	차감항목이 아님	차감항목으로 결정
대손상각미계상분	차감항목이 아님	차감항목으로 결정

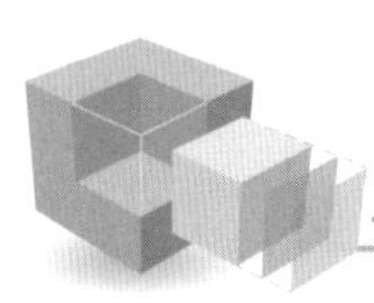

④ 법인세 결정세액 : 「법인세 등 결정세액」은 해당연도의 산출세액에서 공제감면세액을 차감하고, 토지양도에 대한 법인세, 미환류소득에 대한 법인세, 지방소득세, 농어촌특별세, 가산세를 가산한 금액으로 한다. 만일 특정연도에 과거연도 이월결손금을 공제하여 실제부담 법인세액이 감소된 경우 상속세법상의 주식평가시에는 동 결손금을 공제받지 아니한 것으로 가정하여 법인세 등을 다시 계산한 후 그 금액을 법인세 등 결정세액으로 공제하여야 한다. 또한 이월결손금을 공제받지 아니한 소득을 기준으로 법인세를 계산한 후 공제 · 감면대상이 되는 세액이 있으면 그 금액을 차감한 후의 법인세를 기준으로 결정세액을 계산한다.

[관련예규] 이월결손금과 감면세액의 계산 (서면 4팀 - 2028, 2007.7.2)

비상장주식 평가시 각 사업연도소득은 이월결손금공제전의 소득을 의미하며, 그에 따라 감면되는 법인세액이 있는 경우 그 금액을 차감한 후의 법인세액에 의함

- 과거연도분 추납세액 : 소득에서 차감하는 법인세결정세액은 당해연도분 소득에 대한 세액이므로 만일 과거연도분 법인세를 추징받거나 수정신고로 당기 중에 납부하고 법인세비용으로 계산하고 있는 경우에도 해당 과거연도분 추가납부세액은 차감하지 아니한다. 다만, 수정된 연도가 3년 이내의 사업연도로서 평가기간에 속하는 경우에는 추징당한 연도가 아닌 해당 연도의 법인세액에 추징된 법인세를 포함하여야 한다.

- 소급공제로 인한 법인세 환급세액 : 중소기업이 결손이 발생한 경우 결손금을 소급하여 공제하면 전기분 법인세액을 환급받을 수 있다. 당해 환급세액은 당기분 법인세가 아니므로 당기 법인세액에서 차감하지 아니하며, 전기 사업연도의 소득에 대한 법인세액이므로 전기분 손익을 계산 할 때에도 당기에 받은 환급세액을 고려하지 아니하고 당초의 환급 전 법인세액을 차감할 법인세액으로 하여야 한다.

- 외국납부세액 : 법인의 사업장이 국외에 있어 국외사업장의 소득이 국내본사소득에 합산되어 법인세과세표준에 포함되는 경우의 현지에서 납부한 직접외국납부세액이 있거나 혹은 국외현지법인에 투자한 국내법인이 국외현지법인으로부터 수령하는 배당소득이 있는 경우 현지에서 납부한 법인세 중 수입배당금에 해당하는 법인세 즉 간접외국납부세액이 있는 경우로서, 손금에 산입되지 아니하고 세액공제를 신청한 동외국납부세액은 차감되는 법인세액에 포함하여야 한다.

상속세 및 증여세법 시행령 제56조 제4항

④ 제1항에 따른 순손익액은 「법인세법」 제14조에 따른 각 사업연도소득에 제1호의 금액을 더한 금액에서 제2호의 금액을 뺀 금액으로 한다.

1. <생 략>
2. 다음 각 목에 따른 금액
   가. 당해 사업연도의 법인세액(「법인세법」 제57조에 따른 외국법인세액으로서 손금에 산입되지 아니하는 세액을 포함한다), 법인세액의 감면액 또는 과세표준에 부과되는 농어촌특별세액 및 지방소득세액

법인세법 제57조 **[외국납부세액공제 등]**

① 내국법인의 각 사업연도의 과세표준에 국외원천소득이 포함되어 있는 경우 그 국외원천소득에 대하여 대통령령으로 정하는 외국법인세액(이하 이 조에서 "외국법인세액"이라 한다)을 납부하였거나 납부할 것이 있는 경우에는 제21조제1호에도 불구하고 다음 각 호의 방법 중 하나를 선택하여 적용받을 수 있다.

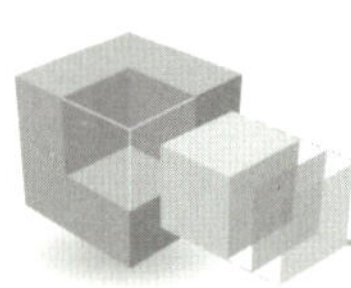

사례 이월 결손금이 있는 경우의 법인세 등 결정세액 계산

다음 자료에 의하여 2026년도에 상속세법상 주식평가시 직전 3년간의 각 사업연도소득에서 공제할 사업연도별 법인세 등 결정세액을 계산하라.

	2023	2024	2025
각사업연도 소득	- 200,000,000	150,000,000	400,000,000
이월결손금	-	150,000,000	-
과세표준	-	-	400,000,000
법인세산출세액	-	-	60,000,000
세액공제	10,000,000	-	10,000,000
	(세액공제이월)	-	(이월된 세액공제)
농어촌특별세	-	-	2,000,000
지방소득세	-	-	6,000,000
법인세납부세액	-	-	58,000,000

[해설]

	2023	2024	2025
각사업연도 소득	- 200,000,000	150,000,000	400,000,000
결손금공제전과세표준	-	150,000,000	400,000,000
법인세산출세액	-	15,000,000	60,000,000
세액공제	-	4,500,000*	5,500,000**
법인세결정세액		10,500,000	54,500,000
농어촌특별세	-	900,000	1,100,000
지방소득세	-	1,500,000	6,000,000
차감할 법인세 등	-	**12,900,000**	**61,600,000**

* 15,000,000-150,000,000 × 7%(최저한 세율) = 4,500,000

** 2024에 결손금공제전과세표준에 대한 산출세액에서 가상의 세액공제를 공제하여 차감할 법인세를 계산하였으므로 2025에도 2024의 가상의 세액공제효과를 반영하여 잔여세액공제만 적용함

(4) 사업연도별 순손익액

각사업연도 소득금액에 상속세법상 규정된 가산항목과 차감항목을 조정하면 주식평가를 위한 순손익액이 계산된다. 각 연도별 순손익금액이 (-)인 경우에는 다음과 같이 처리한다.

① 특정사업연도의 순손익액이 (-)인 경우 : 어느 하나의 사업연도 혹은 2개 사업연도의 순손익액이 (-)인 경우에도 각 연도에 해당하는 가중치를 (-)의 순손실액에 곱하여 가중치 적용 후 1주당 순손익액을 계산한다. 예를 들어 최근 3년간의 1주당 순손익액이 300, -200, 100이고 1주당 순자산가치가 500인 경우 1주당 순손익액은 [300 × 3 + (200) × 2 + 100 × 1] ÷ 6 = 100이 되고 1주당 순손익가치는 100 ÷ 10% = 1,000이 되며, 1주당 평가액은 [1,000 × 3 + 500 × 2] ÷ 5 = 800이 된다.

② 3개사업연도의 순손익액이 모두 (-)인 경우 : 사업연도별 순손익액이 3년 모두 (-)인 경우에도 순손익가치와 순자산가치를 가중평균하여 주식가치를 계산한다. 이 경우 순손익가치는 0이 되므로 1주당 평가액은 1주당 순자산가치의 80% 하한액이 된다. 예를 들어 최근 3년간의 1주당 순손익액이 -300, -200, -100이고 1주당 순자산가치가 500인 경우, 1주당 순자산가치 500의 80%인 400이 1주당 평가액이 된다.

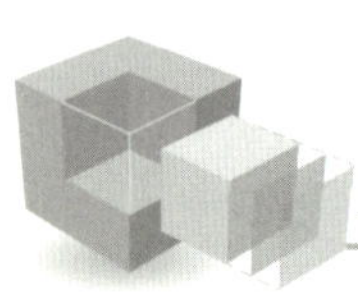

사례 사업연도별 순손익액이 부수인 경우

[사례1]

	20×3	20×2	20×1
각사업연도 소득금액	-1,000	1,200	-3,000
가산(차감)항목	400	-1,400	600
순손익액	-600	-200	-2,400

* 발행주식수 : 200주, 1주당 순자산 가치 : 300

[사례2]

	20×3	20×2	20×1
각사업연도 소득금액	-1,000	-2,000	-3,000
가산항목	1,200	0	0
순손익액	200	-2,000	-3,000

* 발행 주식수 : 200주, 1주당 순자산 가치 : 300

[해설]

1주당 순손익액의 가중평균은 두 사례 모두 (-)이므로 0으로 계산하되, 순자산가치와 가중평균하여 1주당평가액을 계산함.
가중평균 1주당 평가액 = (0 × 3 + 300 × 2) ÷ 5 = 120 (최종평가액은 300 × 80%인 240)

③ 가중평균 후 1주당 순손익액 합계가 (-)인 경우 : 가중치 적용 후 어느 사업연도의 순손익액의 (-)금액이 다른 사업연도의 (+)금액보다 커서 가중평균 후 1주당 순손익액합계가 (-)인 경우에는 1주당 순손익가치를 0으로 보아 주식평가액을 계산한다.

이 경우 주식가중평균평가액은 다음과 같이 계산한다.

1주당가중평균액 = [(1주당 순손익가치 = 0) × 3 + 1주당 순자산 가치 × 2] ÷ 5

이 경우에는 평가액의 하한 규정에 따라 순자산가치의 80%가 최종평가액이 된다.

사례 사업연도별 순손익액 계산

다음 법인세 신고자료에 의하여 상속세법상의 주식평가를 위한 사업연도별 순손익액을 계산하라.

<법인세 신고서상 각사업연도 소득금액 및 세무조정항목>

	20×3	20×2	20×1	비고
손익계산서상 순이익	830,000,000	220,000,000	(250,000,000)	
세무조정항목				
- 손익계상 법인세 등	200,000,000	120,000,000	–	
- 접대비 한도초과	70,000,000	60,000,000	50,000,000	
각사업연도소득	1,100,000,000	400,000,000	(200,000,000)	
이월결손금	–	(200,000,000)	–	
과세표준	1,100,000,000	200,000,000	(200,000,000)	
법인세	220,000,000	40,000,000	–	법인세율20%로 가정
지방소득세	22,000,000	4,000,000	–	

[해설]

	20×3	20×2	20×1
사업연도소득	1,100,000,000	400,000,000	(200,000,000)
접대비한도초과	(70,000,000)	(60,000,000)	(50,000,000)
법인세 등 결정세액	(242,000,000)	(88,000,000)*	–
사업연도별 순손익액	788,000,000	252,000,000	(250,000,000)

* 이월결손금공제전의 소득금액에 대한 법인세 및 지방소득세를 계산함.

3 1주당 순손익가치 계산(일반적인 경우)

순손익 금액을 기준으로 계산하는 1주당 주식평가액은, 1주당 순손익금액을 주식의 가치로 환산한 금액을 의미한다. 매 사업연도별 순손익금액을 계산한 후 이를 매 사업연도말 발행주식 총수로 각각 나누어 매 사업연도별 1주당 순손익금액을 계산하고, 매 사업연도별 1주당 순손익금액을 평가기준일로부터 가까운 사업연도부터 3:2:1의 가중치를 두어 1주당 가중평균 순손익금액을 계산한 후, 1주당 순손익금액을 1주당 주식평가액으로 환산하게 된다.

1주당 기업가치 × 이익율 = 1주당 순손익액

1주당 기업가치 = 1주당 순손익액 ÷ 이익율

1주당 순손익액 = [매사업연도별 순손익액 ÷ 매사업연도말 발행주식 총수]의 가중평균액

(1) 발행주식 총수

발행주식 총수는 과거 3년 각각에 대하여 해당 사업연도말 현재의 각각의 발행주식 총수를 의미하며 발행주식총수에는 우선주와 전환주식이 있는 경우에 이를 포함하여 계산한다.

매 사업연도말 현재의 발행주식총수는 해당 사업연도말 현재의 각각의 발행주식수를 의미하지만, 평가기준일 이전부터 과거 3년 동안 유상증자, 유상감자, 무상증자, 무상감자 등의 주식수 변동이 있는 경우에는 다음과 같이 매사업연도말 주식수를 계산하여야 한다.

① 유상증자 : 과거 3년 이내에 주주로부터 대가를 지급받고 주식을 발행하는 유상증자를 한 경우, 매사업연도말 주식수는 유상증자이전 연도에는 유상증자이전 주식수를 환산하여 적용하고 유상증자이후 연도에는 유상증자이후의 변동된 주식수를 적용한다. 유상증자로 인해 유상증자 이전연도의 주식수가 증가되므로 유상증자이전연도의 소득금액도 가산수정하여야 한다. 유상증자시 주식수를 환산하여 소급 수정하고 과거소득금액에 유상증자 효과 금액을 가산수정하는 규정은 2011.7.26이후 평가분부터 적용된다.

유상증자이전 사업연도	2011.7.25 이전 평가시	2011.7.26 이후 평가시
발행주식수계산	환산 수정하지 아니함	소급하여 수정함
소득금액 조정	소득금액을 조정하지 아니함	소득금액에 [증자액 × 10%]를 가산함

유상증자이전 연도의 소득금액가산수정액 = 유상증자로 불입된 자본총액 × 10%

* 증자한 당해 연도는 (사업연도개시일부터 증자월까지의 월수/12)를 곱하되 1월 이하는 1월로 계산

유상증자시 불입액의 10%를 소득금액에 가산하는 규정은 평가기준일 전 직전 3개년도 중에 증자한 경우뿐만 아니라 평가기준일이 속하는 연도에 증자한 경우에도 동일하게 적용된다. 예를 들어 평가기준일이 2026. 6. 30. 이고 증자일이 2026. 3. 31. 인 경우에도 2025, 2024, 2023년도분 순손익액에 2026. 3 .31. 증자불입액의 10%를 각각 가산하여 순손익액을 계산한다.

$$\text{환산주식수} = \text{증자전 각사업연도말 주식수} \times \frac{(\text{증자 직전 사업연도말 주식수} + \text{증자 주식수})}{\text{증자직전 사업연도말 주식수}}$$

유상증자 이전연도의 소득금액에 증자금액의 10%를 가산하여 조정하는 규정은 현금증자분만 아니라 채무의 출자전환으로 인한 증자의 경우에도 동일하게 적용된다.

[관련예규] 채무의 출자전환시 소득금액조정여부 (서면법령재산 - 581, 2015.8.18)

> 법원의 회생계획인가결정에 따른 매출채권의 출자전환으로 피출자법인에 유상증자가 이루어진 경우 해당 피출자법인의 비상장주식 평가시 「상속세 및 증여세법 시행령」 제56조 제5항에 따라 순손익액에 출자전환가액의 10%를 가산하는 것임

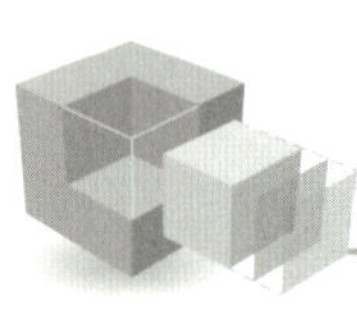

사례 유상증자시 발행주식수 및 순손익계산

다음 사례에 의해 2026년도 중 평가대상법인의 각 연도별 1주당 순손익액을 계산하라.

구 분	2023	2024	2025
각사업연도소득	100,000,000	200,000,000	300,000,000
법인세 등	20,000,000	40,000,000	60,000,000
기말주식수	100,000	200,000	250,000
유상증자주식수		100,000	50,000
증자일자		2024.7.3	2025.6.30
1주당발행가액		1,200	2,000
1주당액면가액		500	500

[해설]

	2023	2024	2025
소득금액	100,000,000	200,000,000	300,000,000
법인세 등 차감	−20,000,000	−40,000,000	−60,000,000
유상증자가산조정			
2024년도 증자분	12,000,000	7,000,000[*1]	−
2025년도 증자분	10,000,000	10,000,000	5,000,000[*2]
조정 후 소득금액(A)	102,000,000	177,000,000	245,000,000
발행주식수계산			
환산 전 주식수	100,000	200,000	250,000
2024증자분환산후	200,000[*3]	200,000	250,000
2025증자분환산후	250,000[*4]	250,000[*4]	250,000
환산 후 주식수(B)	250,000	250,000	250,000
1주당순손익(A/B)	408	708	980

*1 $100{,}000\text{주} \times 1{,}200 \times 10\% \times \frac{7}{12} = 7{,}000{,}000$

*2 $50{,}000\text{주} \times 2{,}000 \times 10\% \times \frac{6}{12} = 5{,}000{,}000$

*3 $100{,}000\text{주} \times \frac{200{,}000}{100{,}000} = 200{,}000$

*4 $200{,}000\text{주} \times \frac{250{,}000}{200{,}000} = 250{,}000$

〈저자주〉

유상증자에 대한 발행주식수를 환산하게 되면 평가기준일 현재의 발행주식총수와 직전 3년의 매연도말 발행주식총수가 동일하게 됨.

② **유상감자** : 과거 3년 이내에 유상감자를 한 경우에는 유상증자와 동일한 방법으로, 감자이전연도의 발행주식수를 환산하여 차감 수정하고 감자 이전연도의 소득금액도 차감조정하여야 한다.

$$환산주식수 = 감자전\ 각사업연도말\ 주식수 \times \frac{(감자\ 직전\ 사업연도말\ 주식수 + 감자\ 주식수)}{감자직전\ 사업연도말\ 주식수}$$

사례 유상감자시 발행주식수 및 순손익계산

다음 사례에 의해 2026년도 중 평가대상법인의 각 연도별 1주당 순손익액을 계산하라.

구 분	2023	2024	2025
각 사업연도소득	100,000,000	200,000,000	300,000,000
법인세 등	20,000,000	40,000,000	60,000,000
기말주식수	100,000	100,000	50,000
유상감자주식수			50,000
감자일자			2025.5.15
1주당감자가액			2,000
1주당액면가액			500

[해설]

	2023	2024	2025
소득금액	100,000,000	200,000,000	300,000,000
법인세 등 차감	−20,000,000	−40,000,000	−60,000,000
유상감자차감조정			
2025년도 감자분	−10,000,000	−10,000,000	−4,166,667*1
조정 후 소득금액	70,000,000	150,000,000	235,833,333
발행주식수계산			
환산 전 주식수	100,000	100,000	50,000
2025감자분환산	50,000*2	50,000*2	50,000
환산 후 주식수	50,000	50,000	50,000
1주당순손익	1,400	3,000	4,717

* 1 $50,000 \times 2,000 \times 10\% \times \frac{5}{12} = 4,166,667$

* 2 $100,000주 \times \frac{50,000}{100,000} = 50,000주$

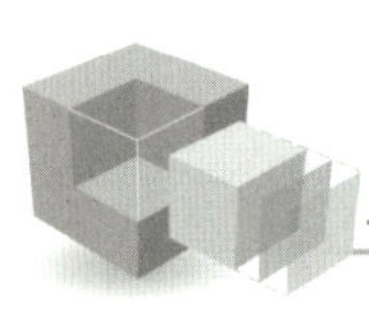

③ 무상증자, 무상감자 : 과거3년 이내에 주주와의 대가 관계없이 잉여금자본전입에 의한 무상증자(감자)를 한 경우 무상증자 전후의 기업가치는 동일하므로 무상증자(감자) 이전연도의 주식수는 무상증자(감자)이후의 주식수로 환산하여야 한다. 즉 무상증자(감자)로 인해 주식수가 변동되면 무상증자(감자) 이전연도부터 소급하여 주식이 변동된 것으로 가정하여 무상증자이전 사업연도말 주식수를 재계산 하여야 한다.(상속세법 시행규칙 제17조의 3⑤항)

무상증자(감자)로 인하여 무상증자 이전연도의 주식수를 환산하는 방법은 유상증자(감자)와 동일하며, 다음과 같은 경우로 주식수가 변동된 경우에도 동일하게 환산하여야 한다. 다만, 무상증자(감자)로 주식수를 환산하여 수정하는 경우에는 유상증자(감자)와 달리 증자(감자)이전 사업연도의 소득금액은 조정하지 아니한다.

〈주식수 환산대상〉

- 액면분할 · 액면병합으로 인한 주식수 증가, 감소
- 주식배당으로 인한 주식수 증가
- 합병시 피합병법인 주주에게 신주발행으로 인한 주식수 증가

④ 최근사업연도말 이후 평가기준일전에 증자(감자)를 한 경우 : 증자(감자)에 의한 주식수 환산은 평가기준일 전 3년 이내에 행해진 경우뿐 아니라 직전 사업연도 종료일 이후 평가기준일까지 증자(감자)를 한 경우에도 직전 3년간의 사업연도말 발행주식수를 환산하여야 한다. 예를 들어 평가기준일이 2026.6.30 현재이고 2023.12.31, 2024.12.31 및 2025.12.31 현재의 발행주식수는 100,000주였으나 2026.1.1~6.30사이에 유상증자 20,000주가 있어 2026.6.30 현재의 발행주식수가 120,000주인 경우, 매사업연도말 현재의 주식수는 과거부터 소급하여 증자가 된 것으로 가정하여 주식수를 환산하여야 하며 증자이후의 환산주식수인 120,000주를 사용하여야 한다.

다만, 유상증자(감자)를 한 경우에는 과거 3년간의 소득금액을 가산(차감)하여야 하지만 무상증자(감자)를 한 경우에는 주식수만 환산하여 수정하고 과거 3년간의 소득금액은 수정하지 아니한다.

[관련예규] 무상증자시 발행주식총수 (재재산 46014-44, 2002.2.22)

평가기준일이 속하는 사업연도 중에 무상증 · 감자에 의해 주식수가 변동된 경우에도 직전 3년의 각사업연도말 발행주식총수를 환산하여야 함

[관련예규] 액면변동시 발행주식총수 (재산 01254-717, 1988.3.10)

1주당 액면가액을 변동함으로써 발행주식수가 달라진 경우에는 최종사업연도의 발행주식수를 기준으로 1주당 순손익액을 계산함

[관련예규] 주식배당시 발행주식총수 (서일 46014-10141, 2002.1.31)

주식배당이 있는 경우에도 직전사업연도 주식수를 환산하여야 함

[관련예규] 합병시 발행주식총수 (서일 46014-10352, 2001.10.24)

합병 후 3년이 경과하지 아니한 합병법인의 순손익액을 합병법인과 피합병법인의 순손익액을 합계하여 합병후 발행주식총수로 나누어 계산함

⑤ 상환우선주의 처리 : 상환일자, 원금, 배당률이 결정되어 있는 상환우선주가 있는 경우에는 상환우선주의 수량도 발행주식총수에 포함한다.(서면4팀-1894)

상환우선주의 수량도 발행주식총수에 포함한다는 것은 상환우선주를 보통주와 구분하여 별도로 평가하지 아니하고 보통주의 일부로 보아 보통주와 동일한 가액으로 평가한다는 의미로 판단된다. 다만 상환우선주는 투자자의 선택에 따라 상환을 받을 수 있는 부채의 성격이 있으므로, 만일 대주주가 우선주 주주들로부터 상환우선주를 매입하여 보유하고 있는 경우에는 상환우선주를 법인의 부채로 보아 발행주식총수에서 제외하고 주식발행가액을 부채로 보아 순자산을 평가하여야 한다는 심판례가 있다.

[관련심판례] 상환우선주의 평가방법 (조심 2015중 5594, 2016.05.12.)

【제목】

청구인이 제시한 거래가액을 불특정 다수인 사이에 자유롭게 형성된 객관적이고 합리적인 거래가액으로 보기 어려운 점, 과거 거래분은 평가기준일부터 3개월을 초과한 거래인 점 등에 비추어 상증법상 보충적 평가방법에 따라 쟁점주식의 시가를 평가한 것은 잘못이 없으나, 순자산가치를 평가함에 있어 쟁점우선주 중 일부는 부채로 보는 것이 타당해 보이므로 이를 부채로 보아 과세표준 및 세액을 경정하는 것이 타당함

- 우선주의 발행일 이후 회사의 재무상태 및 손익상황이 양호하지 않아 투자자들의 요구에 따라 청구인이 동 우선주 중 일부를 양수하였고, 이후 회사가 쟁점우선주 전체를 청구인 및 투자자들로부터 양수한 점

- 우선주의 경우 자본에 계상되어 있으나, 투자자의 선택에 따라 상환 또는 보통주로의 전환이 가능한 바, 자본의 특성과 함께 부채의 특성을 가지고 있는 점

⑥ 전환우선주의 처리 : 미래에 보통주로 전환할 수 있는 우선주가 있는 경우로서 미래에 전환할 수 있는 보통주 수량이 우선주 1주당 보통주 1주가 아닌 경우에도 전환효과를 감안하지 아니하고 현재의 전환우선주 수량만 발행주식총수에 포함한다.(서면4팀 - 1179)

예를 들어 전환우선주 10,000주를 보유하고 있고 전환우선주 1주당 보통주 3주로 전환할 수 있는 권리가 부여되어 있는 경우에도 30,000주가 아닌 10,000주만 발행주식총수에 포함한다.

⑦ 출자전환예정주식 : 법원으로부터 회생인가를 받아 향후 주식으로 전환될 부채를 출자전환채무과목으로 계상하고 있는 경우에도, 향후 출자전환과 상관없이 출자전환되지 아니한 현재의 발행주식총수로 평가한다.(서면상속증여 - 2140, 2015.11.13.)

〈저자주〉

순손익가치계산시의 매기말 발행주식총수는, 과거 3년간 유무상증자, 합병 등의 모든 효과를 소급하여 순손익금액에 반영하므로 평가기준일 현재의 발행주식수를 과거 3년간 소급하여 동일한 수량으로 적용하여야 한다. 그리고 발행주식총수는 향후 1주당 순자산가치 계산시의 발행주식총수와도 동일한 수량이 된다.

(2) 1주당 순손익액의 계산

1주당 순손익액은 최근 3년간의 매 사업연도별 1주당 순손익액을 3:2:1로 가중평균하여 계산한다. 1주당 순손익액 계산시 원단위 미만의 금액은 없는 것으로 본다.(기본통칙 60-0……1)

1주당 순손익액의 가중평균액 =

$$\left[\frac{\text{전1차연도의 순손익금액}}{\text{전1차연도말 발행주식수}} \times 3 + \frac{\text{전2차연도의 순손익금액}}{\text{전2차연도말 발행주식수}} \times 2 + \frac{\text{전3차연도의 순손익금액}}{\text{전3차연도말 발행주식수}} \times 1\right] \div 6$$

(3) 1주당 순손익가치의 계산

1주당 순손익가치는 「1주당 순손익액의 가중평균액」을 국세청장이 고시한 이익율인 10%로 나누어 계산한다.

1주당 순손익가치 = 1주당 순손익액의 가중평균액 ÷ 10%

1주당 순손익액을 10%로 환원하여 1주당 주식가치를 계산하므로 1주당 평균순이익이 ₩1,000인 기업의 1주당 순손익가치를 계산하면 순이익의 10배인 ₩10,000으로 계산된다.

순손익액을 10%로 나누어 순손익가치를 계산하는 상속세법상의 주식평가방법은, 주가수익비율(PER)로 주식가치를 평가하는 경우 PER를 10으로 보아 1주당 순이익의 10배를 1주당 기업가치로 보는 결과와 동일하다.

PER를 10으로 보아 기업가치를 평가하는 현행 상속세법은 업종의 구분 없이 모든 법인에게 동일한 PER가 적용되어 기업가치가 획일적으로 평가된다는 문제점이 있다.

또한, 현행 상속세법에서는 기업회계기준에 따라 발생주의에 의해 계산된 손익계산서를 기준으로 하지 아니하고 법인세법상으로 계산된 과세소득금액을 기준으로 순손익가치를 계산하므로 기업의 미래이익창출능력을 반영한다고는 볼 수 없으나, 법인세법상의 과세소득금액에서 출발하되 세무조정으로 익금에 산입된 금액 중 법인세결정세액이나 기업업무추진비한도초과액 등과 같이 현금유출이 수반되는 익금산입항목을 차감하여 순손익금액을 계산하므로 기업의 과거현금흐름을 일정부분 반영하고 있다고 볼 수 있다.

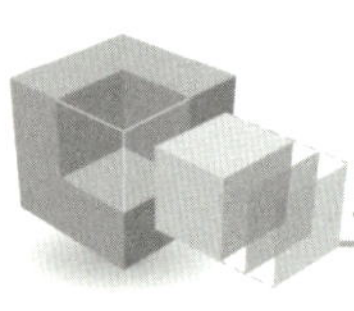

4 1주당 순손익가치 계산(예외적인 경우)

(1) 합병시의 순손익금액계산

① 사업연도가 동일한 법인간 합병시 : 평가기준일 전 3년 내에 합병이 있었던 경우에는 합병 전에 발생한 피합병법인의 순손익 금액을 합병법인의 순손익금액에 합산하여 합병이전 연도의 매사업연도별 순손익액을 계산하고, 합병법인의 합병 후 주식수를 합병이전 3개사업연도의 매사업연도말 주식수로 수정한 후 1주당 순손익액을 계산한다.

[관련예규] 합병법인의 순손익금액 (서일 46014-10352, 2001.10.24)

> 합병 후 3년이 경과하지 아니한 합병법인의 순손익액은 합병법인과 피합병법인의 순손익액을 합계하여 합병 후 발행주식총수로 나누어 계산함

사례 합병법인의 순손익계산(사업연도가 동일한 경우)

다음 자료를 이용하여 매사업연도별 1주당 순손익액을 계산하라.

- 평가기준일 : 2026. 7. 31
- 합병법인의 순손익액과 발행주식수(사업연도는 1.1 ~ 12.31)

	2025	2024	2023
순손익액	₩350,000,000	₩200,000,000	₩160,000,000
기말발행주식수	120,000주	120,000주	100,000주

- 합병일자는 2024. 6. 30이며 합병시 신주 20,000주를 발행하여 피합병법인 주주에게 교부하였다.
- 피합병법인의 합병이전 순손익액(사업연도는 1.1 ~ 12.31)

2025	2024.1.1 ~ 6.30	2023
–	₩40,000,000	(60,000,000)

[해설]

순손익액	2025	2024	2023
- 합병법인	350,000,000	200,000,000	160,000,000
- 피합병법인	–	40,000,000	(60,000,000)
순손익액합계	350,000,000	240,000,000	100,000,000
기말발행주식수	120,000	120,000	120,000*
1주당 순손익액	2,917	2,000	833

* 합병으로 인한 신주발행이 있는 경우 무상증자와 같이 소급하여 주식수를 증가시킨다.

② 사업연도가 다른 법인간 합병의 경우 : 합병법인의 사업연도와 피합병법인의 사업연도가 다른 경우에는 피합병법인의 소득금액을 합병법인의 사업연도를 기준으로 안분하여 재계산후 합병법인의 소득금액에 가산하여야 한다.

[관련예규] 사업연도가 다른 법인간 합병 (서면4팀 - 1071, 2004.7.13)

〈사례〉

· A사(합병법인)는 B사(피합병법인)을 1999.6.30.자로 흡수합병 하였음.

A사(12월 말 법인)	B사(6월말 법인)
2000.1.1. ~ 2000.12.31.	-
1999.1.1. ~ 1999.12.31.	1998.7.1. ~ 1999.6.30.
1998.1.1. ~ 1998.12.31.	1997.7.1. ~ 1998.6.30.

【회신】

평가기준일 전 3년 이내에 합병한 비상장법인의 합병전 1주당 순손익액은 합병법인과 피합병법인의 순손익액의 합계액을 합병후 발행주식총수로 나누어 계산하는 것이며, 합병법인과 피합병법인의 순손익액은 각각 1년간의 순손익액을 기준으로 하는 것이므로 1년에 미달하는 사업연도 순손익액은 연으로 환산한 가액에 의하는 것임. 귀 질의의 경우 합병법인의 1999사업연도 순손익액에 피합병법인의 순손익액은 6개월분만 포함되어 있으므로 피합병법인의 1999사업연도 순손익액 중 6개월분을 안분하여 합병법인의 1999사업연도 순손익액에 합산하고, 1998사업연도의 경우에도 피합병법인의 1998사업연도와 1999사업연도에 대한 순손익액을 각 6개월분으로 안분한 후 1년간의 순손익액을 계산하여 합병법인의 1998사업연도 순손익액에 합산하는 방법으로 순손익가치를 평가하는 것이 타당함.

사례 합병법인의 순손익계산(사업연도가 다른 경우)

다음 자료를 이용하여 매사업연도별 1주당 순손익액을 계산하라.

• 평가기준일 : 2026. 5. 31

• 합병법인의 자료

	2025.1.1 ~ 12.31	2024.1.1 ~ 12.31	2023.1.1 ~ 12.31
조정후 순손익액	350,000,000	200,000,000	160,000,000
기말발행주식수	120,000주	120,000주	100,000주

• 합병일자는 2024. 6. 30이며 합병시 신주 20,000주를 발행하여 피합병법인 주주에게 교부하였다.

• 피합병법인의 합병이전 순손익액

2023.7.1 ~ 2024.6.30	2022.7.1 ~ 2023.6.30
40,000,000	(60,000,000)

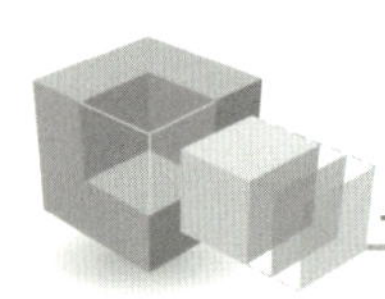

[해설]

순손익액	2025	2024	2023
- 합병법인	350,000,000	200,000,000	160,000,000
	–	40,000,000*6/12 = 20,000,000	40,000,000*6/12 + (60,000,000)*6/12 = (10,000,000)
순손익액합계	350,000,000	220,000,000	150,000,000
기말발행주식수	120,000	120,000	120,000
1주당 순손익액	2,917	1,833	1,250

(2) 분할시의 순손익금액계산

평가기준일 이전 3년 이내에 기업이 분할한 경우에는 분할신설법인과 분할존속법인이 존재하고, 각 기업별 주식평가방법이 다르게 적용된다. 예를 들어 3년 이내에 비적격인적분할 혹은 비적격물적분할에 의해 설립된 법인은 법인의 신설로 보아 순자산가치로만 평가하여야 하지만, 3년 이내에 적격인적분할 혹은 적격물적분할에 의해 설립된 신설법인은 분할이전의 사업을 계속 수행하는 것으로 보아 순자산가치와 순손익가치를 가중평균하여 주식가치를 평가하여야 한다.

① 적격분할시 : 적격인적분할과 적격물적분할을 비교하면 다음과 같다.

	적격인적분할	적격물적분할
개념	하나의 기업에서 분할대상이 되는 사업부와 존속되는 사업부를 수평적으로 양분하는 개념. 하나의 기업이 둘로 나누어지므로 기존 주주는 하나의 주식이 두개의 주식으로 나누어진 주식을 가지게 됨.	기업이 분할하고자 하는 특정사업부의 자산과 부채를 현물로 출자하여 새로운 회사를 신설하는 개념. 분할 후 신설법인의 주식은 존속법인이 투자주식으로 소유하게 됨.
주식수 변동여부	분할 전 법인이 두개법인으로 나누어지므로 분할 전 법인의 주식 중 일부가 신설법인의 주식으로 나누어져 존속법인의 주식수가 그만큼 감소됨.	분할 전 법인은 신설법인의 투자주식을 소유하므로 존속법인의 주식수 감소가 없음.
적격분할 요건	• 5년 이상 사업을 영위한 법인으로서 • 분할대가가 전부 주식이며 • 분할한 사업연도말까지 사업을 수행할 것(법인세법 46조1항)	좌동 (법인세법 47조1항)
신설법인의 사업승계	신설법인은 분할 전의 사업을 분할이후에도 승계하여 영위하는 것으로 간주됨.	좌동

• 존속법인과 신설법인의 손익계산방법 : 위에서 본 바와 같이 법인세법상특례요건을 갖춘 적격인적분할 및 물적분할의 경우 분할신설법인은 분할 전 사업에서 발생된 소득 중에서 분할신설법인의 순손익액을 따로 산정하여 순손익가치 평가에 사용하여야 하므로 존속법인과 신설법인은 다음과 같이 순손익금액을 각각 계산한다.

〈적격인적분할 및 특례물적분할시 손익구분방법〉

	존속법인	신설법인
분할이전연도 손익이 존속법인부분과 신설법인부분으로 구분되는 경우	구분 계산된 존속법인의 매사업연도분 손익을, 과거3년 모두 분할이후의 감소된 주식수로 나누어 1주당 순손익을 계산	구분 계산된 신설법인의 분할 전 손익을, 과거3년 모두 분할이후 신설법인의 주식수로 나누어 1주당 순손익을 계산
분할이전연도의 손익이 구분되지 않는 경우	분할시점 현재의 양사 자기자본비율* 을 산정하고, 분할 전 순손익에 존속법인의 자기자본비율을 곱하여 존속법인의 순손익으로 사용	분할시점 현재의 양사 자기자본비율* 을 산정하고, 분할 전 순손익에 신설법인의 자기자본비율을 곱하여 신설법인의 순손익으로 사용

* 자기자본은 상속세법에 따라 자산과 부채를 수정한 후의 자기자본을 의미함

[관련예규] 분할전 소득이 구분되지 아니하는 경우 (재산 - 611, 2010.8.18)

물적분할에 의한 분할신설법인과 분할존속법인의 1주당 순손익가치를 산정함에 있어 분할 전 순손익액이 사업부문별로 구분되지 아니한 때에는 「상속세 및 증여세법 시행규칙」 제10조의 2 제1항의 규정을 준용하여 순자산가액비율로 안분계산하는 것이며, 이때 '순자산가액'이라 함은 「상속세 및 증여세법 시행령」 제55조 규정에 의한 순자산가액을 말하는 것임.

[관련예규] 분할신설법인의 사업영위기간계산 (재산 - 493, 2010.7.7)

법인세법 46조1항(적격인적분할)에 따라 투자주식 및 그와 관련된 자산과 부채를 인적분할하는 경우 분할신설법인의 사업영위기간은 분할 전 분할법인의 사업개시일부터 기산하며 분할존속법인과 분할신설법인의 순손익액이 각각 구분이 되는 경우에는 그 구분된 순손익액을 기준으로 순손익가치를 산정함.

[관련예규] 인적분할시 손익이 구분되는 경우 (서면4팀 - 273, 2007.1.19)

법인세법 46조1항(적격인적분할)에 의한 인적분할시 분할존속법인과 분할신설법인의 최근 3년간 순손익액이 각각 구분되는 경우에는 구분된 순손익액을 기준으로 하여, 분할 후의 존속법인과 신설법인의 주식수에 의함.

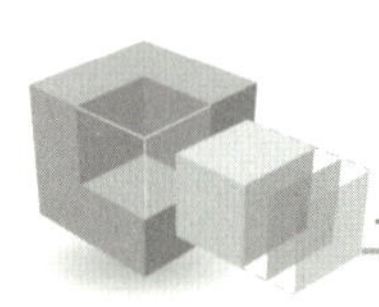

[관련예규] 특례요건을 갖춘 물적분할시 손익계산 (재산 - 498, 2009.10.20)

> 비상장주식 평가시 법인세법상의 특례요건을 갖춘 물적분할로 설립된 신설법인의 사업영위기간은 분할 전 동일사업부문의 사업개시일부터 기산하며, 분할 전 손익이 구분되는 경우에는 구분된 손익을 기준으로 하되 분할 전 손익이 구분되지 아니하는 경우에는 분할시점의 순자산가액 비율로 안분하여 계산함.

- 자기자본의 계산 : 분할이전 소득금액이 분할존속법인과 분할신설법인으로 구분되지 아니하는 경우에는 분할당시의 자기자본 비율에 따라 순손익액을 안분하며, 이 경우 자기자본이라 함은 자산과 부채를 상속세법에 따라 평가한 후의 금액으로 계산한다.

- 분할전후 소득의 구분 : 분할일자가 사업연도말인 경우에는 이후연도소득은 분할후 각 법인의 소득으로하고 분할이전연도소득은 전체 소득에서 분할당시 자기자본비율로 각 법인이 안분하여 계산한다. 그러나 분할일자가 사업연도중인 경우에는, 분할한 사업연도의 소득을 분할전과 분할이후로 인위적으로 나눈 후, 분할전 소득을 분할당시의 자기자본비율로 안분하여야 한다. 분할시점에는 분할시점까지의 결산을 통하여 장부상의 손익은 계산되나 법인세법상의 소득은 계산되지 아니하므로, 분할전 소득은 현재 유권해석은 없으나 장부상의 이익비율을 사용하여 안분할 수 있다고 판단된다.
  - 분할이후연도 : 존속법인 혹은 신설법인 각각의 소득을 사용
  - 분할이전연도 : 분할전 전체소득을 분할당시의 자기자본비율로 안분한 소득을 적용
  - 분할당해연도 : 존속법인의 연간 소득금액에는 분할이전기간의 신설법인 소득금액이 포함되어 있으므로, 존속법인의 연간소득금액에 장부상의 분할전 이익비율을 곱하여 분할전 기간에 대한 소득을 계산한 후, 이렇게 계산된 분할전 소득금액에 분할시점의 자기자본비율을 곱하여 존속법인 혹은 신설법인의 분할전 안분소득을 계산한다.

분할연도 신설법인의 안분소득

$$= \text{분할연도 존속법인의 연간소득} \times \left(\frac{\text{분할전 이익}}{\text{분할연도 전체이익}}\right) \times \text{신설법인의 자기자본비율}$$

분할연도 존속법인의 안분소득

= 분할연도 존속법인의 연간소득 − 분할연도 신설법인의 안분소득

사례 분할시의 순손익계산

다음 자료를 이용하여 분할존속법인과 분할신설법인의 매사업연도 1주당 순손익금액을 계산하라.

- 분할일자 : 2024. 6.30. 적격인적분할
- 분할시 감소된 주식수 : 존속법인은 20,000주를 감소하고 신설법인의 주식으로 발행하여 존속법인 주주에게 교부.
- 분할일 현재 재무상태표

	분할존속법인	분할신설법인	비 고
자산총계	80억 원	50억 원	분할존속법인이 보유한 토지의 공시지가 30억 원, 취득원가 25억 원
부채총계	25억 원	10억 원	–

- 평가기준일 이전 3년간 순손익액

	2025	2024	2023
존속법인	₩2,000,000,000	₩2,400,000,000 장부상 순이익 (1.1~12.31) 3,000,000,000 (1.1~6.30) 600,000,000	₩3,000,000,000
신설법인	1,200,000,000	600,000,000 (7.1~12.31)	구분되지 아니함

- 매사업연도말 현재 주식수

	2025.12.31	2024.12.31	2023.12.31
존속법인	100,000주	100,000주	120,000주
신설법인	20,000	20,000	–

[해설]

- 분할당시 자기자본 비율계산

	분할존속법인	분할신설법인	합계
자산총계	80억 원	50억 원	
자산평가차액	5	–	
부채총계	(25)	(10)	
자기자본	60억 원	40억 원	100억 원
자기자본비율	60%	40%	100%

• 존속법인손익

	2025	2024	2023
순손익액	2,000,000,000	2,208,000,000[*1]	1,800,000,000[*2]
기말주식수	100,000	100,000	100,000
1주당 순손익금액	20,000	22,080	18,000

[*]1 : 2,400,000,000 − 2,400,000,000 × $\frac{600,000,000}{3,000,000,000}$ × 40% = 2,208,000,000 (전체손익 24억 원에서 분할 전 분할신설법인 손익을 제외한 금액)

[*]2 : 3,000,000,000 × 60% = 1,800,000,000 (분할이전연도 손익에서 존속법인손익을 안분한 금액)

• 신설법인손익

	2025	2024	2023
순손익액	1,2000,000,000	792,000,000[*1]	1,200,000,000[*2]
기말주식수	20,000	20,000	20,000
1주당 순손익금액	60,000	39,600	60,000

[*]1 : 600,000,000 + 2,400,000,000 × $\frac{600,000,000}{3,000,000,000}$ × 40% = 792,000,000 (분할연도의 분할이후소득과 분할이전 기간안분소득을 합한 금액)

[*]2 : 3,000,000,000 × 40% = 1,200,000,000

② 비적격분할시 : 법인세법상의 적격분할요건을 갖추지 아니한 인적 · 물적 분할인 경우에는 법인세법상 비적격분할로 간주되어, 분할법인은 분할되는 부분의 자산과 부채를 시가로 양도하는 것으로 처리하고 양도손익을 보고한다. 이 경우 평가기준일로부터 3년이내에 분할한 경우 분할을 고려하지 아니하고 분할존속법인은 분할신설법인의 과거 소득금액을 포함한 상태로 1주당 순손익금액을 산정하고, 분할신설법인은 분할시 신규설립으로 보아 3년내 설립법인에 해당되어 순자산가치로만 평가하여야 한다.

[관련예규] 비적격분할법인의 사업개시일 (서면법규 - 070, 2014.10.10)

「법인세법」 제47조 제1항의 요건을 갖추지 않은 물적분할에 의하여 신설된 분할신설법인이 '사업개시 후 3년 미만의 법인'에 해당하는 지 여부는 분할신설법인이 처음으로 재화 또는 용역의 공급을 개시하는 날부터 기산하여 판단하는 것임.

〈저자주〉

현재까지 명확한 해석은 없으나 비적격분할 후 분할존속법인의 경우 1주당 순자산가치는 분할이후의 발행주식총수를 사용하되, 분할이전연도의 1주당 순손익액계산시에는 분할 전 기말발행주식수량을 사용하고 분할이후연도의 1주당 순손익액계산시에는 분할이후 기말발행주식수량을 사용하여야 할 것으로 판단됨.

(3) 사업연도 변경시 순손익금액 계산

최근 3사업연도 중에 사업연도를 변경한 경우에는 3개사업연도중 1년 미만인 사업연도가 포함되게 되므로 1년 미만인 사업연도의 순손익금액을 1년으로 환산하여 계산하여야 한다.

[관련예규] 사업연도변경으로 인한 1년 미만 사업연도 (서사-152, 2005.1.20)

> 사업연도를 변경하여 3년간의 사업연도 중 1년 미만의 사업연도의 1주당 순손익액은 연으로 환산한 가액에 의하는 것임.

사례 사업연도 변경시 순손익 계산

다음 자료에 의하여 평가기준일전 3년간의 순손익액을 계산하라.

- 평가기준일 : 2026. 10. 1
- 사업연도변경 : 2025년도부터 12.31일 대신 9.30일을 종료일로 하는 사업연도로 변경하였음.
- 과거 3년간 사업연도 손익

	2025.10.1 ~ 2026.9.30	2025.1.1 ~ 9.30	2024.1.1 ~ 12.31
순손익금액	₩1,200,000,000	₩600,000,000	₩1,000,000,000

[해설]

	전1차 연도	전2차 연도	전3차 연도
순손익금액	1,200,000,000	600,000,000	1,000,000,000
환산율	–	12/9	–
환산후순손익금액	1,200,000,000	800,000,000	1,000,000,000

(4) 1년 미만 사업연도의 순손익금액 계산

법인의 사업연도가 12개월이 아닌 월수를 사용하는 경우에는 12개월간의 소득금액을 합하여 이를 1개 사업연도로 손익으로 보아 1주당 손익가치를 계산한다.

예를 들어 사업연도를 3개월 단위로 사용하는 법인인 경우 4개의 사업연도를 합한 12개월의 소득을 1개 사업연도로 보고 순손익가치를 산정한다.

[관련예규] 1년 미만 사업연도의 손익 계산 (서면법령재산-21246, 2015.3.27.)

> 「상속세 및 증여세법 시행령」 제56조 제1항 제1호에 따른 비상장 법인의 "1주당 최근 3년간 순손익액의 가중평균액"은 평가기준일 이전 1년, 2년 및 3년이 되는 날이 속하는 사업연도의 1주당 순손익액을 기준으로 하여 계산하는 것이며, 1개 사업연도를 1년에서 3개월로 변경한 경우에는 4개의 사업연도를 1개 사업연도로 보아 1주당 순손익액을 산정하는 것임.
>
> 다만, 평가기준일 이전 3년이 되는 날이 속하는 사업연도인 최초 변경된 사업연도(4개월 사업연도)와 연속된 2개의 사업연도(3개월 사업연도, 3개월 사업연도)를 합산하여 1개로 보는 사업연도가 1년 미만인 경우, 1주당 순손익액은 해당 3개 사업연도를 년으로 환산한 가액에 의하며, 이 경우 1년으로 보는 사업연도가 1년을 초과할 수 없는 것임.

(5) 순손익액이 사후 변경된 경우

주식을 상속세법에 따라 평가한 이후 법인세 수정신고 혹은 법인세 조사결정으로 인한 추징 등으로 인해 주식평가에 사용된 3개 사업연도의 순손익금액이 변경되면 변경 후 금액으로 주식을 다시 평가하여야 한다.(통칙 63-56…10)

① 변동항목 : 수정신고나 세무조사의 결과로 인한 각 사업연도소득금액의 변경뿐만 아니라 소득금액에 대한 가산항목과 차감항목 중 변동항목을 함께 수정하여야 한다. 예를 들어 세무조사시 가지급금에 대한 인정이자익금산입이 증가되거나, 접대비로 부인된 금액이 증가되어 법인세 등이 추징되는 경우의 주식평가액에 대한 수정사항은 다음과 같다.

항목별 수정대상	인정이자 익금산입액 증가 시	접대비부인액 증가 시
순손익금액에 대한 영향		
- 사업연도소득	- 익금산입액상당액 손익증가	- 손금불산입액상당액 손익증가
- 가산항목	- 영향 없음	- 영향 없음
- 차감항목	- 인정이자는 영향 없으나 관련 법인세상당액 만큼 손익감소	- 접대비부인액상당액 손익감소 및 관련법인세상당액 손익감소
순자산금액에 대한 영향		
- 해당연도 부채금액 증가	- 관련법인세상당액 순자산감소	- 관련법인세상당액 순자산감소

② 가산세의 부과 : 법인의 소득금액 경정으로 비상장주식 평가액이 변동되는 것은 국세기본법 제47조의3 제4항 제1호 다목의 규정(보충적 평가액으로 과세표준을 결정한 경우)에 의한 과소신고 가산세 면제사유에 해당된다고 볼 수 있으므로, 법인의 소득금액 경정으로 인한 주식평가액 변동이 있어 추가 납부할 세액이 발생하는 경우 신고불성실가산세는 면제되나 납부불성실가산세는 납부하여야 할 것으로 판단된다.

사례 순손익액 사후변동시 손익금액계산

• 2026.1.1.기준 주식평가 결과

- 1주당 순자산가치 : ₩3,800,000,000 ÷ 100,000주 = 38,000
- 1주당 순손익가치 :

$$\left[\frac{800,000,000}{100,000}\times 3+\frac{400,000,000}{100,000}\times 2+\frac{400,000,000}{100,000}\times 1\right]\div 6\div 10\%=60,000$$

- 1주당 평가액 : 60,000 × 60% + 38,000 × 40% = 51,200

• 2026년도 중 국세청의 법인세 경정으로 2025년도분 손익이 다음과 같이 변동됨 : 부당행위부인으로 인한 익금산입증가액 1억 원에 대하여 법인세 및 가산세 3천만 원 및 지방소득세 10%가 추징됨.

[해설]

• 1주당 순자산가치 재계산

수정 전 순자산가액		3,800,000,000
미지급법인세 증가	30,000,000 × 1.1 =	(33,000,000)
수정 후 순자산가액		3,767,000,000
발행주식수		÷ 100,000주
1주당 순자산 가치		37,670

• 1주당 순손익가치 재계산

	2025	2024	2023
수정전 순손익액	800,000,000	400,000,000	400,000,000
익금산입증가액	100,000,000	–	–
법인세결정세액 증가액	(33,000,000)		
수정후 순손익액	867,000,000	400,000,000	400,000,000
발행주식수	100,000	100,000	100,000
1주당 순손익액	8,670	4,000	4,000
가중치	3	2	1
가중치 적용후 1주당 손익액	26,010	8,000	4,000
1주당 순손익가치 : (26,010 + 8,000 + 4,000) ÷ 6 ÷ 10% = 63,350			

• 수정 후 1주당 평가액 : 63,350×60% + 37,670 × 40% = 53,078

(6) 추정이익의 적용

주식가치를 평가함에 있어서 순손익가치를 반영하는 것은 과거의 정상적인 수익력이 미래에도 계속될 것으로 보고 평가하는 것이다. 그러나 업종이 변경되었거나 일시적 또는 우발적 사건의 발생으로 과거연도의 특별손익이 많이 발생된 경우에는 과거의 손익을 기준으로 주식가치를 평가하는 것은 의미가 없으므로 이러한 경우에는 미래에 발생될 1주당 추정이익에 의하여 순손익가치를 평가할 수 있다. 1주당 추정이익이란 금융위원회가 정하는 신용평가기관 등이 자본시장법의 규정에 따라 산출한 1주당 이익을 말한다. 다만 추정이익에 의해 1주당순손익액을 계산하기 위해서는 상속세법에서 열거한 사유가 있는 경우로 한정되며, 추정이익은 신용평가전문기관, 「공인회계사법」에 의한 회계법인 혹은 세무법인 중 2 이상의 신용평가전문기관 또는 회계법인이 자본시장과 금융투자업에 관한 법률에 따라 산출한 1주당 추정이익의 평균가액으로 한다.(상속세법 시행령 제56조①의 2호)

추정이익에 의한 1주당 순손익가치 = [2개 평가전문기관의 1주당 추정이익 합계 ÷ 2] ÷ 10%

① 추정이익의 적용대상 : 상속세법에서 규정하고 있는 추정이익을 사용할 수 있는 경우는 다음과 같다.(상속세법 시행규칙 제17조의 3 ①항) 다만, 추정이익의 적용대상은 예시적 규정이 아니라 열거적 규정이므로, 매출액이 급증하였거나 혹은 소득금액 변동이 심한 경우 등과 같이 아래에서 열거되지 아니한 사유로 인한 추정이익은 허용되지 아니한다.

- 기업회계기준상의 자산수증이익, 채무면제이익, 보험차익 및 재해손실의 합계액의 최근 3년간 가중평균액이 법인세차감 전 순손익에서 동 자산수증익 등을 제외한 금액의 최근 3년간 가중평균액의 50%를 초과하는 경우
- 평가기준일 3년이 되는 날이 속하는 사업연도개시일로부터 평가기준일까지의 기간 중 합병·분할·주요 업종이 바뀐 경우(과거3년 내 증자, 감자시 추정이익사용은 2015.3.13.이후 삭제되었음)
- 합병시의 증여의제에 해당되어 대주주로부터 증여받은 이익을 산정하기 위하여 합병당사법인의 주식가액을 산정하는 경우
- 최근 3개 사업연도 중 1년 이상 휴업사실이 있는 경우
- 기업회계기준상 유가증권·유형자산의 처분손익과 자산수증익 등의 합계액의 최근 3년간 가중평균액이 법인세차감 전 손익에 대한 최근 3년간 가중평균액의 50%를 초과하는 경우
- 주요 업종(당해 법인이 영위하는 사업 중 직접 사용하는 유형고정자산의 가액이 가장 큰 업종을 말한다)에 있어서 정상적인 매출발생기간이 3년 미만인 경우

다만 추정이익으로 순손익가치를 산정하는 것은 납세자의 선택사항이므로 위와 같은 추정이익 적용대상에 해당되는 경우에도 추정이익을 사용하지 아니하고 과거 3년 소득을 사용하여 순손익가치를 산정할 수 있다.

② 추정이익 사용조건 : 1주당 순손익가치를 추정이익으로 사용하고자하는 경우에는 다음의 조건을 갖추어야 한다.(서면-2022-자본거래-3157, 2022.7.20)

- 상속·증여세 신고기한 내에 신고할 것
- 추정이익의 산정기준일과 평가서작성일이 상속·증여신고기한 내일 것
- 추정이익의 산정기준일과 상속·증여일이 동일연도에 속할 것

예를 들어 유형자산처분이익이 법인세차감 전 순이익의 50%를 초과하여 추정이익을 사용할 수 있는 대상인 경우에도 추정이익의 평가서를 작성한 날이 신고기한을 경과한 경우에는 추정이익을 사용할 수 없다.(조심 2020서 0880, 2021.2.3.)

③ 추정이익 산정방법 : 상속세법상 추정이익이란, 자본시장과 금융투자업에 관한 법률시행령 176조의5 제2항에 의한 금융위원회 고시에 따라 산정한 추정이익을 의미한다. 금융위원회 고시란 「증권의 발행 및 공시 등에 관한 규정 시행세칙 제6조」에 따라 계산된 수익가치를 의미하며, 동 수익가치 산정기준에서 수익가치란 현금흐름할인모형 등을 적용하여 합리적으로 산정한 것으로 규정되어 있다.

상증법 시행령 제56조 **[추정이익의 적용]**

① 제54조 제1항에 따른 1주당 최근 3년간의 순손익액의 가중평균액은 제1호의 가액으로 하되, 해당 법인이 일시 우발적 사건으로 해당 법인의 최근 3년간의 순손익액이 비정상적으로 증가하는 등 제1호의 가액으로 하는 것이 불합리한 것으로 기획재정부령으로 정하는 경우에는 제2호의 가액으로 할 수 있다. 이 경우 그 가액이 0원 이하인 경우에는 0원으로 한다.(2012.2.18. 개정)

1. 다음의 산식에 의하여 계산한 가액 (2001.12.31. 개정)
   1주당 최근 3년간의 순손익액의 가중평균액
   = [(평가기준일 이전 1년이 되는 사업연도의 1주당 순손익액 × 3) + (평가기준일 이전 2년이 되는 사업연도의 1주당 순손익액 × 2) + (평가기준일 이전 3년이 되는 사업연도의 1주당 순손익액 × 1)] × 1/6
2. 기획재정부령으로 정하는 신용평가전문기관, 「공인회계사법」에 따른 회계법인 또는 「세무사법」에 따른 세무법인 중 둘 이상의 신용평가전문기관, 회계법인 또는 세무법인이 기획재정부령으로정하는 기준에 따라 산출한 1주당 추정이익의 평균가액(2011.7.25. 개정)

상증법 시행규칙 제17조의 3 - 기획재정부령 **[추정이익의 적용기준]**

④ 영 제56조 제1항 제2호에서 "기획재정부령으로 정하는 기준"이란 「자본시장과 금융투자업에 관한 법률 시행령」 제176조의 5 제2항에 따라 금융위원회가 정한 1주당 추정이익을 산출하기 위한 기준을 말한다.(2010.3.31. 개정)

자본시장법 시행령 제176조의 5 **[수익가치 산정기준]**

② 제1항 제2호 각 목에 따른 자산가치·수익가치 및 그 가중산술평균방법과 상대가치의 산출방법은 금융위원회가 정하여 고시한다.(2009.2.3. 신설)

증권의 발행 및 공시 등에 관한 규정 제5 - 13조 (금융위원회 고시) **[수익가치 산정기준]**

① 영 제176조의 5 제2항에 따른 "자산가치·수익가치 및 그 가중산술평균방법과 상대가치의 산출방법"에 대하여 이 조에서 달리 정하지 않는 사항은 감독원장이 정한다.(2012.1.3. 개정)

③ 제4항에서 정하는 투자자 보효요건을 충족하는 기업인수목적회사가 주권비상장법인과 합병하는 경우 주권비상장법인의 자산가치·수익가치의 가중산술평균방법, 수익가치와 상대가치의 산출방법은 다음 각 호에서 정하는 방법에 따른다.(2012.1.3. 신설)

1. 주권비상장법인의 자산가치와 수익가치는 감독원장이 정하는 방식에 따라 해당 법인의 주당추정이익을 자본환원율로 나누어 산출한다. 이 경우 자본환원율은 주권비상장법인의 실질적인 자본조달비용을 감안하여 기업인수목적회사와 주권비상장법인간의 협의로 정할 수 있다.(2012.1.3. 신설)
2. 주권비상장법인의 수익가치는 감독원장이 정하는 방식에 따라 해당 법인의 주당추정이익을 자본환원율로 나누어 산출한다. 이 경우 자본환원율은 주권비상장법인의 실질적인 자본조달비용을 감안하여 기업인수목적회사와 주권비상장법인간의 협의로 정할 수 있다.(2012.1.3. 신설)

증권의 발행 및 공시 등에 관한 시행세칙 (금융감독원) **[수익가치 산정방법]**

제6조 (수익가치)

규정 제5-13조에 따른 수익가치는 현금흐름할인모형, 배당할인모형 등 미래의 수익가치 산정에 관하여 일반적으로 공정하고 타당한 것으로 인정되는 모형을 적용하여 합리적으로 산정한다.(2012.12.5. 개정)

위 금융위원회의 수익가치산정방법은 2012. 12. 5에 개정되었으며 개정 전의 추정이익규정과 개정 후의 규정을 비교하면 다음과 같다.

구분	2012. 12. 5 이전	2012. 12. 6 이후
추정이익 산정 방법	미래 2년간의 추정이익을 3 : 2로 가중평균한 이익(현재가치로 할인하지 아니한 추정이익)	현금흐름할인모형 등의 모형을 적용하여 산정한 수익가치(미래 임의기간의 이익을 현재가치로 할인한 주식가치)

〈저자주〉

상속세법에서는 1주당추정이익 계산을 자본시장법에 따라 계산한 후 1주당추정이익을 10%로 환원하여 1주당 수익가치를 산정한다. 그러나 2012. 12. 5에 개정된 자본시장법에 따르면 수익가치는 현금흐름할인모형 등을 적용하며 계산한 1주당 가치를 의미한다.

상속세법에서는 1주당 평가액이 아닌 1주당 추정이익계산을 자본시장법에 따라 계산한다고 되어 있으나, 자본시장법은 1주당 추정이익산정기준이 아닌 1주당 평가액 산정기준을 제시하고 있으므로 현재의 자본시장법을 따르면 상속세법에서 요구하는 1주당 추정이익을 산정할 수 없다는 문제점이 있다. 현행 자본시장법을 준용하기 위해서는 상속세법상 현재의 추정이익의 적용규정을, 1주당 수익가치로 변경하여 상속세법에 의한 자산가치와 자본시장법에 의한 수익가치의 가중평균으로 산정할 수 있게 개정되어야 할 것으로 보인다. 다만, 개정된 자본시장법에서 개정 전의 미래 2년간 추정이익으로 수익가치를 산정할 수 없다는 규정은 없으므로 상속세법에서도 개정 전의 2년간 추정이익으로 손익가치를 산정할 수 있는 것으로 판단된다.

[관련예규] 분할시 추정이익 사용여부 (재산 - 2293, 2008.8.10)

평가기준일전 3년 내에 분할한 법인인 경우 순손익액의 가중평균액과 1주당 추정이익의 평균액 중 선택하여 사용할 수 있음

[관련예규] 특별손익과 경상손익의 비교방법 (서면 4팀 - 4102, 2006.12.27)

특별손익의 3년간 가중평균액이 경상손익의 3년간 가중평균액의 50%초과여부를 판단하는 경우 (-)값은 절대값을 기준으로 판단하는 것임

사례 추정이익에 의한 평가

다음 자료에 의해 비상장주식의 평가액을 계산하라.

- 1주당 순자산 가치 ₩10,000
- 회계법인이 산정한 1주당 추정이익
  A회계법인 : ₩1,600
  B회계법인 : ₩2,400
- 부동산 과다보유법인이 아님

[해설]

- 1주당 순손익가치 : (1,600 + 2,400) / 2 ÷ 10% = 20,000
- 1주당 평가액 : (20,000 × 3 + 10,000 × 2) / 5 = 16,000

Ⅳ_순자산 가치의 계산

1 개 념

상속세법상 순자산가치에 의한 주식평가는 법인의 자산총액에서 부채를 차감한 순자산가액을 기준으로 주식평가액을 산정한 것을 의미하며, 순자산가액을 평가기준일 현재의 발행주식총수로 나누어 1주당 순자산가치를 계산한다.

1주당 순자산가치 = [평가기준일 현재의 자산총액 – 부채총액] ÷ 평가기준일 현재의 발행주식수

(1) 순자산가액의 계산

① 순자산가액의 기준일 : 순자산가액은 평가기준일 현재 기업회계기준에 따라 작성된 재무상태표 상 자산 · 부채금액에서 출발하되 상속세법에서 규정된 평가액으로 수정하여 계산한다.

순자산가액은 평가기준일 현재의 금액을 기준으로 하므로 평가기준일(증여일자, 상속개시일자 등)이 결산일이 아닌 사업연도 중의 어느 날인 경우에도 평가기준일 현재로 가결산된 재무상태표를 작성하여 평가하는 것이 원칙이다. 이 경우 가결산된 재무상태표라 함은 본 결산에 준하여 매출, 매출원가, 감가상각 등을 평가기준일 현재로 확정하여 작성된 재무상태표를 의미하며, 만일 법인의 사정에 의하여 가결산을 할 수 없는 경우에는 최근사업연도말 재무상태표에서 출발하되 최근사업연도말 이후부터 평가기준일까지의 주요 변동사항을 가감한 순자산가액으로 수정한 후 순자산가치계산에 사용하여야 한다.

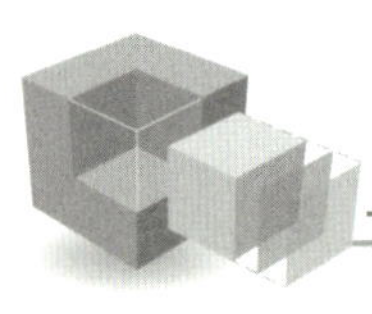

② 가결산 재무제표가 없는 경우 : 전년도말 기준으로 재무상태표가 작성되어 있으나 평가기준일은 당기중인 경우에는 전년도말 재무상태표를 평가기준일 현재로 재작성해야 한다. 만일 회사의 사정으로 평가기준일 현재로 결산이 어려운 경우에는 전기말 이후의 중요한 거래만을 반영하여 평가기준일 현재의 순자산가액을 산정할 필요가 있다. 순자산금액과 순손익금액에 영향을 주는 중요한 거래는 다음과 같다.

거래 유형	순자산가치	순손익가치	수정방법
부채상환	X	X	-
자산처분	O	X	처분이익만큼 순자산 증가*
유상증자	O	O	증자액만큼 순자산 증가 증자액의 10%만큼 과거 3년 순손익증가
배당금지급	O	X	배당액만큼 순자산 감소

* 당기 중 처분이익이므로 과거 3년의 순손익에는 영향이 없음

③ 순자산에 수정되는 항목 : 재무상태표상 순자산금액에서 상속세법상 수정되는 항목은 「자산·부채에 대한 조정항목」과 「영업권평가액」이 있다.

재무상태표상 순자산 가액
± 자산 · 부채에 대한 조정항목
\+ 상속세법상 영업권 평가액
―――――――――――
상속세법상 순자산 가액

부채가 자산을 초과하여 재무상태표상 순자산이 (-)인 경우에는 (-)금액에서 출발하되 자산 · 부채조정항목 및 영업권 평가후의 순자산가액이 (-)가 되는 경우에 순자산가치는 0으로 한다. 다만 설립 후 3년 이내 법인 등에 해당되어 순자산가치로만 평가하는 경우에는, 재무상태표상 순자산 가액에 자산 · 부채조정항목을 가감하되 영업권은 가산하지 아니한 순자산가액으로 주식을 평가한다.

사례 자기자본이 부수인 경우 순자산가액 계산방법

다음 자료에 의해 상속세법상의 순자산가액을 계산하라.

- 재무상태표상 자산총계 : 100억 원
- 재무상태표상 부채총계 : 160억 원
- 상속세법상 자산평가차액 : 20억 원
- 상속세법상 영업권평가액 : 50억 원

[해설]

자산총계	100억 원
부채총계	(160)
자산평가차액	20
순자산가액	(40)
영업권평가액	50
상속세법상 순자산가액	10억 원

(2) 발행주식 총수

순자산가치 산정시의 발행주식수는 평가기준일 현재의 발행주식수를 의미한다. 예를 들어 최근결산일이 2025.12.31 현재이고 비상장주식을 양도하고자하는 날 즉, 평가기준일이 2026.6.30인 경우 순자산가치계산에 있어서는 2026.6.30 현재의 발행주식총수를 적용한다. 만일 평가기준일 현재 자기주식을 보유하고 있고 향후 소각예정인 경우에는 발행주식총수에서 소각목적 자기주식수량을 차감하여야 한다.

발행주식 총수 = 평가기준일 현재 발행주식수 – 소각예정 자기주식수

순자산가치산정에 사용되는 평가기준일 현재의 발행주식 총수는 순손익가치 계산시 증자나 감자 등의 환산이후의 매기말 발행주식총수와 동일한 수량을 적용한다.(P50 참조)

만일 주식의 평가기준일과 같은 날에 유상증자 혹은 유상감자를 결의한 경우에는 증자 혹은 감자 후의 주식수를 발행주식총수로 하고, 증자 혹은 감자 후의 자기자본을 순자산으로 한다.

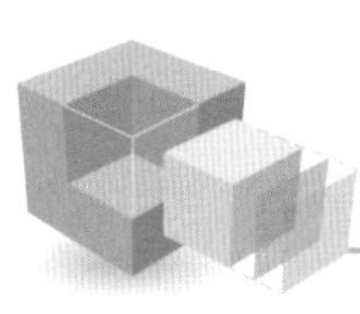

[관련예규] 평가기준일과 감자결의일이 동일한 경우의 주식수계산 (재산 - 1028, 2009.12.17)

비상장법인이 주주총회에서 감자결의를 한 후 같은 날에 해당 비상장주식을 소유한 주주가 사망하여 상속이 개시된 경우 발행주식총수는 감자결의 후의 주식수로, '평가기준일 현재의 자기자본'은 감자결의 후의 금액으로 하는 것임.

〈저자주〉 소각예정 자기주식수량이 있을 경우 순손익가치계산방법

법인이 소각할 예정인 자기주식을 보유하고 있은 경우 순자산가치 계산시의 발행주식 총수에서는 차감하여야 하지만 매기말 순손익액계산시 매기말 발행주식총수를 어떻게 조정하는지에 대하여는 유권해석이 없다. 소각목적의 자기주식은 유상으로 대가를 지급하고 취득하는 것이 일반적이므로 이를 유상감자로 보아 처리하여야 할 것으로 판단된다. 그러므로 자기주식 취득대가의 10% 해당액을 자기주식취득 이전연도의 소득금액에서 차감하고, 1주당 순손익액계산시에도 자기주식 보유수량을 매기말 발행주식총수계산시 차감하여야 할 것이다.

2 자산 · 부채 조정항목

기업회계기준에 의해 계산된 자산 · 부채에서 출발하되 상속세법에 따라 조정할 항목은 다음과 같다.

자산가액조정	조정항목	내 용
(1) 자산에서 차감	1. 선급비용	선급비용으로 계상된 금액 중 평가기준일 현재 기간이 경과되어 비용으로 확정된 부분 (서일 46014 - 10327)
	2. 무형자산으로 계상된 개발비 등	재무상태표상에 자산으로 계상된 개발비, 보험업 법인의 미상각신계약비
	3. 이연법인세자산	재무상태표상에 계상된 이연법인세 자산금액
	4. 소각예정자기주식	소각예정자기주식을 자산으로 계상하고 있는 경우에는 자산에서 차감
	5. 재무상태표일 후 유상감자가액	평가기준일과 재무상태표작성일이 다른 경우로서 재무상태표에 반영되지 아니한 유상감자가액이 있는 경우 자산에서 차감
	6. 대손확정된 채권금액	평가기준일 현재 회수 불가능한 채권가액 (실질적인 회수가능성으로 판단함)
	7. 장기채권 현재가치할인 차액	장기채권을 상속세법에 따라 현재가치로 할인한 경우 장부가액과의 차액
(2) 자산가액 가산	1. 자산평가 차액 (3.자산평가차액 참조)	부동산 등의 자산으로서 재무상태표상 자산가액과 상속세법에 따른 평가액의 차액
	2. 유보금액 중 가산액(-차감액) (4.유보항목의 조정 참조)	평가준일 현재 법인세법상 유보잔액 중에서 조정대상이 되는 항목을 가산하거나 차감
	3. 재무상태표일 후 유상증자가액	평가기준일과 재무상태표작성일이 다른 경우로서 재무상태표에 반영되지 아니한 유상증자가액이 있는 경우 자산에 가산
	4. 자산에서 차감표시된 국고보조금	재무상태표상 자산에서 차감표시된 국고보조금 총액을 자산에 가산하여 제거 (서면 - 2019 - 자본거래 - 4039, 2019. 12. 19)
	5. 대손충당금 합계액	재무상태표상 자산에서 차감표시된 대손충당금 총액을 자산에 가산하여 제거
	6. 매각예정 자기주식	매각예정 자기주식을 자본에서 차감표시하고 있는 경우 자산가액에 가산

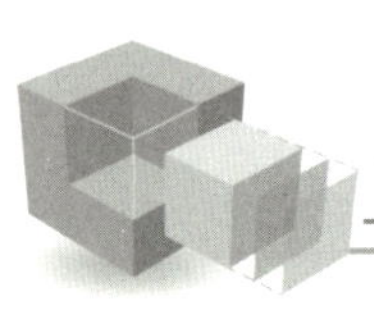

부채가액조정	조정항목	내 용
(1) 부채에서 차감	1. 재무상태표상 퇴직급여충당부채금액	재무상태표상의 퇴직급여충당부채를 제거하고 퇴직금추계액을 다시 부채가액에 가산
	2. 세법상 준비금중 재무상태표상 계상액	연구 및 인력개발준비금을 재무상태표상 부채로 계상한 경우에는 부채에서 제외
	3. 미지급법인세잔액	재무상태표상의 미지급법인세 계상액을 제거하고 확정법인세 등을 계산하여 다시 가산하되 결산시 상계된 선급법인세가 있는 경우 확정법인세액에서 이를 차감한 금액을 가산함.
	4. 이연법인세부채	재무상태표에 계상된 이연법인세부채를 제거
	5. 사채할증발행차금잔액	사채에서 할증표시된 발행차금잔액을 제거
	6. 실질적인 지급의무가 없는 부채 등	가수금 등으로 계상되어 있는 부채 중에서 실질적인 지급의무가 없는 부분은 부채에서 차감하되, 실질적인 지급의무가 있는 가수금은 부채에서 차감하지 아니함. 보험업 영위법인의 책임준비금 등
(2) 부채에 가산	1. 법인세 등 결정세액 미지급액	평가기준일 현재의 법인세·지방소득세·농어촌특별세 등의 지급의무가 확정된 세액을 부채로 가산
	2. 퇴직금추계액	평가기준일 현재 법인의 퇴직금지급규정에 따라 계산된 전임직원의 퇴직금추계액총액을 부채로 가산
	3. 사채할인발행차금잔액	사채에서 차감표시된 발행차금잔액을 가산하여 제거
	4. 재무상태표일 후 확정배당금	재무상태표일 이후, 평가기준일전에 배당금지급을 결의하였으나 재무상태표에 미지급배당금이 계상되지 아니한 경우 부채로 가산
	5. 장기채무 현재가치할인차액	장기채무를 상속세법에 따라 현재가치로 할인한 경우 장부가액과의 차액
	6. 실질적인 지급의무가 있는 부채	카드회사의 선적립 후사용 포인트제도의 충당부채 상당액 등으로서 장부상 부채로 계상되어 있지 아니한 경우에 부채에 가산

위와 같이 조정하여 계산된 자산과 부채금액은 후술하는 영업권 평가시 자기자본 계산에 사용된다.(6. 영업권 평가 참조)

재무상태표상 자산합계 ± 자산수정항목 =	수정후 자산합계
재무상태표상 부채합계 ± 부채수정항목 =	(수정후 부채합계)
	수정후 자기자본
[3년간 가중평균순이익 × 50% − 수정후 자기자본 × 10%]	
× 5년 연금현가계수 =	영업권 평가액
	영업권평가후 순자산가액
	÷ 발행주식 총수
	1주당 순자산가치

3 자산평가차액의 조정방법

(1) 장부가액과의 비교

상속세법상 자산평가는 원칙적으로 평가기준일 현재의 시가에 의한다. 이 경우, 시가란 평가기준일 전후 6개월(증여재산은 평가기준일 전 6개월부터 평가기준일 후 3개월)까지의 매매가액 등을 의미하여, 상장주식은 평가기준일 전후 2월간의 종가평균(다만, 합병으로 인한 이익계산시에는 예외적으로 평가기준일 현재의 종가로 평가함)을 시가로 보되, 상장주식 이외의 자산으로서 시가를 산정하기 어려운 경우에는 상속세법 제61조 내지 65조에 규정된 자산종류별 평가방법(보충적 평가방법)을 적용하여 평가한 가액에 의한다. 다만, 보충적 평가방법으로 평가하는 경우로서 동 평가액이 장부가액보다 적은 경우에는 더 큰 금액인 장부가액을 평가액으로 한다. 그러나 상속세법에 따른 자산종류별 평가액이 장부가액보다 적은 경우로서 정당한 사유가 있는 경우에는 장부가액이 아닌 자산종류별 평가액에 의한다.

이 경우 장부가액이라함은 기업회계상의 장부가액이 아니라 취득원가에서 감가상각누계액을 차감한 법인세법상의 장부가액을 의미하며, 법인세법상의 장부가액을 계산할 때 감가상각누계액은 법인세법상 기준내용연수에 따라 신고된 상각방법에 의하여 계산한다.

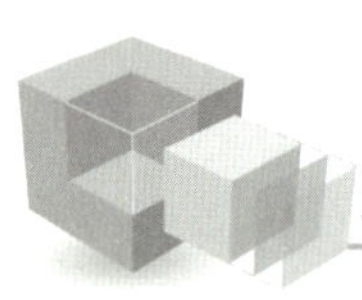

자산구분	상속세법상 평가액 산정방법
① 상장주식 〈상속세법 제60조 ①항〉	평가기준일 전후 2월간의 종가평균(다만, 합병으로 인한 이익을 계산하는 경우에는 2월평균이 아닌 평가기준일 현재의 최종시세가액으로 평가함)을 시가로 보고 재무상태표상 가액과의 차액(+ 혹은 −)을 평가차액으로 가산·차감한다.
② 상장주식 이외의 자산 〈상속세법 제60조 ③항〉 〈상속세법 시행령 제55조 ①항〉	시가가 없는 경우 상속세법상의 보충적평가액과 법인세법상의 장부가액을 비교하여 더 큰 금액을 평가액으로 결정한 후, 동 평가액과 재무상태표상 가액의 차액을 평가차액으로 (±) 조정한다. 만일 법인세법상의 장부가액보다 보충적평가액이 적은 경우에는 정당한 사유가 없는 한 장부가액을 평가액으로 본다.

상속세법 제60조 **[평가의 원칙 등]**

① 이 법에 따라 상속세나 증여세가 부과되는 재산의 가액은 상속개시일 또는 증여일 현재의 시가에 따른다. 이 경우 제63조 제1항 제1호 가목에 규정된 평가방법(상장주식의 평가액)으로 평가한 가액을 시가로 본다.

③ 제1항 적용할 때 시가를 산정하기 어려운 경우에는 해당 재산의 종류, 규모, 거래 상황 등을 고려하여 제61조부터 제65조까지에 규정된 방법(보충적 평가 방법)으로 평가한 가액을 시가로 본다.

상속세법 시행령 제55조 **[순자산가액의 계산방법]**

① 제54조 제2항의 규정에 의한 순자산가액은 평가기준일 현재 당해 법인의 자산을 법 제60조 내지 제66조(보충적 평가방법)의 규정에 의하여 평가한 가액에서 부채를 차감한 가액으로 하며, 순자산가액이 0원 이하인 경우에는 0원으로 한다. 이 경우 당해 법인의 자산을 법 제60조 제3항(보충적 평가방법) 및 법 제66조의 규정에 의하여 평가한 가액이 장부가액(취득가액에서 감가상각비를 차감한 가액을 말한다. 이하 이 항에서 같다)보다 적은 경우에는 장부가액으로 하되, 장부가액보다 적은 정당한 사유가 있는 경우에는 그러하지 아니하다.

상속세법 시행령 제55조에서 보충적평가액과 비교되는 장부가액은 기업회계상의 장부가액으로 해석되어 왔으나, 2020년부터 기업회계상의 장부가액이 아닌 취득원가(법인세법상의 장부가액)를 장부가액으로 본다는 해석으로 변경되었다. 그러므로 2020년 이후부터는 상속세법상으로 평가된 보충적평가액과 취득원가를 비교하여 둘 중 큰 금액을 상속세법상의 평가액으로 적용하여야 한다.

[관련판례] 서울행정법원 2022 구합 64969, 2023.3.30.

【제목】

상속세법에 의한 평가액과 비교되는 장부가액은 취득원가를 기준으로 보는 것이 타당함.

【이유】

유형자산의 경우 한국채택국제회계기준(K-IFRS)에서는 최초 유형자산을 인식한 시점 이후 유형자산 분류별로 원가 모형이나 재평가 모형 중 하나를 회계정책으로 선택·적용하도록 하고 있는데, 최초 가액을 인식한 이후의 평가에 있어서, 원가 모형에서는 취득원가에서 감가상각누계액과 손상차손누계액을 차감한 금액을, 재평가 모형에서는 (공정가치를 신뢰성 있게 측정할 수 있는 유형자산의 경우) 재평가일의 공정가치에서 그 이후의 감가상각누계액과 손상차손누계액을 차감한 재평가금액을 기업회계상 장부가액으로 삼고 있다. 만일 이 사건 조항 괄호 부분에도 불구하고 이 사건 조항의 장부가액을 기업회계기준상 장부가액을 의미하는 것이라고 본다면, 유형자산에서 원가 모형을 적용한 경우 손상차손누계액이 있다면 그것이 반영되어야 하고, 특히 재평가모형을 선택한 경우에는 유형자산을 재평가일에 공정가치로 재평가한 가액을 기준으로 한 장부가액을 의미하게 되는데, 이는 이사건 조항의 괄호 부분과는 배치되는 결론에 이른다. 결국 이 사건 조항은, 손상차손누계액이 있더라도 혹은 재평가모형을 선택하는 경우라 하더라도 취득원가에서 감가상각누계액만을 차감한 금액을 이 사건 조항상의 '장부가액'인 것이라 새로이 정의하여 적용한다고 해석하는 것이 문언에 충실한 해석이다.

결국 감가상각 대상이 되는 자산의 경우에는 취득가액에서 감가상각누계액(문언에는 감가상각비라고 표현되어 있으나 감가상각누계액을 의미한다)을 차감한 가액을, 감가상각 대상이 되지 않는 자산의 경우에는 취득가액을 이 사건 조항에서 '장부가액'이라 한다고 해석함이 문언에 충실한 해석이다.

[관련예규] 서면 2019 자본거래 3493 (2020.3.12)

【질의】

◦ 쟁점 토지 회계처리 및 평가기준일 토지가액 등
  - '17.8.16. 토지(취득가액) 3,864,827천 원 / 현금 등 3,864,827천 원
  - '18.12.31. 토지(평가증) 1,156,312천 원 / 재평가이익 1,156,312천 원

(단위 : 백만 원)

구분	장부가액(기업회계기준)	유보금액	보충적 평가액
토지	4,841	1,156	2,672

◦ 비상장주식의 순자산가치 평가와 관련하여 「상속세 및 증여세법 시행령」 제55조 제1항에 따른 장부가액의 의미
  - 평가대상 자산과 관련된 세무상 유보금액을 가감하는 것인지 여부

【답변】

귀 질의와 같이 비상장주식을 「상속세 및 증여세법」 제54조 제2항의 규정에 의한 순자산가액으로 계산하는 경우 「상속세 및 증여세법」 제60조 제3항 및 제63조에 따라 평가한 가액이 장부가액보다 적은 경우에는 장부가액으로 하는 것이며(장부가액 보다 적은 정당한 사유가 없는 경우에 한함), 이 경우 장부가액은 취득가액에서 감가상각비를 차감한 가액을 말하는 것임.

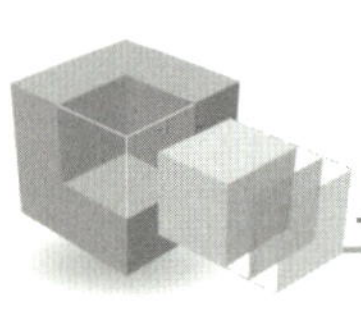

[관련예규] 장부가액의 의미 (서면4팀 - 857, 2005.5.31)

「상속세 및 증여세법 시행령」제55조 제1항의 규정에 의하여 비상장법인의 순자산가액을 계산할 때에 당해 법인의 자산을 같은법 제60조 제3항 및 제66조의 규정에 의하여 평가한 가액이 장부가액(취득가액에서 감가상각비를 차감한 가액을 말한다)보다 적은 경우에는 장부가액으로 하되, 장부가액 보다 적은 정당한 사유가 있는 경우에는 그러하지 아니하는 것임. 이 경우 취득가액에서 차감하는 감가상각비는 법인이 관할세무서장에게 신고한 상각방법에 의하여 계산한 감가상각비 상당액을 말하는 것이며, 내용연수는 「법인세법 시행령」제28조 제1항 제1호의 규정에 의한 기준내용연수를 적용하는 것임.

[관련해석] 법령해석 재산 - 0276 (2019.6.21)

위 사전답변 신청의 사실관계와 같이 라 A법인(비상장법인) 주식의 순자산가액을 계산하는 경우로서 A법인의 자회사주식(지분법 적용투자 주식)을 「상속세 및 증여세법」 제60조 제3항 및 제63조에 따라 평가한 가액이 장부가액보다 적은 경우에는 장부가액으로 하는 것이며(장부가액보다 적은 정당한 사유가 없는 경우에 한함), 이 경우 장부가액은 취득가액에서 감가상각비를 차감한 가액을 말하는 것입니다.

[삭제예규] 상속세법상 자산평가액 (재산 - 1116, 2009.6.5.) (2020.9.22. 자로 삭제)

법인의 자산을 상속세법에 의해 평가한 가액이 기업회계기준에 의한 장부가액보다 적은 경우에는 장부가액으로 평가함

상속세법상 보충적 평가 규정에 따라 평가한 금액과 법인세법에 의한 장부가액의 차이가 있는 경우로서 정당한 사유가 있는지에 따른 처리하는 방법을 요약하면 다음과 같다.

구분	상속세법상의 평가액	사례
a. 보충적 평가액이 장부가액보다 적은 경우로서, 정당한 사유로 인정되지 아니하는 경우	법인세법에 의한 장부가액*	◦ 부동산으로서 기준시가가 취득가액보다 적은 경우 ◦ 지분법투자주식으로서 보충적 평가액이 취득가액보다 적은 경우
b. 보충적 평가액이 장부가액보다 적은 경우로서, 정당한 사유로 인정되는 경우	보충적 평가액	◦ 5년초과 장기채권채무의 현재가치가 재무상태표상 가액보다 적은 경우 ◦ 법인세법상의 기준내용연수로 상각한 후의 유형자산의 가액이 재무상태표상 가액보다 적은 경우 ◦ 법인세법상의 내용연수로 상각한 후의 무형자산의 가액이 재무상태표상 가액보다 적은 경우
c. 보충적 평가액이 장부가액보다 큰 경우	보충적 평가액	보충적 평가액이 장부가액보다 큰 모든 항목

* 장부가액 : 법인세법상의 장부가액으로서 취득가액에서 감가상각누계액을 차감한 가액

〈자산 종류별 평가액 산정방법〉

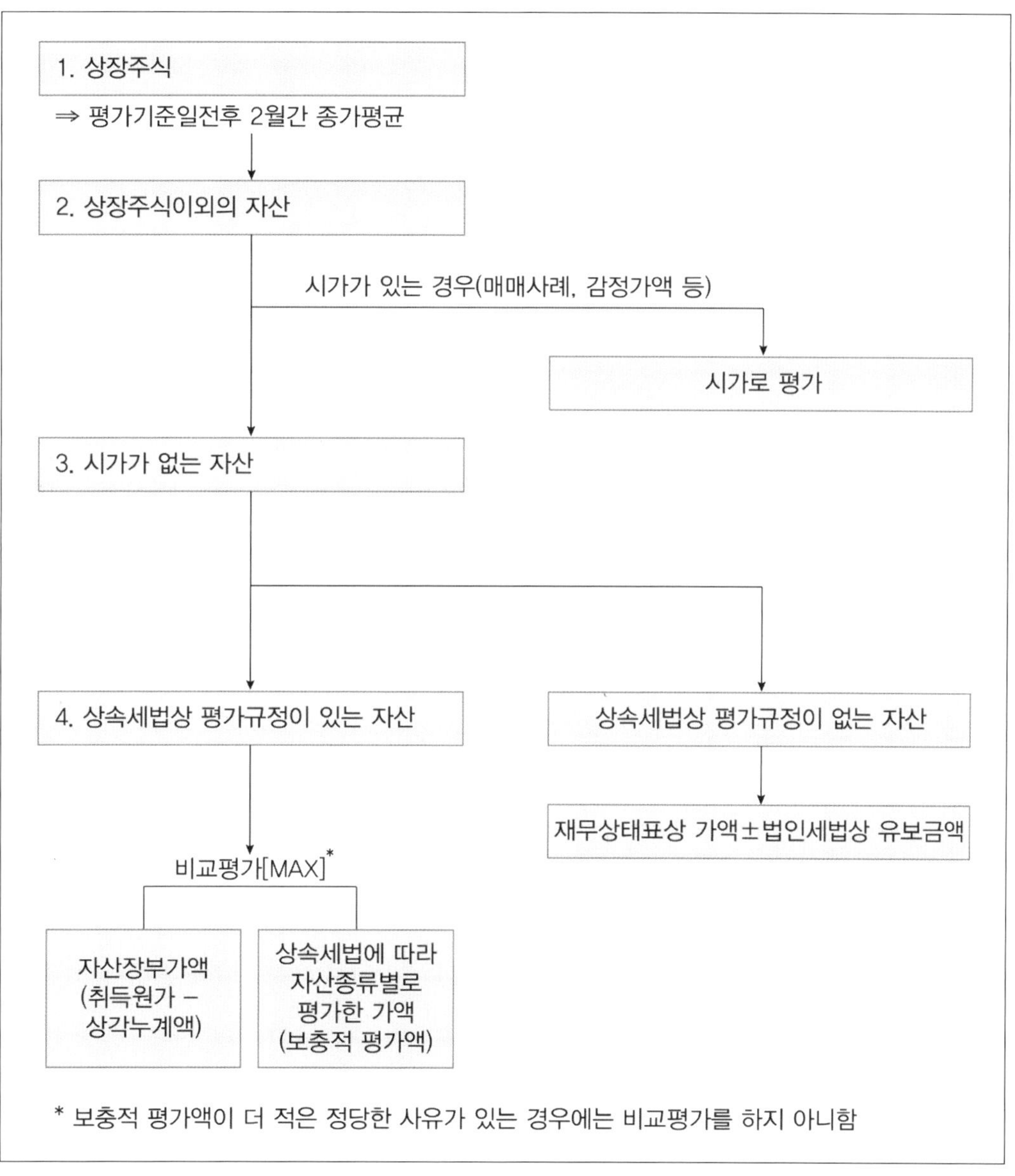

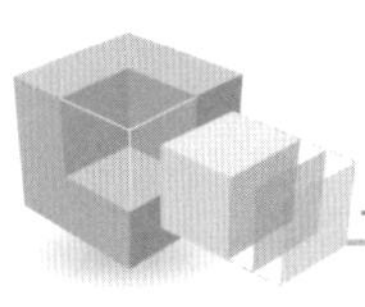

(2) 시가의 개념

상속세법상 비상장법인이 보유하고 있는 자산항목을 평가하는 경우, 시가가 있는 항목은 시가에 의해 평가액을 확정하고, 시가가 없는 항목은 상속세법상 별도로 규정된 보충적 평가방법에 따른 평가액으로 한다.

이 경우 시가라 함은 평가기준일 전후 6개월(상속의 경우는 전후 6개월로 하되, 증여의 경우는 평가기준일전 6개월부터 평가기준일후 3개월)이내의 기간 중에 발생된 매매가액, 감정가액, 경매가액 등을 의미한다.

예를 들어 평가기준일 현재의 토지를 상속세법에 따라 공시지가로 평가하였으나 평가기준일 이후 3월 이내에 해당토지의 매매계약이 체결된 경우에는 평가기준일 현재의 토지가액을 매매가액으로 수정하여 평가액을 다시 산정하여야 한다. 실제매매가액을 적용하게 되면 시가를 적용하는 것이 되므로 토지의 장부가액과 매매가액과의 차이를 가산 혹은 차감하여 주식평가액을 재계산해야 한다.

① 매매가액 : 해당 재산에 대한 매매사실이 있는 경우의 그 거래가액은 시가로 본다. 다만, 다음의 경우에는 객관적인 매매거래라고 인정하지 아니하여 시가로 보지 아니한다.

- 특수관계인과의 거래가액
- 비상장주식의 경우 금액이 크지 않은 소액거래 : 발행주식총수의 1% 미만주식을 매매한 경우로서 거래된 주식의 액면가합계액이 3억 원에 미달되는 경우를 의미한다. 만일 발행주식총수의 1%이상을 제3자간에 거래한 경우에는 이를 시가로 인정하며, 발행주식총수의 1%미만을 거래한 경우에도 거래된 주식의 액면가합계가 3억 원 이상이면 소액거래가 아닌 것으로 보아 시가로 인정된다.

② 감정가액 : 당해재산에 대하여 2개 이상의 감정평가전문기관이 감정한 가액의 평균액은 시가로 인정된다.

다만 다음의 경우에는 감정가액을 인정하지 아니한다.

- 2개 감정가액의 평균이 아닌 1개 기관의 감정가액(10억 원 이하 부동산은 단일감정가액을 인정)
- 주식에 대한 감정가액
- 상속세법상의 보충적 평가기준에 해당하는 기준시가에 미달되거나, 매매사례가액과 같은 시가의 90%에 미달되는 감정가액

③ 수용이나 경매시 보상가액이나 경매가액

(3) 국세청의 직권감정

법인이 보유하고 있는 부동산에 대하여 당해 법인이 스스로 감정하여 그 감정한 금액을 부동산의 평가액으로 산정할 수 있다. 그러나 법인이 감정가액을 사용하지 않고 상증법상의 평가기준인 공시지가 혹은 기준시가로 평가한 것을, 국세청이 직권으로 감정한 후 감정평가액으로 주식평가액을 수정할 수는 없었지만 2025.6.11.자로 상속세 및 증여세 사무처리규정이 개정되면서 법인의 주식을 평가할 때 그 법인이 보유한 부동산에 대하여 국세청이 직권으로 감정할 수 있는 것으로 개정되었으므로 2025.6.11. 이후에는 국세청이 직권감정할 수 있다는 것을 주의할 필요가 있다.

상속세 및 증여세 사무처리규정 제72조 **[감정평가 대상 및 절차]** (2025.6.11.) **국세청훈령** 2681

① 지방국세청장 또는 세무서장은 상속세 및 증여세가 부과되는 재산에 대해 시행령 제49조 제1항에 따라 감정기관에 의뢰하여 평가할 수 있다. 다만, 부동산 감정평가 사업의 대상은 부동산 등(법 제63조 제1항 제1호 나목에 따라 주식을 평가하는 경우로서 시행령 제54조 제2항 및 제55조 제1항의 순자산가치를 산출하기 위해 시가 평가가 필요한 부동산 등 포함)으로 한다.

② 지방국세청장 또는 세무서장은 다음 각 호의 사항을 고려하여 부동산 감정평가 대상을 선정할 수 있으며, 이 경우 대상 선정을 위해 5개 이상의 감정평가법인에 의뢰하여 추정시가(최고값과 최소값을 제외한 가액의 평균값)를 산정할 수 있다.

1. 추정시가와 법 제61조로부터 제66조까지 방법에 의해 평가한 가액(이하 "보충적 평가액"이라 한다)의 차이가 5억원 이상인 경우
2. 추정시가와 보충적 평가액 차이의 비율이 10% 이상[(추정시가-보충적 평가액)/추정시가]인 경우

(4) 수정신고시의 가산세

① 과소신고가산세 : 당초에 신고한 가액보다 수정되는 가액이 더 커서 추가납부세액이 발생하는 경우에는 과소신고가산세의 대상이 된다. 그러나 국세기본법 제47조의 3 ④항에 따라 상속재산의 평가방법차이에 다른 과소신고의 경우에는 과소신고가산세를 면제한다.

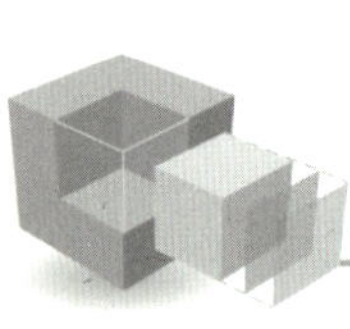

국세기본법 제47조 3 [과소신고가산세]

④ 제1항 또는 제2항을 적용할 때 다음 각 호의 어느 하나에 해당하는 경우에는 이와 관련하여 과소신고하거나 초과신고한 부분에 대해서는 제1항 또는 제2항의 가산세를 적용하지 아니한다.

1. 다음 각 목의 어느 하나에 해당하는 사유로 상속세·증여세 과세표준을 과소신고한 경우
   가. 신고 당시 소유권에 대한 소송 등의 사유로 상속재산 또는 증여재산으로 확정되지 아니하였던 경우
   나. 「상속세 및 증여세법」 제18조부터 제23조까지, 제23조의 2, 제24조, 제53조 및 제54조에 따른 공제의 적용에 착오가 있었던 경우
   다. 「상속세 및 증여세법」 제60조 제2항·제3항(보충적 평가액 규정) 및 제66조에 따라 평가한 가액으로 과세표준을 결정한 경우
   라. 「법인세법」 제66조에 따라 법인세 과세표준 및 세액의 결정·경정으로 「상속세 및 증여세법」 제45조의 3부터 제45조의 5까지의 규정에 따른 증여의제이익이 변경되는 경우(부정행위로 인하여 법인세의 과세표준 및 세액을 결정·경정하는 경우는 제외한다.)

② 납부지연가산세 : 당초 납부한 세액보다 추가 납부할 세액이 있는 경우에는 납부지연가산세가 적용되며, 과소신고가산세와 달리 신고기한의 다음날부터 납부일까지의 일수에 대하여 다음의 가산세율을 적용하여 납부하여야 한다.

2022. 2. 15. 이후의 기간	2019. 2. 13. 이후의 기간
1일 22/100,000 (연 8.03%)	1일 2.5/10,000 (연 9.125%)

그러나 세무서장이 감정기관에 감정한 가액으로 다시 평가하거나, 평가심의위원회의 심의를 거쳐 시가를 재산정함으로서 과소납부세액이 발생한 경우에는 납세자의 주의의무를 다한 것으로 볼 수 있으므로 납부지연가산세를 감면받을 수 있다.(국세기본법 제47조의 4 ③항 6호)

[관련해석] 기획재정부 조세법령운용과 - 154 (2020.1.30)

납세자가 법정신고기한까지 상속·증여재산의 상증법 제60조(평가의 원칙 등) 제1항에 따른 시가를 확인하기 어려워 같은법 제60조 제3항에 따라 기준시가로 상속세·증여세를 신고함에 있어 세법상 정해진 주의의무를 다 한 것으로 볼 수 있고, 이후 과세관청이 같은법 시행령 제49조 제1항에 따라 평가심의위원회의 심의를 거쳐 감정가액을 시가로 산정하여 국세기본법 제47조의 4에 따른 납부지연가산세를 부과하는 경우 국세기본법 제48조 제1항 제2호에 따른 가산세 감면을 적용할 수 있음.

4 자산 종류별 평가방법

자산종류별로 시가가 없는 경우의 상속세법이 별도로 규정하고 있는 보충적 평가방법을 요약하면 다음과 같다.

유동자산	상속세법상 평가기준
1. 예금 등 금융상품	원금 + (평가기준일까지의 미수이자 - 원천세액상당액)
2. 매출채권, 대부금 등 (1) 회수기간 5년 초과 장기채권	평가기준일 현재 회수가 불가능한 채권을 제외하고 회수가능한 채권에 대하여 〈원본 + 이자〉합계액을 현재가치로 할인한 금액(고시된 할인율은 8%)
(2) 회수기간 5년 이하의 단기채권	원본에 평가기준일까지 미수이자를 가산한 금액
3. 재고자산 및 이에 준하는 동산	다시 취득할 경우에 소요되는 가액(재취득 가액)으로 하되, 그 가액이 확인되지 아니하는 경우에는 장부가액으로 하며 판매불능재고는 차감한다.
부동산	
1. 저당권 등이 설정되지 않은 부동산	
(1) 토지	평가기준일 현재의 개별공시지가(토지의 기준시가)
(2) 건물 상업용 건물	국세청장이 호수단위로 고시한 가액(상업용 건물기준시가)((3)건물의 평가 참조)
비상업용 건물	국세청장이 고시한 기준시가산정지침에 따라 위치, 구조 등을 고려하여 산정한 가액((4)건물의 평가 참조)
(3) 구축물	다시 취득할 경우에는 소요되는 가액(재취득가액)에서 감가상각비를 차감한 가액으로 하며, 감가상각비는 취득일부터 평가기준일까지 법인세법시행령 제28조 1항2호에 의한 기준내용연수를 적용하여 계산한다. 다만, 재취득가액산정이 곤란한 경우에는 지방세법시행령 제80조에 의한 시가표준액을 평가액으로 할 수 있다.
2. 저당권 등이 설정된 부동산	당해 자산에 저당권, 전세권, 임차권이 설정된 경우에는 상속세법에 의한 저당권 등의 평가액과, 위에서 규정한 자산별 평가액 중 큰 금액 MAX [저당권 등의 평가액, 상속세법에 의한 기준시가] ((11)저당권 등이 설정된 재산의 평가방법 참조)
3. 임대차 계약이 체결되어 있는 부동산	연간임대료를 12%로 환산한 금액에 임대보증금을 합한 금액, 이를 임대료 등의 환산가액이라 하며 임대료 등의 환산가액과 상속세법상 기준시가 중 큰 금액

부동산이외의 유형자산	
1. 기계장치, 차량, 입목 등	재취득가액으로 하되 그 가액이 확인되지 아니하는 경우에는 장부가액(취득가액에서 법인세법에 따라 신고된 상각방법과 기준내용연수로 계산된 취득시점부터 평가기준일까지의 감가상각비누계액을 차감한 금액)으로 한다.
2. 서화, 골동품	2인 이상의 전문가가 감정한 가액의 평균액
3. 연부 혹은 월부로 취득한 자산	당해재산의 평가액에서 미상환금액을 차감한 금액
무형자산	
1. 외부에서 매입한 무형고정자산	매입가액에서 매입일부터 평가기준일까지의 감가상각비를 차감한 가액으로 하며, 감가상각비는 법인세법에 따라 법인이 신고한 방법에 따라 계산한 금액을 의미한다.
2. 자체개발한 무형고정자산	특허권, 실용신안권, 상표권 등은 평가기준일 이후 예상수입금액을 10%의 할인율로 할인한 금액의 합계액으로 하며, 미래수입금액이 확정되지 않은 경우에는 과거 3년간의 수입금액의 평균액을 연간예상수입금액으로 한다.
3. 영업권	장부상 계상되어 있는 영업권은 당해 법인의 영업권을 평가하여 계상한 것이 아니라 다른 사업 등을 인수하는 과정에서 발생된 것이므로 자산에 포함하며, 당해 법인자체의 영업권은 다음과 같이 계산하여 자산가액에 추가로 가산함. [최근 3년간 순손익액의 가중평균액 * 50% - 평가기준일 현재의 자기자본 * 10%] * 5년 연금현가계수(6. 영업권 평가참조)
4. 광업권, 채석권	평가기준일전 3년간 평균소득을 채굴가능연수동안 10%의 할인율로 할인한 금액의 합계액
5. 이용권, 회원권 등	골프회원권 등과 같이 특정시설물을 이용할 수 있는 권리는 평가기준일까지 불입한 금액과 프리미엄을 합한 금액으로 평가하되, 지방세법에 따라 고시된 시가표준액으로 평가할 수 있다.
주식	
1. 상장주식 (국내 및 국외 상장주식 포함)	평가기준일 전후 2개월간의 종가평균 [평가기준일 이전 2개월 및 이후 2개월간 종가합계/종가산정일수], 다만 합병당사법인이 보유한 상장주식은 평가기준일 현재의 최종시세가액
2. 비상장주식	
(1) 10%초과보유주식	상속세법상의 비상장주식평가방법에 따른 평가액
(2) 10%이하보유주식 * 투자법인에 대한 지분비율 = 평가대상법인이 보유한 주식수 / [투자법인 발행주식총수 - 해당법인이 보유한 자기주식수량]	상속세법상의 비상장주식평가방법에 따른 평가액 혹은 법인세법상의 취득가액 중 납세자에게 유리한 방법을 선택가능 (기획재정부-34, 2008.3.3)

3. 기업공개준비중인 법인의 주식	평가기준일이 보유주식의 상장신청일 직전6월(증여목적 평가의 경우에는 3월)부터 상장일 전일까지의 기간에 속하는 경우의 주식을 공개예정법인의 주식이라 하며 해당주식은 다음과 같이 평가한다.
(1) 거래소 상장예정주식	공모 가격과 평가기준일 전후2개월간 종가평균(평가기준일 이후 2월내에 상장되지 않은 경우에는 상속세법상의 비상장주식 평가액) 중 큰 금액 ⇒ MAX [공모가격, 2개월 종가평균 혹은 비상장주식 평가액]
(2) 코스닥 상장예정주식	공모가격과 상속세법상의 비상장주식 평가액 중 큰 금액 ⇒ MAX [공모가격, 비상장주식 평가액]
4. 외국법인이 발행한 비상장주식	상속세법에 의한 비상장주식 보충적평가액과 취득가액 중 큰 금액으로 하며, 순손익액을 계산하는 경우 감가상각비는 법인세법상의 기준내용연수를 적용하여 재계산하여야 함.
국채, 공채, 회사채 등의 채권	
1. 증권선물거래소에서 거래되는 채권	평가기준일 이전 2개월간의 종가평균과 평가기준일 이전 2월내 최근일의 종가 중 큰 금액 ⇒ MAX [평가기준일 이전 2월의 종가평균, 평가기준일전 2월내 최근일 종가]
2. 위상장채권외의 일반채권 (1) 발행자로부터 직접 취득한 채권	평가기준일 현재 처분예상금액으로 하되, 처분예상금액이 없는 경우에는 2이상의 증권회사평가액의 평균액
(2) 발행자이외의 자로부터 매입한 채권	매입가액에 평가기준일까지의 미수이자를 가산한 금액
3. 위상장채권이외의 전환사채 등	상장되지 아니한 전환사채, 신주인수권부 사채, 신주인수권증권 등의 경우 별도로 정해진 평가방법((4)전환사채 등의 평가방법 참조)
4. 간접투자증권	한국증권선물거래소나 운용기관이 산정한 기준가격 (원천징수세액은 차감하지 아니한 가격)
국외소재재산	
1. 상속세법상 평가기준을 적용할 수 있는 재산	상속세법상 재산종류별 평가액
2. 상속세법상 평가기준을 적용할 수 없는 재산	현지국가에서 양도소득세·상속세·증여세 등의 부과목적으로 평가한 가액으로 하되, 평가액이 없는 경우에는 2이상의 국내 또는 외국의 감정기관이 감정한 가액을 참작하여 평가한 가액

(1) 장기채권의 평가

① 평가대상 : 채권이나 대여금(입회금 및 보증금 포함)은 평가기준일 현재 회수가 불가능한 채권은 자산에서 제외하되 회수가능여부는 법인세법상의 대손요건과 상관없이 실질현황에 따라 판단한다.(국심 2004 광 1863, 2004. 10.20) 평가기준일로부터 계산한 회수기간이 5년을 초과하는 장기채권이나 대여금은 원금과 이자를 현재가치로 할인한 금액을 상속세법상의 평가액으로 한다.(고시된 할인율은 8%)

이 경우 시설물 이용권에 대한 입회금·보증금 등으로서 회수기간이 없는 것은 그 회수기간을 5년으로 보고 현재가치로 할인한다.

사례 장기채권의 현재가치 평가

다음 자료에 의해 a, b 각각의 평가차액을 산정하라.

- ○ 채권원금 8억 원 평가 기준일 (20x1.12.31.현재)
- ○ 1년 후부터 매년 1억 원씩 8년간 원금 및 이자를 분할상환예정
- ○ 회사는 약정이자율과 시장이자율이 동일한 것으로 보아 현재가치를 적용하지 아니함

a. 약정이자율이 5%인 경우
b. 약정이자율이 9%인 경우

[해설]

a.

상환일자	상환원금	상환 후 원금	기간일수	약정이자	회수금액	현재가치 계산산식	8%할인시 현재가치
		800,000,000		5%			
20x2.12.31	100,000,000	700,000,000	365	40,000,000	140,000,000	$140,000,000/(1+8\%)^1$	129,629,630
20x3.12.31	100,000,000	600,000,000	365	35,000,000	135,000,000	$135,000,000/(1+8\%)^2$	115,740,741
20x4.12.31	100,000,000	500,000,000	365	30,000,000	130,000,000	$130,000,000/(1+8\%)^3$	103,198,191
20x5.12.31	100,000,000	400,000,000	365	25,000,000	125,000,000	$125,000,000/(1+8\%)^4$	91,878,732
20x6.12.31	100,000,000	300,000,000	365	20,000,000	120,000,000	$120,000,000/(1+8\%)^5$	81,669,984
20x7.12.31	100,000,000	200,000,000	365	15,000,000	115,000,000	$115,000,000/(1+8\%)^6$	72,469,507
20x8.12.31	100,000,000	100,000,000	365	10,000,000	110,000,000	$110,000,000/(1+8\%)^7$	64,183,943
20x9.12.31	100,000,000	0	365	5,000,000	105,000,000	$105,000,000/(1+8\%)^8$	56,728,233
합계	800,000,000			180,000,000	980,000,000		715,498,961

b

상환일자	상환원금	상환 후 원금	기간일수	약정이자	회수금액	계산산식	8%할인시 현재가치
		800,000,000		9%			
20x2.12.31	100,000,000	700,000,000	365	72,000,000	172,000,000	$172,000,000/(1+8\%)^{1}$	159,259,259
20x3.12.31	100,000,000	600,000,000	365	63,000,000	163,000,000	$163,000,000/(1+8\%)^{2}$	139,746,228
20x4.12.31	100,000,000	500,000,000	365	54,000,000	154,000,000	$154,000,000/(1+8\%)^{3}$	122,250,165
20x5.12.31	100,000,000	400,000,000	365	45,000,000	145,000,000	$145,000,000/(1+8\%)^{4}$	106,579,329
20x6.12.31	100,000,000	300,000,000	365	36,000,000	136,000,000	$136,000,000/(1+8\%)^{5}$	92,559,315
20x7.12.31	100,000,000	200,000,000	365	27,000,000	127,000,000	$127,000,000/(1+8\%)^{6}$	80,031,543
20x8.12.31	100,000,000	100,000,000	365	18,000,000	118,000,000	$118,000,000/(1+8\%)^{7}$	68,851,867
20x9.12.31	100,000,000	0	365	9,000,000	109,000,000	$109,000,000/(1+8\%)^{8}$	58,889,308
합계	800,000,000			324,000,000	1,124,000,000		828,167,014

	장부가액	현재가치	평가차액
a.	800,000,000	715,498,961	(84,501,039) *
b.	800,000,000	828,167,014	28,167,014

* 상속세법에 따른 현재가치 평가액이 장부가액보다 적은 경우에는 정당한 사유가 있는 것으로 보아 평가차손을 장부가액에서 차감하여 조정함.

② **장부가액과의 비교여부** : 자산을 상속세법상 보충적 평가방법으로 평가한 후의 금액이 장부가액보다 적은 경우에는 장부가액을 평가액으로 하되, 장부가액보다 적은 정당한 사유가 있는 경우에는 상속세법상의 평가액으로 하여 평가감을 인정한다. 이 경우 장기채권의 현재가치 평가액이 장부가액보다 적은 것은 정당한 사유가 있는 것으로 본다. 그러므로 상속세법에 의한 현재가치 평가액이 상속세법상의 가액이 되므로 현재가치 평가액과 재무상태표상의 가액과의 차액을 가산하거나 차감한다.

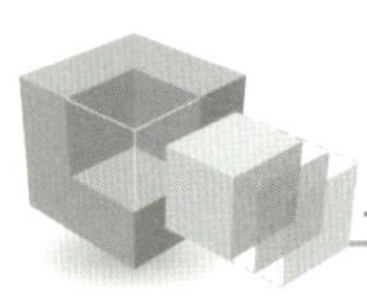

[관련예규] 현재가치 평가액과 장부가액의 비교여부 (서면4팀 - 812, 2005.5.24.)

1. 「상속세 및 증여세법 시행령」 제58조 제2항 및 「같은법 시행규칙」 제18조의 2 제2항 제1호의 규정에 의하여 원본의 회수기간이 5년을 초과하는 채권·채무는 각 연도에 회수하거나 상환할 금액(원본에 이자상당액을 가산한 금액)을 국세청장이 정하여 고시하는 이자율에 의하여 현재가치로 할인한 금액의 합계액으로 평가하는 것임. 이 경우 원본의 가액을 5년을 초과하는 기간 동안 분할하여 매연도마다 이자상당액과 함께 회수하거나 또는 상환하는 경우 현재가치로 할인할 금액은 각 연도에 회수하거나 상환할 금액이 되는 것임.
2. 비상장법인의 순자산가액을 계산할 때에 당해 법인의 자산을 같은법 제60조 제3항 및 제66조의 규정에 의하여 평가한 가액이 장부가액보다 적은 경우에는 장부가액으로 하되 장부가액 보다 적은 정당한 사유가 있는 경우에는 그러하지 아니하는 것임. 이 경우 원본의 회수기간이 5년을 초과하는 장기채권·채무를 「같은법 시행규칙」 제18조의 2 제2항 제1호의 규정에 의하여 평가한 가액이 장부가액보다 적은 경우에는 장부가액보다 적은 정당한 사유가 있는 것으로 보는 것임.

(2) 토지의 평가

토지의 상속세법상 기준시가는 평가기준일 현재 공시되어 있는 개별공시지가로 한다.

공시지가는 매년 5월 말일에 고시되므로 평가기준일이 새로운 공시지가가 고시되기 전인 5월 이전인 경우에는 전년도의 공시지가가 적용되며, 평가기준일이 새로운 기준시가 고시 월인 5월 이후인 경우에는 새로 고시된 공시지가를 적용한다.

사례 토지 공시지가 검색

다음 토지의 개별공시지가를 검색하라.

- 대상토지 : 서울시 강남구 개포동 1200번지, 200m^2
- 평가기준일 : 2026. 3. 30.

[해설]

- 국토교통부 홈페이지 → 주요사이트 바로가기(맨 아래) → 공시가격알리미 Menu → 개별공시지가 → 서울특별시 Click → 강남구선택 → 개포동선택 → 지번(일반선택) → 1200번지입력
- 검색결과

기준년월일*	개별공시지가(m^{2}당)
2025.1.1	9,270,000

* 2026.3.30일 현재에는 2026년도분 공시지가가 고시되지 아니하였으므로 직전 고시일인 2025. 4. 30.에 고시된 2025.1.1. 현재의 기준시가를 적용한다.

- 공시지가 : 9,270,000 × 200m^2 = 1,854,000,000

① 기준시가 적용방법 : 토지의 기준시가는 평가기준일 현재의 개별공시지가로 하되, 토지의 개별공시지가가 취득가액보다 큰 경우에는 공시지가를 상속세법상의 평가액으로 하여 재무상태표상의 가액을 초과하는 공시지가를 평가차액으로 순자산가액에 가산한다. 만일 토지의 공시지가가 취득가액보다 작은 경우에는 취득가액을 상속세법상의 평가액으로 한다.

사례 토지의 평가차액

다음 자료에 의해 비상장법인이 보유하고 있는 토지에 대한 상속세법상의 평가차액을 계산하라.

- 토지의 취득원가 10억 원(재무상태표상 가액)
- 토지의 공시지가 25억 원

[해설]

• 토지의 상속세법상 평가액	: Max{10억 원, 25억 원}
	= 25억 원
토지의 재무상태표가액	(10억 원)
토지의 평가차액	15억 원

* 만일 토지의 공시지가가 8억 원으로 취득가액보다 낮은 경우에는 평가차액이 없음.

② 다수필지 보유시 기준시가 적용방법 : 법인이 여러 필지의 토지를 보유하고 있고 취득가액이 필지별로 구분되어 있는 경우에는, 토지의 취득가액 합계와 토지 기준시가 합계를 비교하여 평가차액을 계산하지 아니하고 개별 토지의 필지별로 공시지가와 취득가액을 비교하여야 한다. 그러므로 공시지가가 취득가액보다 큰 필지의 평가차액 합계액을 평가차액으로 가산하며, 공시지가가 취득가액보다 적은 필지는 평가차액을 계산하지 아니한다. 다만, 필지가 다른 토지의 경우에도 용도가 동일한 경우에는 필지별로 평가차액을 계산하지 아니하고 같은 용도의 토지 전체를 한필지로 보아 평가차액을 산정한다.

[관련예규] 토지의 평가차액 계산단위 (서면4팀 - 1557, 2004.10.5)

상속세 및 증여세법 제55조 제1항 후단의 규정을 적용하여 비상장법인의 순자산가액을 계산할 때, 당해 법인이 여러 필지의 토지를 소유하고 있는 경우에는 각 필지별로 같은법 제60조 제3항 및 제66조의 규정에 의하여 평가한 가액과 장부가액 중 큰 금액으로 평가하는 것임.
다만, 골프장 용지 등과 같이 용도상 불가분의 관계가 있어 각 필지별로 평가하는 것이 불합리한 경우에는 그 용도별로 평가하는 것이 타당함.

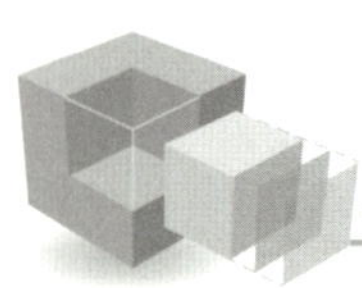

사례 다수필지 토지의 평가차액산정

다음 자료에 의하여 상속세법에 따른 토지에 대한 평가차액을 계산하라.

보유토지명세	취득원가	평가일 현재 B/S가액	평가일 현재 공시지가
토지A필지	10억 원	10억 원	14억 원
B필지	12억 원	12억 원	20억 원
C필지	20억 원	20억 원	12억 원
합계	42억 원	42억 원	46억 원

[해설]

토지필지	B/S가액	공시지가	평가차액
A	10억 원	14억 원	4억 원
B	12억 원	20억 원	8억 원
C	20억 원	12억 원	0*
	42억 원	46억 원	12억 원

* 공시지가가 취득가액보다 적은 필지의 토지는 평가차액을 0으로 본다.

③ 건설업 영위 법인에서의 토지평가 : 주택 등을 건설하여 분양하는 법인의 경우 건물부속 토지는 재고자산에 해당되며, 총분양수익을 작업진행율에 따라 계상하는 경우에는 전체토지가액 중 진행율에 해당하는 부분은 매출원가로 계상된다. 그러나 상속세법에 의해 건설업영위법인의 주식을 평가하는 경우 분양이 완료된 토지부분은 분양가액을 시가로 보아 분양가액으로 평가하되, 분양이 되지 아니한 토지는 재고자산평가기준을 적용하지 아니하고 공시지가로 평가한다. 또한 건설 중인 분양 건물은, 건물의 분양가액 중 평가기준일까지의 작업진행율에 따라 계산한 금액을 건물평가액으로 한다.

[관련예규] 작업진행율을 적용하는 경우의 토지평가방법 (재산 - 563, 2010.8.6.)

[기획재정부 조세정책과 - 1153, 2023.5.17.]

비상장법인의 순자산가치를 계산함에 있어 신축·분양 중인 건물과 부수토지의 분양가액이 시가에 해당하는 경우에는 건물에 대한 분양가액 중 평가기준일까지의 작업진행률에 따라 계산한 금액을 그 건물가액으로 하고, 부수토지에 대한 분양가액을 토지가액으로 하는 것이며 익금에 산입한 분양수입금액 중 건물 및 부수토지에 상당하는 가액은 각각 부채에 가산하는 것으로서, 귀 질의의 경우 분양가액을 시가로 볼 수 있는지 여부는 평가기준일 현재의 상황에 따라 판단하여야 할 사항임.

예제 건설업 법인의 평가차액 계산

건설분양업을 하고 있는 법인의 다음 자료에 의해 상속세법상의 순자산을 계산하라.

- 공사원가내역(단위 : 억 원)

구 분	총공사원가	분양가	공지지가
건물분	200	300	-
토지 A	100	140	130
토지 B	150	미분양분	180

- 당기발생 건설비 : 100억 원(진행율 : 100억 원 / 200억 원 = 50%)
- 결산시 회계처리(진행율 수익계상)

(차변) 공사미수금 220*	(대변) 공사원가(현금)	100
	용지(토지A)	50
	손익	70

* (300+140) × 50% = 220

- 재무상태표

자 산	공사 전	공사 후	부채 및 자본	공사 전	공사 후
공사미수금	–	220	부 채	400	400
용 지 A	100	50	자 본	350	420
용 지 B	150	150			
제자산	500	400			
	750	820		750	820

[해설]

구 분	자산조정	부채조정	순자산조정
토 지 A			
- 장부가 제거	(50)		(50)
- 분양가 가산	140		140
- 분양가 해당액		140 × 50% = 70	(70)
소 계			20
토 지 B			
- 장부가 제거	(150)		(150)
- 공시지가 가산	180		180
소 계			30
평가차액 합계			50
평가전 자기자본			420
평가후 자기자본			470

* 분양된 건물은 장부상 분양가액을 기준으로 공사미수금으로 계상되어 있으므로 상속세법과 차이가 없어 수정하지 아니함.

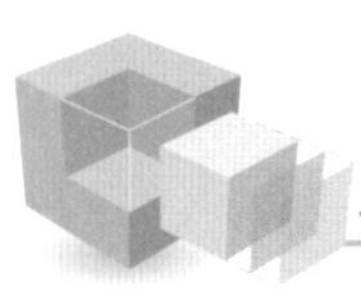

④ 자산재평가토지 : 법인이 기업회계상 토지를 재평가하여 장부가액을 평가증한 경우에도 토지의 취득가액과 토지의 공시지가를 비교하여 더 큰 금액을 상속세법에 의한 평가액으로 한다. 이렇게 산정된 상속세법에 의한 평가액과 재무상태표상의 가액을 비교하여 그 차액을 조정한다.

[관련예규] 재평가 토지 (서면자본거래 - 3493, 2020.03.12.)

【질의】

(사실관계)

◦ 질의법인의 대표이사의 가수금을 출자전환하기 위해 비상장주식을 「상속세 및 증여세법 시행령」 제54조에 따라 평가(발행가액 산출목적)예정

◦ 쟁점 토지 회계처리 및 평가기준일 토지가액 등
- '17.8.16. 토지(취득가액) 3,684,827천 원 / 현금 등 3,684,827천 원
- '18.12.31. 토지(평가증) 1,156,312천 원 / 재평가이익 1,156,312천 원

(단위 : 백만 원)

구분	장부가액(기업회계기준)	유보금액	보충적 평가액
토지	4,841	1,156	2,672

(질의내용)

◦ 비상장주식의 순자산가치 평가와 관련하여 「상속세 및 증여세법 시행령」 제55조 제1항에 따른 장부가액의 의미
- 평가대상 자산과 관련된 세무상 유보금액을 가감하는 것인지 여부

【회신】

귀 질의와 같이 비상장주식을 「상속세 및 증여세법」 제54조 제2항의 규정에 의한 순자산가액으로 계산하는 경우 「상속세 및 증여세법」 제60조 제3항 및 제63조에 따라 평가한 가액이 장부가액보다 적은 경우에는 장부가액으로 하는 것이며(장부가액보다 적은 정당한 사유가 없는 경우에 한함), 이 경우 장부가액은 취득가액에서 감가상각비를 차감한 가액을 말하는 것임.

사례 재평가토지에 대한 평가차액

다음 자료를 이용하여 토지에 대한 평가차액을 계산하라.

(단위 : 억 원)

구 분	취득가액	재평가차액	재무상태표가액	유보잔액	공시지가
토 지 1	10	2	12	2(손금)	7
토 지 2	20	7	27	7(손금)	24
토 지 3	14	4	18	4(손금)	21

[해설]

구 분	취득가액	공시지가	상증법평가액	재무상태표가액	평가차액
토 지 1	10	7	Max(10, 7)=10	12	-2
토 지 2	20	24	Max(20, 24)=24	27	-3
토 지 3	14	21	Max(14, 21)=21	18	3
차액합계					-2

[삭제예규] 재평가 토지 (자산 - 1116, 2009.6.5.) (2020.9.22. 삭제)

【질의】

(사실관계)

- 과거 자산재평가법에 의하여 토지를 재평가하고, 재평가차액을 압축기장충당금으로 하여 현재 "자본금과적립금조정명세서"에 유보금으로 남아있음.

(질의내용)

- 매매사례가액이 없는 비상장주식을 양수도 함에 있어 상증법을 준용하여 평가시 순자산가액을 계산할 때 위 압축기장충당금을 순자산가액에 가산하는지 여부

【답변】

「상속세 및 증여세법 시행령」 제55조 제1항의 규정에 의하여 비상장법인의 순자산가액을 계산할 때에 당해 법인의 자산가액은 같은법 제60조 내지 제66조의 규정에 의한 평가액에 의하는 것이며, 당해 법인의 자산을 같은법 제60조 제3항 및 제66조의 규정에 의하여 평가한 가액이 장부가액보다 적은 경우에는 장부가액으로 하되, 장부가액 보다 적은 정당한 사유가 있는 경우에는 그러하지 아니하는 것임. 이 경우 장부가액은 기업회계기준 등에 의해 작성된 재무상태표상 장부가액에 의하는 것이며, 자본금과 적립금조정명세서(을)상의 유보금액 중 「상속세 및 증여세법」의 규정에 평가하는 자산과 관련된 유보금액은 순자산가액에 별도로 가감하지 아니하는 것임.

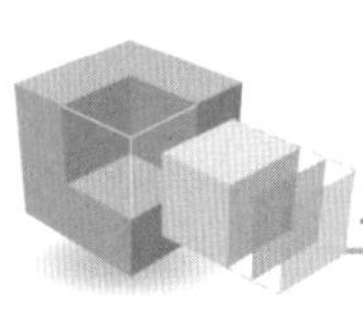

(3) 상업용 건물의 평가

상업용 건물은 상속세법에 따라 계산된 기준시가와 장부가액(취득가액에서 감가상각누계액을 차감한 후의 금액)을 비교하여 더 큰 금액을 평가액으로 한다.

상가 등과 같은 상업용 건물(연면적이 3,000m^2 이상이거나 100호 이상인 경우), 혹은 오피스텔 등의 기준시가는 국세청장이 토지와 건물을 일괄하여 해당 물건별로 기준시가를 고시한다. 상업용 건물 기준시가는 별도 구분된 상가 등의 고시가액으로서, 해당 건물의 층수와 호수를 입력하여 단위면적 m2당 고시된 상가 등의 호별 기준시가에 해당 호수의 면적을 곱하여 계산하며, m^2당 기준시가는 토지와 건물을 포함한 부동산 전체가액을 의미한다. 국세청에서 고시되지 아니한 상업용 건물은 토지의 공시지가와 일반건축물 기준시가를 각각 계산하여 평가하여야 한다. 상업용 건물의 기준시가는 「국세청 홈택스」에서 조회·발급 → 기타 조회 → 기준시가 조회 → 오피스텔 및 상업용 건물로 검색할 수 있다.

(4) 비상업용건물의 기준시가

업무용 빌딩, 공장 등의 일반 건축물은 상업용 건물과 같이 일괄하여 기준시가를 고시하지 아니하되, 건물가격을 산정할 수 있는 지침이 매연도말에 고시되며 그 지침에 따라 건물의 기준시가를 산정하게 된다. 새로 고시된 기준시가 산정지침은 2026.1.1.이후 상속·증여·양도하는 분부터 적용한다.

일반건축물 기준시가 산정지침은 국세청홈페이지에서 다운받아 지침에 따라 직접계산하거나, 국세청홈페이지에서 계산요소들을 입력하면 자동계산이 가능하다. 일반건축물에 대한 기준시가는 공동주택, 상업용 건물, 오피스텔과 달리 건물가격만을 계산하는 것이며 부속토지가격과 영업권 등의 각종 권리는 포함되지 아니하므로 부속토지는 별도로 평가하여야 한다.

건물의 기준시가는 개별건물단위별로 계산하여 개별건물의 장부가액(취득원가에서 법인세법상의 기준내용연수에 따라 계산된 감가상각누계액을 공제한 금액)과 비교하되, 개별건물기준시가가 개별건물의 장부가액을 초과하는 경우에는 그 차액을 평가차액으로 가산하되 개별건물기준시가가 개별건물의 장부가액보다 적은 경우에는 평가차액이 없는 것으로 본다.

건물기준시가는 기준시가 산정지침에 따라 계산된 「㎡당 기준시가」에 「건물면적」을 곱하여 계산한다.

건물기준시가 = ㎡당 기준시가 × 건물면적*

* 건물면적 : 건축물대장상의 연면적으로 하며, 전용면적과 공유면적을 포함한 면적(법규재산 2014-529, 2014.6.24.)

① ㎡당 기준시가 : ㎡당 기준시가는 국세청 기준시가산정지침에 따라 산정된 ㎡당 표준건축물가액을 의미한다. ㎡당 기준시가는 다음과 같이 계산한다. ㎡당 금액에서 1,000원 미만은 버리고 계산한다.

㎡당 기준시가 = ㎡당 건물신축가격 기준액 × 각종지수 및 조정율

② ㎡당 건물신축가격기준액 : 평가기준일이 속하는 연도별로 국세청장이 고시한 ㎡당 건물신축가격기준액은 다음과 같다.

평가연도	건물신축가격기준액
2026	₩860,000
2025	850,000
2024	830,000
2023	820,000
2022	780,000
2021	740,000
2020	730,000

③ 각종지수 및 조정율 : ㎡당 건물신축 기준가액에 각종지수 및 조정율을 곱하여 ㎡당 기준시가를 계산한다. 기준시가계산에 사용되는 각종지수 및 조정율은 다음과 같다.

기준시가 산정요소	내 용	조정율 범위
구조지수	철근, 시멘트 등과 같은 건물의 주된 재료에 따른 가중치	0.59 - 1.35
용도지수	사무실, 공장, 창고 등과 같은 건물의 용도에 따른 가중치	0.78 - 1.4
위치지수	건물부속토지의 ㎡당 공시지가수준에 따른 가중치	0.78 - 1.82
경과연수별 잔가율	건물구조별로 20년~50년의 내용연수와 10%~20%의 잔존가치를 적용하고 정액법으로 상각한 이후의 잔존가치	0.1 - 1.0
개별건물조정율	건물층수, 연면적규모 등과 같은 건물규모에 따른 가중치	0.6 - 1.4

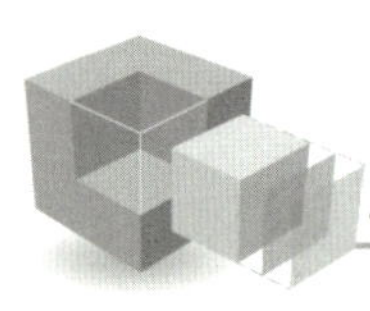

가. 구조지수

- 건물 구조는 주된 재료와 기둥 등에 의하여 분류하되, 건축물대장 또는 등기부등본 등 공부상에 기재된 구조에 따른다. 다만, 사실상의 구조와 공부상의 구조가 다른 경우에는 사실상의 구조에 따른다.
- 공부상 조적식 구조로 기재된 것은 그 주된 재료에 따라 석조, 연와조, 시멘트벽돌조, 시멘트블럭조 등으로 분류된다.

번호	구 조 별	지 수	
		2026	2025
1	통나무조	1.35	1.35
2	목구조	1.15	1.20
3	철골콘크리트조	1.0	1.10
4	철근콘크리트조, 석조, P.C조	1.0	1.0
5	연와조, 철골조, 스틸하우스조, 보강콘크리트조, 목조	0.95	0.95
6	시멘트벽돌조, 황토조, 시멘트 블럭조	0.90	0.90
7	철골조 중 조립식 패널	0.85	0.85
8	조립식패널조	0.8	0.8
9	경량철골조	0.79	0.79
10	석회 및 흙벽돌조, 돌담 및 토담조	0.6	0.6
11	철파이프조	0.59	0.59

나. 용도지수 : 용도구분은 건축법시행령 별표1의 "용도별 건축물"의 종류에 따르며 건축물 대장에 표시된 용도에 따른 용도지수를 요약하면 다음과 같다. 만일 실제용도가 건축물 대장상의 용도와 다른 경우에는 실제용도를 기준으로 해야 하며, 용도분류표에 없는 계단, 보일러실, 옥탑 등의 부속건물은 당해 건물의 주용도의 지수를 적용한다.

구분	용 도	대상건물	지 수	
			2026	2025
I	주거용 건물	아파트 등	1.1	1.1
II	상업용 및 업무용 건물	관광호텔	1.4	1.4
		백화점	1.35	1.35
		운동시설	1.25	1.25
		업무시설 등	1.15	1.15
III	산업용 및 기타특수용도	반도체 공장	1.0	1.0
		냉동창고	1.05	1.05
		일반공장	0.78	0.78
		위험물 저장시설 등	0.9	0.9

다. 위치지수 : 위치지수는 당해 건물부속토지에 대한 양도·취득·상속·증여일 현재 결정·공시되어 있는 ㎡당 개별공시지가에 해당되는 지수를 적용한다. 다만, 개별공시지가가 없는 토지의 가액은 물건지(또는 납세지) 관할세무서장이 평가한 가액을 적용한다.

위치지수는 최소 0.78(㎡당 공시지가 2만원 미만)부터 최대 1.82(㎡당 공시지가 8천만 원 이상)를 적용한다.

〈위치지수표〉

번호	건물 부속토지의 ㎡당 개별공시지가	지수	번호	건물 부속토지의 ㎡당 개별공시지가	지수
1	20,000원 미만	78	24	4,500,000원 이상~5,000,000원 미만	124
2	20,000원 이상~30,000원 미만	83	25	5,000,000원 이상~5,500,000원 미만	126
3	30,000원 이상~50,000원 미만	85	26	5,500,000원 이상~6,000,000원 미만	128
4	50,000원 이상~70,000원 미만	86	27	6,000,000원 이상~7,000,000원 미만	130
5	70,000원 이상~100,000원 미만	87	28	7,000,000원 이상~8,000,000원 미만	132
6	100,000원 이상~130,000원 미만	88	29	8,000,000원 이상~9,000,000원 미만	134
7	130,000원 이상~150,000원 미만	89	30	9,000,000원 이상~10,000,000원 미만	137
8	150,000원 이상~180,000원 미만	90	31	10,000,000원 이상~15,000,000원 미만	140
9	180,000원 이상~200,000원 미만	91	32	15,000,000원 이상~20,000,000원 미만	143
10	200,000원 이상~300,000원 미만	92	33	20,000,000원 이상~25,000,000원 미만	146
11	300,000원 이상~350,000원 미만	94	34	25,000,000원 이상~30,000,000원 미만	149
12	350,000원 이상~500,000원 미만	96	35	30,000,000원 이상~35,000,000원 미만	152
13	500,000원 이상~650,000원 미만	98	36	35,000,000원 이상~40,000,000원 미만	155
14	650,000원 이상~800,000원 미만	100	37	40,000,000원 이상~45,000,000원 미만	158
15	800,000원 이상~1,000,000원 미만	102	38	45,000,000원 이상~50,000,000원 미만	161
16	1,000,000원 이상~1,200,000원 미만	105	39	50,000,000원 이상~55,000,000원 미만	164
17	1,200,000원 이상~1,600,000원 미만	108	40	55,000,000원 이상~60,000,000원 미만	167
18	1,600,000원 이상~2,000,000원 미만	111	41	60,000,000원 이상~65,000,000원 미만	170
19	2,000,000원 이상~2,500,000원 미만	114	42	65,000,000원 이상~70,000,000원 미만	173
20	2,500,000원 이상~3,000,000원 미만	116	43	70,000,000원 이상~75,000,000원 미만	176
21	3,000,000원 이상~3,500,000원 미만	118	44	75,000,000원 이상~80,000,000원 미만	179
22	3,500,000원 이상~4,000,000원 미만	120	45	80,000,000원 이상	182
23	4,000,000원 이상~4,500,000원 미만	122	-	-	-

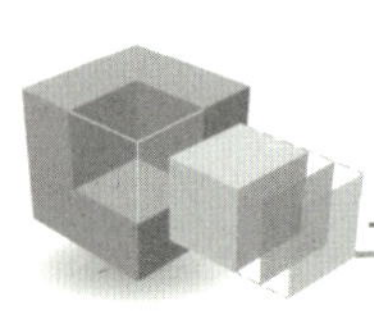

라. 경과연수별 잔가율 : 건물구조별로 정해진 내용연수와 잔존가치를 각각 적용하여 정액법으로 계산한 후의 잔존가치를 의미한다.

〈대상건물별 내용연수 최종잔존가치율 및 상각방법〉

적용대상	I 그룹	II그룹	III그룹	IV그룹
내용연수	50년	40년	30년	20년
최종잔존가치율	10%	10%	10%	10%
상각방법	정액법	정액법	정액법	정액법
연상각율	0.018	0.0225	0.03	0.045

I 그룹	통나무조·철골(철골철근)콘크리트조·철근콘크리트조·석조·PC조·목구조의 모든 건물
II그룹	연와조·보강콘크리트조·시멘트벽돌조·철골조·스틸하우스조·황토조·목조의 모든 건물
III그룹	시멘트블럭조·경량철골조·철파이프조·석회 및 흙벽돌조·돌담 및 토담조의 모든 건물. 기계식주차전용빌딩
IV그룹	철파이프조·컨테이너건물의 모든 건물

경과연수별잔가율은 대상건물의 그룹별로 정해진 내용연수에 의하여 잔존가액을 20%(III·IV 그룹의 경우는 10%)로 한 정액법 상각에 의하되 아래의 "건물신축연도별 잔가율표"에 의하여 계산한다. 예를 들어 신축연도가 2017년인 철골 콘크리트 건물로써 평가기준일이 2026년도 중인 경우에는 I 그룹의 2017 신축연도에 해당하는 잔가율 0.838을 적용하며, 내용연수가 전부 경과된 건물은 최종연도의 잔가율인 10%를 적용한다.

〈경과연수별 잔가율표〉

Ⅰ그룹 내용연수 50년		Ⅱ그룹 내용연수 40년		Ⅲ그룹 내용연수 30년		Ⅳ그룹 내용연수 20년	
신축연도	잔가율	신축연도	잔가율	신축연도	잔가율	신축연도	잔가율
2026	1.000	2026	1.000	2026	1.000	2026	1.000
2025	0.982	2025	0.9775	2025	0.970	2025	0.955
2024	0.964	2024	0.9550	2024	0.940	2023	0.910
2023	0.946	2023	0.9325	2023	0.910	2023	0.865
2022	0.928	2022	0.9100	2022	0.880	2022	0.820
2021	0.910	2021	0.8875	2021	0.850	2021	0.775
2020	0.892	2020	0.8650	2020	0.820	2020	0.730
2019	0.874	2019	0.8425	2019	0.790	2019	0.685
2018	0.856	2018	0.8200	2018	0.760	2018	0.640
2017	0.838	2017	0.7975	2017	0.730	2017	0.595
2016	0.820	2016	0.7750	2016	0.700	2016	0.550

마. 개별건물 조정율 : 건물층수나 면적에 따른 가중치를 의미한다.

- 개별건물의 특성에 따른 조정률은 상속세 및 증여세법에 따른 기준시가 계산시에만 적용하고, 양도소득세 계산시에는 적용하지 아니한다.
- 개별건물의 특성에 따른 조정률은 여러 구분(Ⅰ~Ⅶ)에 중복으로 해당되는 경우에도 각각의 조정률을 곱하여 중복으로 적용한다.

  예를 들어 최고층수가 10층이고 연면적이 8천㎡인 건물 중 상가의 2층을 평가하는 경우에는 다음과 같이 조정율을 적용한다.

구분	지수표상 지수	적용지수	개별건물조정율
Ⅱ	◦ 최고층수 10층 : 100 ◦ 연면적 8천㎡ : 110	둘 중 큰 110	1.1 × 1.05 = 1.155
Ⅳ	◦ 상가의 2층 : 105	105	

- 구분(Ⅱ)의 최고층수는 지하층과 옥탑을 제외하고 계산하고, 건물의 일부분을 소유하고 있는 경우에도 당해 건물 전체의 최고층수에 따르며, 주거시설과 상가 등의 건물이 복합되어 있는 경우에도 그 부분을 포함하여 최고층수를 계산한다. 다만, 주거용 건물에서는 아파트만 최고층수 조정률을 적용한다.
- 구분(Ⅱ)의 건물 연면적의 계산은 지하층, 옥탑 등을 포함한 전체면적을 기준으로 하며, 주거용 건물에 대해서는 건물 연면적 조정률을 적용하지 아니한다.

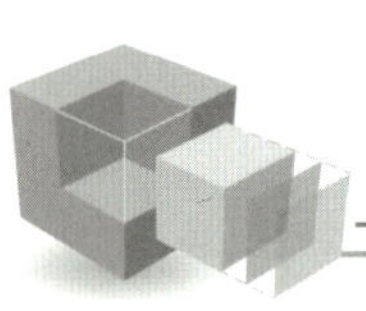

구분	적용대상	지수	적용범위	비고
I	• 지붕재료 - 슬라브, 기와, 토기와, 시멘트기와, 기타 신소재 - 패널, 유리, 슬레이트 - 함석, 자연석, 천막 기타 이와 유사한 것	 1.0 0.8 0.6	• 구조지수가 100미만인 경우에만 적용한다.	
II	• 최고층수 - 5층 이하 - 6층 이상~10층 이하 - 11층 이상~15층 이하 - 16층 이상~20층 이하 - 21층 이상	 0.9 1.0 1.1 1.2 1.3	• 최고층수 계산시 지하층 및 옥탑은 제외 • 건물구조가 통나무조인 것은 적용 제외	해당하는 항목 중 가장 높은 지수 하나만 적용한다.
	• 연면적 - 1천m^{2}미만 - 1천m^{2}이상~5천m^{2}미만 - 5천m^{2}이상~1만m^{2}미만 - 1만m^{2}이상~5만m^{2}미만 - 5만m^{2}이상	 0.9 1.0 1.1 1.2 1.3	• 주거용건물은 아파트에 한해 최고층수기준만 적용한다.	
	• 인텔리전트 시스템빌딩 - 빌딩관리요소 4가지 - 빌딩관리요소 5가지 이상	 1.1 1.2	• 지능형 건축물의 인증에 관한 규칙 제8조에 따라 단 1회라도 인증서를 받은 경우 적용한다.	
III	• 단독주택 - 연면적 264m^{2}이상~331m^{2}미만 - 연면적 331m^{2}이상	 1.2 1.4		해당하는 항목 중 가장 높은 지수 하나만 적용한다.
	• 공동주택 - 전용면적 149m^{2}이상~215m^{2}미만 - 전용면적 215m^{2}이상	 1.2 1.4	• 공동주택에는 도시형생활주택을 포함하고 기숙사를 포함하지 아니한다.	
IV	• 상가의 1층 • 상가의 2층 • 최고층수 5층 이하 건물의 지하 1층 • 최고층수 5층 이하 건물의 지하 2층 이상 • 건물 부속(지하 포함) 주차장 및 기계실, 보일러실, 대피소, 옥탑 • 주택간이부속건물(창고, 화장실, 세면대 등)	1.2 1.05 0.8 0.7 0.6 0.6	• 집합건물의 경우에는 공용면적을 포함한 전체면적에 대해 적용한다. • 주차전용빌딩은 적용하지 아니한다.	해당하는 항목 중 가장 낮은 지수 하나만 적용한다. 단, 상가나 건물의 주차장과 창고는 지수 60을 적용한다.

Ⅴ	• 일부 개축건물 - 1회 개축 - 2회 이상 개축	 1.1 1.2	• 개축부분에 한하여 적용한다.	전부 개축인 경우에는 조정률을 적용하지 아니한다. (개축년도를 신축년도로 한다)
Ⅵ	• 무벽건물의 무벽면적비율 - 1/4초과~2/4미만 - 2/4이상~3/4미만 - 3/4이상	 0.8 0.7 0.6	• 무벽건물조정률은 벽면 상하의 전부 또는 일부가 공간인 경우에 면적비율에 의하여 판정한다.	납세자가 사실관계를 입증하는 경우에 한하여 적용한다.
Ⅶ	• 건물에 대한 구조안전진단을 받은 경우 - B급: 보조부재 경미결함 - C급: 보조부재 손상 - D급: 주요부재 손상 - E급: 주요부재 심각한 결함	 0.9 0.8 0.6 0.3	• 철거대상 건물로서 철거보상금을 받는 경우에는 당해 보상금으로 평가한다.	평가기준일 현재 관계행정기관에 신고한 경우로서 납세자가 사실관계를 입증하는 경우에 한하여 가장 낮은 지수 하나만 적용한다.

④ 건물기준시가산정표 : 상속세법에 의한 일반 업무시설용 건축물(철근콘크리트조)의 2026년도 기준시가산정표를 예시하면 다음과 같다.(21층, 2,000㎡, 부속토지 m² 당 공시지가는 4,500,000원)

산정요소	해당항목	지수
구조지수	4. 철근콘크리트조	1.0
용도지수	II. 업무시설	1.15
위치지수	24. 4,500,000이상	1.24
잔가율	I 그룹 2019년	0.874
개별조정율	II 21층 이상	1.3

건물명세			기준시가산정요소							기준시가산정결과		
건물명칭	주소	용도	신축연도	구조지수	용도지수	위치지수	경과연수 잔가율	개별 조정율	건물신축 기준액	㎡당 기준시가	건물면적 (㎡)	건물 기준시가
사옥	서울시	업무용	2019	1.0	1.15	1.24	0.874	1.3	860,000	1,393,000	2,000	2,786,000,000

* 기준시가산정요소 × 건물신축기준액 : 1.0 × 1.15 × 1.24 × 0.874 × 1.3 × 860,000 = 1,393,390

** ㎡ 당 기준시가(1,000원 미만은 삭제) × 건물면적 : 1,393,000 × 2,000 = 2,786,000,000

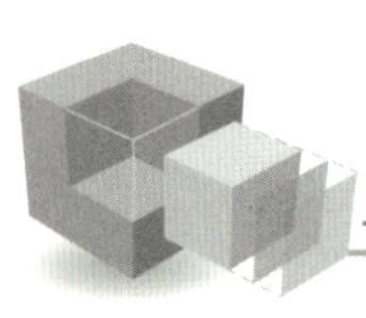

사례 비상업용 건물기준시가 계산

다음 자료에 의하여 건물의 기준시가를 계산하라.

건물용도 : 업무용 사무소

신축연도 : 2004년도

상속, 증여연도 : 2026년도

건물면적 : m^2(2,000m^2)

상속, 증여시 건물용도 : 업무시설 중 사무소

상속, 증여당시 조정율 : 인텔리전트 시스템 빌딩 1등급(12층)

건물구조 : 철골조

건물부속토지의 개별공시지가 : m^2당(7,000,000원)

[해설]

- 국세청 홈텍스 홈페이지에서 로그인 후 상담·불복·제보 메뉴의 기타, 기준시가조회, 건물기준시가(상속증여) 검색결과

신축년도	2004년도	건물면적	2000 m^2
상속(증여)년도	2026년도	리모델링(대수선)년도	
상속(증여)시 건물구조	03 철골(철골철근)콘크리트구조		
건물용도	29 업무 - 사무소		
m^2당 개별공시지가	7,000,000 원/m^2	상속(증여)당시 조정률	120%(인텔리전트빌딩 1등급)

기준시가 계산결과

- 건물기준시가 = m^2당 금액 × 평가대상건물의 면적(m^2)
- m^2당 금액
  = 건물신축 가격기준액 × 구조지수 × 용도지수 × 위치지수 × 경과연수별잔가율 × 개별건물조정율

m^2당 금액	건물신축가격기준액	구조지수	용도지수	위치지수	경과연수별잔가율	개별건물조정율
1,040,000	860,000	1.10	1.15	1.32	0.6040	120

- 상속(증여)당시(2026)건물 기준시가 = 1,040,000원/m^2 × 2,000m^2 = 2,080,000,000원

사례 건물 평가차액 계산

다음 자료에 의해 건물에 대한 평가차액을 계산하라.(단위 : 억 원)

건물명	취득가액	상각누계액	순장부가액	기준시가
본사사옥	200	50	150	180
서울지점	20	10	10	15
1공장	30	30	0	10
2공장	40	20	20	12
3공장	50	40	10	23
합계	340	150	190	240

* 상각누계액은 법인세법상 기준내용연수에 의한 금액임

[해설]

건물명	①장부가액	②기준시가	③평가액 (①+②중큰금액)	평가차액(③-①)
본사사옥	150	180	180	30
서울지점	10	15	15	5
1공장	0	10	10	10
2공장	20	12	20	0*
3공장	10	23	23	13
				58

* 다수 건물이 있는 경우 기준시가가 장부가액을 초과하는 경우의 초과액은 평가차액에 포함하나, 기준시가가 장부가액보다 적은 건물은 평가차액이 없는 것으로 간주함.

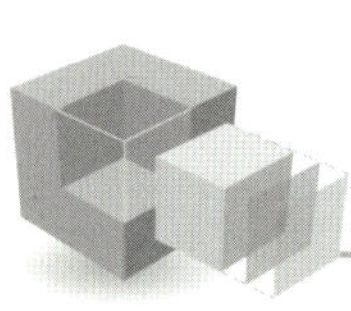

⑧ 층별 또는 건물 일부분의 구조가 서로 다른 경우 : 동일한 건물인 경우에도 층별로 구조나 용도가 다른 경우에는 각층별로 기준시가를 별도로 계산한 후 이를 합산하여 계산한다.

사례 층별 구조가 다른 건물의 기준시가 산정

<기본사항>

- 소재지 : 대전광역시 서구 ○○동 XXX
- 구　조 : 1층 철근콘크리트조, 2층 경량철골조 패널지붕
- 용　도 : 1층 공장 2,100㎡, 2층 창고 1,300㎡,
- 상속(증여)일 : 2026.1.1
- 공시지가 : 양도일(상속개시일) 현재 ㎡당 560,000원
  2001.1.1. 현재 ㎡당 510,000원
  취득일 현재 ㎡당 480,000원
- 신축연도 : 2017년
- 취득연도 : 2016년

[해설]

연 도 별	1층	2층
신축가격기준액	860,000원/㎡	860,000원/㎡
구조지수	1.0(4. 철근콘크리트조)	0.79(9. 경량철골조)
용도지수	0.78(46. 공장)	0.78(46. 공장의 부속창고)
위치지수	0.98(13.50~65만원 미만)	0.98(13.50~65만원 미만)
잔가율	0.838(I , 2017신축)	0.730(III, 2017신축)
조정률	1.0(10. 1천㎡이상)	1.0(2. 패널지붕 / 10. 1천㎡이상)
㎡당 가액	550,000원	379,000원
면적	2,100㎡	1,300㎡
기준시가	1,155,000,000원	492,700,000원
건물기준시가(합계)	1,647,700,000원	

(5) 임대용 부동산의 평가

임대차계약이 체결되어 있거나 임차권이 등기된 재산의 경우 다음의 평가방법에 따라 평가한다.

평가액 = Max 〔①, ②〕
① 각 재산에 대한 보충적 평가방법에 따른 평가액(기준시가)
② 임대료 등의 환산가액 = 임대보증금 + (1년간 임대료 ÷ 12%)

임대료라 함은 당해 부동산을 임대하는 조건으로 임차인이 지급하는 금액을 말하는 것으로서 전기료·수도료 등의 관리비를 임차인이 별도로 부담하는 금액은 임대료에 포함하지 아니하나, 일정액으로 고정되어 있는 경우 임차자가 관리비 명목으로 지불한 금액 중 임차자가 부담할 관리비를 제외한 금액은 임대료에 포함된다. 또한, 임대료가 변동되는 경우에는 평가기준일 당시의 월임대료를 1년으로 환산하여 계산한다.

다만, 토지와 건물을 일괄하여 임대한 경우로써, 토지와 건물의 임대료가 구분되지 아니하는 경우에는 전체 환산가액을 토지와 건물의 기준시가로 안분하여 토지와 건물 각각의 환산가액으로 한다.

그리고 전체 부동산 중 일부만 임대되어 있는 경우에는, 임대된 부분과 임대되지 않은 부분을 구분하여 평가해야 한다. 즉 임대된 부분은 기준시가와 환산가액을 비교하여 더 큰 금액으로 평가하고 임대되지 않은 부분은 기준시가로 평가한다.

[관련예규] 고정된 관리비를 임대료에 포함하는지 여부 (재삼 1254-3375, 1991.10.29)

상속세법에 의하여 임대차계약이 체결되어있는 부동산을 평가함에 있어서 임대차 계약내용에 임차자가 지불할 전기요금 등 관리비가 일정액으로 고정되어 있는 경우 임차자가 관리비명목으로 지불한 금액 중 사실상 임차자가 부담할 관리비 이외의 금액은 임대료에 포함함.

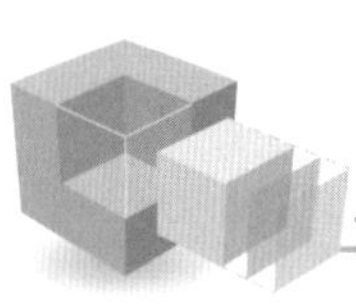

[관련예규] 관리비를 임대료에 포함하는지 여부 (재산 01254-4522, 1989.12.13)

【질의】

상속세법 시행령 제5조의 2 제6호의 “임대료”에 대해 다음과 같은 양설이 있어 질의함.

〈갑설〉 임대료라 하면 임대차 계약서상 월임대료만을 말한다.

(이유) 관리비는 임차인의 사무실을 관리하기 위한 전기료·수도료·청소비·경비 등의 명목으로 징수하여 지출하기 때문에 위 상속세법에서 임대료 계산시 합산하지 않는다.

〈을설〉 임대료라 하면 임대차계약상 월 임대료와 관리유지를 위한 전기료·수도료·청소비·난방비·관리비를 합한 금액을 월 임대료로 하여 계산한다.

【회신】

상속세법 시행령 제5조의 2 제6호 규정의 “임대료”라 함은 당해 부동산을 임대하는 조건으로 임차인이 지급하는 금액을 말하는 것으로서, 전기요금 등 관리비를 임차인이 별도로 부담하는 때에는 이를 임대료에 포함하지 아니하는 것임.

[관련예규] 임대료가 변동되는 경우의 연간 임대료 (서면-2018-상속증여-0690, 2019.4.29)

【질의】

(사실관계)

- 질의인은 부동산임대업을 영위하고 있으며, 임차인의 매출실적에 일정비율을 적용하여 임대료로 수취하고 있음.
- 질의인은 본 임대부동산을 아들에게 증여하고자 함.

(질의내용)

- 임차인의 매출실적에 일정비율을 적용하여 임대료를 수취하는 부동산의 평가방법.

【회신】

귀 질의의 경우 기존 해석 사례(재산-810, 2010.11.01)를 참고하기 바람

◆ 재산세과-810, 2010.11.01.

「상속세 및 증여세법」 제61조 제5항 및 같은 법 시행령 제50조 제7항에 의하여 사실상 임대차 계약이 체결된 재산을 평가하는 경우에 1년간 임대료는 평가기준일 당시의 월임대료를 1년으로 환산한 금액을 말하는 것임.

[관련예규] 일부만 임대된 부동산 평가방법(사전-2020-법령해석재산-1133, 2021.6.24.)

평가기준일 현재 1동의 건물 중 일부가 임대되고 일부가 임대되지 않은 경우 임대된 부분과 임대되지 않은 부분을 구분하여 임대부분은 '임대료 등의 환산가액과 기준시가 중 큰 금액'으로, 공실은 「기준시가」로 평가하는 것임

【질의】

(사실관계)

- 신청인은 임대부동산* 지분 50%를 2020.11.18. 자녀 4명에게 기준시가보다 낮은 가액에 양도함.
  - * 층별 또는 호별 구분등기 되지 않은 1동의 상가 건물로, 전체 10개의 상가 호수 중 양도일 현재 1개 호수가 공실상태임

- 해당 거래는 특수관계인간 거래로서, 부당행위계산 부인규정을 적용하기 위해 「상속세 및 증여세법」상 시가산정이 필요함.

(질의내용)

- 구분등기 되지 않은 1동의 건물이 평가기준일 현재 일부만 임대 중인 경우 해당 건물의 보충적 평가방법

【회신】

평가기준일 현재 1동의 건물 중 일부가 임대되고 일부가 임대되지 않은 경우 해당 재산을 「상속세 및 증여세법」제61조에 따라 평가할 때, 임대된 부분과 임대되지 않은 부분을 구분하여 전자의 가액은 같은 조 제5항 및 같은 법 시행령 제7항에 따라 평가하고, 후자의 가액은 「상속세 및 증여세법」제61조제1항 및 같은 법 시행령 제50조제1항 내지 제6항에 정한 방법에 의하여 평가하는 것임.

【국세청 해석사례 검토내용】

1. 등기내용과 관계없이 층별, 호수별로 구분하여 「기준시가」 산정이 가능하며, 매매 또는 임대차 목적물로도 삼을 수 있음
   - 토지는 ㎡당 개별공시지가(상증법 §61①(1)), 건물은 그 신축가격, 구조, 용도, 위치, 신축연도 등을 고려한 ㎡당 금액(상증법 §61①(2))에 각각 평가대상 토지 · 건물의 면적을 곱하여 산정하므로
     - 층별, 호별 구분등기 되지 않은 1동의 건물의 경우에도 각 층별 또는 호수별로 가액산출이 가능하며,
     - 층별, 호수별로 구분하여 이를 매매 또는 임대차 목적물로 삼을 수도 있음
       (예시 : 구분소유적 공유관계 등)

   * 등기상 부동산 전체에 대한 공유등기가 경료되어 있으나 내부적으로는 각 공유자들이 그 부동산을 구분하여 특정부분만을 배타적으로 사용, 수익하는 관계

   - 따라서, 1동의 건물이더라도 가액평가나 이용가치 측면에서 해당 재산의 가분성이 인정된다면, 그 내용에 따라 구별하여 각각 독자적 방법에 따라 평가함이 합당하며,
     - 더욱이, 상증세법은 재산을 그 재산별로 하나의 방법 또는 등기단위별로만 평가하도록 명시적으로 규정하고 있지도 않음

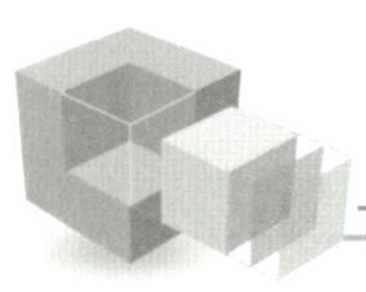

2. 공실도 그 적정 평가액을 산정하여 건물가액에 가산하는 것이 시가주의 원칙에 부합함. 상증세법은 제60조제1항에서, 상속세나 증여세가 부과되는 재산의 가액은 상속개시일 또는 증여일 현재의 시가에 따른다고 규정함으로써 재산평가의 시가주의 원칙을 천명함
 - 「임대료등의 환산가액」 평가규정은 이러한 시가주의 원칙에 접근하려는 취지의 규정으로(대법원 92누3922, '92.9.25)
   - 건물의 이용 상태에 따라 누락되는 부분 없이 건물 전체가 평가에 반영되는 것이 시가주의에 부합함

3. 법원과 심판원은 건물이 일부만 임대 중인 경우에는 임대한 부분과 공실을 나누어 각각 평가하는 취지로 일관되게 해석
 - 법원과 심판원은 본건 사례와 같이 평가기준일 현재 1동의 건물 중 일부만 임대하고 있는 경우 임대된 부분과 임대되지 않은 부분을 구분하여 각각 평가하는 취지로 일관되게 해석하였음
 - 따라서, 1동의 건물이 평가기준일 현재 일부만 임대 중인 경우에는
   - 그동안 지속되어왔던 심판원과 법원의 입장대로 우선 건물을 임대부분과 공실부분으로 구분한 다음
   - 임대부분은 「임대료등의 환산가액과 기준시가 중 큰 금액」으로, 공실부분은 「기준시가」로 평가한 후 이를 합산하여 건물 전체의 가액을 평가함이 타당한 것으로 판단됨

사례 임대료 환산가액의 계산

다음 자료에 의하여 토지, 건물의 평가차액을 계산하면?

구분	순장부가액	기준시가	임대현황
토지	1.4억 원	1.6억 원	월임대료 3백만 원, 임대보증금 2억 원으로 토지·건물을 일괄하여 임대 중
건물	2.8억 원	2.4억 원	

[해설]

- 총임대료 환산가액 : 2억 원 + (3,000,000*12)/12% = 5억 원

구분	순장부가액	기준시가	기준시가비율	환산가액상당액	상속세법상평가액	평가차액
토지	1.4억 원	1.6억 원	40%	2억 원*	2억 원**	0.6억 원***
건물	2.8억 원	2.4억 원	60%	3억 원	3억 원	0.2억 원

* 5억 원 × 40% = 2억 원

** Max 〔기준시가, 환산가액〕 ⇒ Max 〔1.6억 원, 2억 원〕 = 2억 원

*** 상속세법상평가액 − 순장부가액 ⇒ 2억 원 − 1.4억 원 = 0.6억 원

(6) 기계장치 등 상각자산의 평가

기계장치, 비품 등과 같이 감가상각을 하는 유형자산은 평가기준일 현재의 재취득가액을 평가액으로 한다. 다만, 재취득가액을 산정하기가 곤란한 경우에는 법인세법상의 장부가액을 평가액으로 한다. 이와 같이 산정된 법인세법상의 장부가액과 법인의 재무상태표상에 계상된 장부가액을 비교하여 그 차액을 가산하거나 차감한다.

법인세법상의 장부가액은 취득가액에서 법인세법상의 상각누계액을 차감한 가액이며, 법인세법상의 상각누계액은 신고된 감가상각방법을 기준으로 법인세법상의 기준내용연수를 적용하여 취득일부터 평가기준일까지 상각한 금액을 의미한다.(상증법 집행기준 62-52-2) 법인세법상의 상각누계액은 평가기준일까지 상각한 금액이므로, 만일 법인의 재무상태표가 2025.12.31.현재로 작성되어 있고 주식의 평가기준일이 2026.6.30.인 경우에는, 6월간의 법인세법상 상각비를 추가로 계산한 감가상각누계액을 계산한 후 취득가액에서 동 감가상각누계액을 차감하여 법인세법상의 장부가액을 계산하여야 한다.

사례 유형자산의 평가

다음 자료에 의하여 상속세법상 자산평가차액을 계산하라.

기계장치	취득원가	재무상태표상 상각누계액	법인세법상 상각누계액
A	20억 원	8억 원	6.3억 원
B	10억 원	3억 원	4억 원

[해설]

기계장치	취득원가	재무상태표상 장부가액	법인세법상 장부가액*	평가차액
A	20억 원	12억 원	13.7억 원	1.7억 원
B	10억 원	7억 원	6억 원	(1억 원)
소계				0.7억 원

* 취득원가에서 법인세법상의 자산종류별 기준내용연수를 적용하여 취득일부터 평가기준일 현재까지 계산한 상각누계액을 차감한 금액임.(법인의 신고내용연수가 기준내용연수의 ±25%인 경우에도 신고내용연수가 아닌 기준내용연수로 계산함)

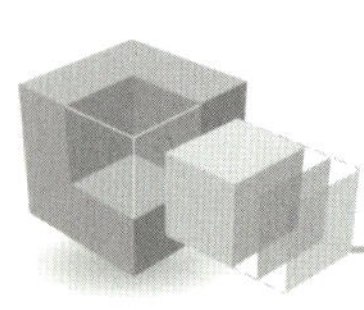

(7) 지분법투자주식의 평가

법인이 지분법적용대상주식을 보유하고 있고 상대법인에 대한 보유지분율이 10%를 초과하는 경우에는 상대법인의 주식을 상속세법상 보충적 평가방법에 따라 평가한 금액과 취득가액 중 큰 금액을 상속세법상 평가액으로 한다.

이렇게 산정된 상속세법상 평가액이 재무상태표상 금액을 초과하면 차액을 평가차액으로 가산하고, 상속세법상 평가액이 재무상태표상 금액에 미달되면 그 차액을 차감한다.

지분법적용투자주식은 상속세법에 의한 평가액과 취득가액 중 큰 금액을 최종평가액으로 하므로, 기업회계상의 지분법 평가손익은 상속세법상 평가액에 영향을 미치지 아니한다.

[관련예규] 지분법주식의 평가 (기준 2020 - 법령해석 재산 - 0031, 2020.9.25)
(사전 2019 - 법령해석 재산 - 0276, 2019.6.21)

비상장주식의 순자산가액 계산 시 장부가액의 의미로서 「상속세 및 증여세법 시행령」 제55조 제1항에 따른 장부가액은 취득가액에서 감가상각비를 차감한 가액을 의미하는 것임.
위 사전답변 신청의 사실관계와 같이 라 A법인(비상장법인) 주식의 순자산가액을 계산하는 경우로서 A법인의 자회사주식(지분법 적용투자 주식)을 「상속세 및 증여세법」 제60조 제3항 및 제63조에 따라 평가한 가액이 장부가액보다 적은 경우에는 장부가액으로 하는 것이며(장부가액보다 적은 정당한 사유가 없는 경우에 한함), 이 경우 장부가액은 취득가액에서 감가상각비를 차감한 가액을 말하는 것입니다. (주식과 같이 감가상각대상이 아닌 경우는 취득원가를 의미)

사례 지분법주식에 대한 평가차액

다음 자료를 이용하여 투자주식에 대한 평가차액을 계산하라.

(단위 : 억 원)

구 분	취득가액	지분법손익	재무상태표가액	유보잔액	보충적 평가액
주 식 1	10	2	12	2(손금)	7
주 식 2	20	6	26	6(손금)	24
주 식 3	14	-4	10	4(익금)	21

[해설]

구 분	취득가액	보충적 평가액	상증법평가액	재무상태표가액	평가차액
주 식 1	10	7	Max(10, 7)=10	12	-2
주 식 2	20	24	Max(20, 24)=24	26	-2
주 식 3	14	21	Max(14, 21)=21	10	+11
차액합계					7

(8) 외국법인주식의 평가

외국법인이 발행한 주식도 내국법인과 동일하게 평가기준일현재의 시가평가를 원칙으로 한다. 다만, 시가를 산정하기가 어려운 경우에는 상속세법상의 보충적 평가 방법에 따라 평가액을 산정한다.

① **순손익액과 순자산가액의 산정방법** : 외국법인이 발행한 비상장주식을 평가하는 경우 순자산가액 및 순손익액의 계산은 원칙적으로 국내법인과 같이 한국 기업회계기준과 한국법인세법을 기준으로 재조정하여 계산하여야 한다.
이 경우 최근 3년간의 순손익액은 법인세법 규정에 의한 각 사업연도소득에 상속세 및 증여세법 규정에 의한 항목을 가산·차감하여 계산하며, 순자산가액은 평가기준일 현재 당해 법인의 자산을 상속세법의 규정에 의하여 평가한 가액에서 부채를 차감한 가액으로 한다. 이 경우 유형자산에 대한 감가상각방법은 외국법인 소재지국에 신고한 상각방법에 의하고 감가상각 자산의 내용연수는 한국법인세법 규정에 의한 기준내용연수를 적용하여 계산한다. 다만, 순손익계산시 차감하는 항목에 해당하는 법인세액은 한국의 법인세법에 따라 계산된 법인세가 아닌 현지에서 산출된 법인세를 사용한다.

[관련예규] 외국법인주식의 평가 (재산 - 296, 2011.6.17.)

외국법인이 발행한 비상장주식을 「상속세 및 증여세법」 제63조 제1항 제1호 다목 및 같은법 시행령 제54조의 규정에 따라 평가하는 경우 순자산가액 및 순손익액의 계산은 원칙적으로 국내법인과 같이 한국 기업회계기준과 법인세법을 기준으로 재조정하여 계산하는 것임. 이 경우 같은법 시행령 제56조 제3항 제2호가목의 법인세액은 그 법인이 실제 납부하였거나 납부해야 할 세액을 적용하는 것임.

주요조정항목	조정방법	조정대상
유형자산 감가상각	소재지국 상각방법에 법인세법상의 기준내용연수에 따른 상각율을 적용하여 매기상각액을 재계산	평가일현재 순자산가액 3년간 순손익액
유상증자가액	증자가액에 10%를 곱한 금액을 가산	증자일이전연도의 순손익액
접대비 등 손금불산입액	접대비, 과태료, 벌금 등의 손금불산입항목차감	3년간 순손익액

사례 외국법인의 평가

다음 자료를 이용하여 외국법인의 주식평가시 순자산 및 순손익조정액을 계산하라.

• 기계장치 취득 및 상각내역

취득가액	$200,000, 2022.1.1. 취득
내용연수	5년(국내세법상 기준내용연수는 8년)
잔존가치	10%(국내세법상 잔존가치는 없음)
평가기준일	2026.6.30. 현재
상각누계액(2025.12.31.)	144,000(현지상각은 정액법에 의함)

[해설]

• 순자산가액수정 :

재무상태표상 장부가액	: 200,000 − 144,000	=	56,000
법인세법상 장부가액	: $200,000 - 200,000 \times \left(\frac{4\times12+6}{8\times12}\right)^{*}$	=	112,500
순자산수정액			+56,500

* 상각누계액은 취득일부터 평가기준일(2022.1.1.~2026.6.30.)까지로 계산하여 순자산을 산정함

• 손수익수정

	직전1년	직전2년	직전3년
장부상 상각비	36,000	36,000	36,000
법인세법상 상각비*	(25,000)	(25,000)	(25,000)
순손익조정액(가산)	11,000	11,000	11,000

* 국내법인세법상 8년 정액상각율 0.125를 적용

〈저자주〉

외국법인의 현지 잔존가치와 국내 법인세법의 잔존가치가 다른 경우에는, 현행예규상 상각방법은 소재지국에 신고한 방법에 의하되 내용연수는 국내 법인세법을 적용하므로 국내세법에 따른 내용연수별 상각율표를 그대로 사용하는 것이 타당하다고 판단된다. 결과적으로 국내세법에 따른 상각율표를 사용하게 되면 국내세법상의 잔존가치를 적용하는 결과가 된다.

② 원화환산방법 : 비상장외국법인의 주식을 평가할 때 순자산가액 및 순손익액의 계산은 국내법인과 동일한 방법으로 상속세법의 규정에 의하여 현지통화로 평가한 후, 평가기준일 현재의 외국환거래법에 의한 기준환율 또는 재정환율에 의하여 환산한 가액을 최종평가액으로 한다.(서면4팀 - 2557, 2007.8.31.)

③ 비교평가 규정의 적용 : 비상장 외국법인의 주식을 매매하기 위하여 동 주식을 단독으로 평가하는 경우에는 상속세법에 따라 산정된 평가액을 기준으로 하여야 한다. 그러나 평가대상법인이 비상장 외국법인의 주식을 보유하고 있고, 외국법인의 주식을 보유하고 있는 내국법인의 주식을 상속세법의 비상장주식의 평가규정에 의하여 평가하는 경우에는, 당해 외국법인 주식의 상속세법상 보충적 평가액과 취득가액 중 큰 금액을 해당 비상장 외국법인의 주식가액으로 산정한 후 평가대상법인의 순자산을 계산한다. 그러므로 해당외국법인 주식의 상속세법상 최종평가액과 재무상태표상 가액과 차이가 나는 경우에는 그 차액을 평가대상법인의 자산가액에 가산·차감하여야 한다.

[삭제예규] 비교평가여부 (재산 - 306, 2009.9.24.) (2019.6.20.삭제)

비상장주식 평가시 평가대상법인이 보유한 비상장외국법인주식은 상속세 및 증여세법 제63조 제1항 제1호 다목의 평가액의 기업회계기준 등에 의해 작성된 재무상태표상 가액 중 큰 금액으로 함

* 비교대상평가액이 B/S상가액에서 취득원가로 변경되어 당 예규는 삭제되었음

④ 상속세법규정을 적용할 수 없는 경우 : 외국법인이 발행한 주식을 보충적으로 평가하는 경우 상속세법 규정에 의하는 것이나, 당해 규정에 의하여 평가하는 것이 부적당한 경우에는 당해 재산이 소재하는 국가에서 양도소득세·상속세 또는 증여세 등의 부과목적으로 평가한 가액 등을 적용할 수 있다.

[관련예규] 외국법인주식평가의 예외 (재산 - 424, 2012.11.27.)

외국법인이 발행한 주식을 보충적으로 평가하는 경우 상증법 제63조 규정에 의하는 것이나, 당해규정에 의하여 평가하는 것이 부적당한 경우에는 당해 재산이 소재하는 국가에서 양도소득세·상속세 또는 증여세 등의 부과목적으로 평가한 가액 등을 적용함

⑤ 발생주식총수가 없는 경우 : 외국소재법인인 경우 자본금은 있으나 출자지분단위당 액면가액이 없어 발행주식수가 정하여지지 아니한 경우에는 각 사업연도종료일 및 평가기준일 현재의 자본금을 발행주식 총수로 하여 1주당 순손익액 및 1주당 순자산가치를 계산한다. 자본금을 발행주식총수로 본다는 것은 미국소재법인의 경우 1주를 1달러로 보아 계산한다는 것을 의미하며, 자본금이 $5,000,000인 경우 발행주식 총수는 5,000,000주가 된다.

[관련예규] 발행주식총수가 없는 경우 (서면4팀 - 3093, 2007.10.26.)

비상장 외국법인의 출자지분을 「상속세 및 증여세법」 제63조 제1항 제1호 다목 및 같은법 시행령 제54조의 규정에 의하여 평가하는 경우로서 당해 법인의 출자지분 단위당 액면가액이 없는 경우에는 각 사업연도 종료일 및 평가기준일 현재의 자본금액을 발행주식 총수로 하여 1주당 최근 3년간의 순손익액 및 평가기준일 현재의 1주당 순자산가치를 계산하는 것이며, 1주당 순손익액 및 순자산가치를 계산함에 있어 소수점 이하의 금액을 이를 절사하지 아니하는 것임.

⑥ 3년간 소득이 모두 결손인 경우 : 3년간 계속하여 결손인 법인인 경우에는 순자산가치와 순손익가치를 가중평균하여 평가한다. 순자산가치의 80%를 평가의 하한으로 하는 규정은 국내법인과 동일하게 적용되므로 결국 순자산가치의 80%가 평가액이 된다.

구분	2018.2.12. 이전	2018.2.13. 이후
3년간 계속 결손인 법인	순자산으로 평가	가중평균하여 평가

[관련예규] 3년간 결손의 의미 (서일 46014 - 10195, 2003.2.20.)

외국법인의 경우에는 법인 소재지국의 관련 조세법령에 따라 산출한 각 사업연도의 순손익액을 모두 결손인 법인의 주식에 대하여 적용하는 것이 타당함.

⑦ 최대주주인 경우 : 외국법인의 주식을 평가하는 경우로서 당해 외국법인의 최대주주로서 당해주식을 매각하기 위한 목적 등으로 평가하는 경우에는 상속세법의 규정에 따라 할증 규정을 적용하여 평가한다.

국내 중소기업 및 중견기업인 경우에는 최대주주인 경우에도 할증하지 아니하나 외국법인은 우리나라의 중소기업 및 중견기업에 해당되지 아니하므로 최대주주는 예외 없이 할증하여 평가하여야 한다. 다만, 국내의 법인이 외국법인주식을 최대주주로 보유하고 있고 국내법인의 주식을 평가하는 경우에는 자회사로 보유하고 있는 외국법인의 주식을 할증하지 아니한 가액으로 국내법인의 자산가액을 산정한다.(상증법 시행령 제53조 ⑦항)

[관련예규] 외국법인 할증평가 여부 (상속증여 - 2, 2014.1.6.)

비상장 외국법인 주식을 상속세법 제63조 규정에 따라 평가하는 경우로서 최대주주 등이 보유하는 비상장주식에 해당되는 경우 할증한 가액으로 평가하는 것임.

(9) 자산 계상된 영업권

상속세법에 따른 영업권평가와는 별도로 합병과정에서 영업권이 발생되거나 다른 법인의 사업권을 평가하여 유상으로 영업권을 인수한 경우로서 법인의 재무상태표상에 영업권이 계상되어 있는 경우에는 영업권의 발생원인에 따라 상속세법상의 평가방법이 달라진다.

① 합병과정에서 발생한 영업권 : 법인이 다른 비상장법인을 흡수합병하면서 상속세법에 의한 평가액을 기준으로 합병대가를 지급하고 피합병법인의 순자산 장부가액과의 차액을 영업권으로 계상한 경우이거나, 피합병법인의 장부가액으로 흡수합병하면서 피합병법인의 이월결손금을 영업권으로 계상한 것은 자산적 가치가 있는 것으로 볼 수 없으므로 당해 영업권은 자산에서 제외하여야 한다.

합병으로 발생한 영업권에 대하여 국세청의 예규에서는 자산에 포함할 것으로 해석하고 있으나, 법인세법 시행령 제24조 ①항 2호에서 합병으로 발생한 영업권은 자산에서 제외하고 있으며 국세심판례와 기획재정부 예규상으로도 자산에서 제외하는 것으로 해석하고 있으므로 비상장주식평가시 자산에서 제외해야 할 것으로 판단된다.

법인세법 시행령 제24조 **[감가상각자산의 범위]**

① 법 제23조 제1항에서 "건물, 기계 및 장치, 특허권 등 대통령령으로 정하는 유형자산 및 무형자산"이란 다음 각 호의 유형자산 및 무형자산(제3항의 자산은 제외하며, 이하 "감가상각자산"이라 한다)을 말한다. (2019.2.12. 개정)

1. 다음 각 목의 어느 하나에 해당하는 유형자산(2019.2.12. 개정)
2. 다음 각 목의 어느 하나에 해당하는 무형자산(2019.2.12. 개정)

가. 영업권(합병 또는 분할로 인하여 합병법인 등이 계상한 영업권은 제외한다), 디자인권, 실용신안권, 상표권 (2010.6.8. 개정)

나. 특허권, 어업권, 양식업권, 「해저광물자원 개발법」에 의한 채취권, 유료도로관리권, 수리권, 전기가스공급시설이용권, 공업용수도시설이용권, 수도시설이용권, 열공급시설이용권(2020.8.26. 개정 ; 양식산업발전법 시행령 부칙)

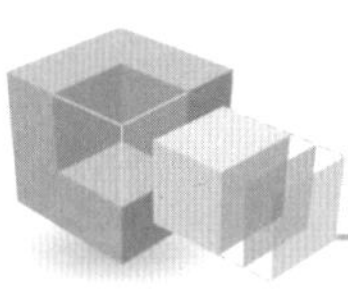

[관련해석] 합병시 발생한 영업권 (기획재정부 재산세제과 - 496, 2018.6.14.)

【질의】

(사실관계)

(1) 비상장 내국법인 甲(합병법인)은 비상장 내국법인 乙(피합병법인)을 합병하면서 합병비율 산정 시 상속세 및 증여세법상 보충적 평가방법에 따른 주식평가액을 이용함.

(2) 甲 법인은 乙 법인의 자산과 부채를 장부가액으로 계상하고 합병대가와 乙 법인의 순자산 장부가액의 차액을 영업권으로 계상한 다음, 법인세법 시행령 제24조 제1항 제2호 가목에 따라 영업권 가액에서 감액하는 세무조정(△유보)

(3) 乙 법인의 주주였던 A는 교부받은 甲 법인의 주식을 특수관계자에게 증여

(질의내용)

A가 증여한 비상장주식의 평가를 위해 甲 법인의 순자산가액 계산 시 甲 법인의 영업권 계상액에서 영업권 세무조정(△유보) 사항을 반영하여 차감하여야 하는지 여부

【회신】

귀 질의와 같이 「상속세 및 증여세법 시행령」 제55조 제1항에 따른 비상장법인의 순자산가액 산정 시, 당해 비상장법인이 다른 비상장법인을 합병할 때 「상속세 및 증여세법 시행령」 제54조 제1항에 따라 산출한 주식평가액을 기준으로 산정한 합병비율로 계산한 합병대가를 지급하고 피합병법인의 순자산 장부가액과의 차액을 재무상태표에 합병영업권으로 계상한 경우, 합병영업권 관련 세무조정사항(△유보)을 순자산가액 산정 시 반영하여야 하는 것임.

[관련판례] 합병으로 인한 영업권 (국심2002서0840, 2002.07.10.)

【제목】

장부가액으로 흡수합병하면서 피합병법인의 이월결손금을 '영업권'으로 계상한 경우, 그 자산성을 부인해 감가상각 인정 안되므로 주식가액 평가시에 '자산'가액에서 제외함(인용)

〈판단〉

기업회계기준은 합병시 순자산가액을 초과하는 합병대가를 지급하는 경우 초과금액을 영업권으로 계상하도록 규정하고 있다. 그러나 법인세법은 합병시 발생된 영업권 중 피합병법인의 상호, 거래관계, 영업상의 비결 등으로 사업상 가치가 있어 유상으로 취득한 가액에 한하여 자산으로 인정하고(법인세법기본통칙 2-10-38…16 같은 뜻), 합병법인이 장부가액으로 흡수합병하면서 피합병법인의 이월결손금을 승계하여 재무상태표에 영업권으로 계상한 것에 대하여는 자산성을 인정하지 아니하고 있으며, 피합병법인의 이월결손금은 각사업연도중 확정된 손실로 합병 전 또는 합병 후에 자본과 상계하여 정리하여야 할 금액이며, 이는 경제적가치가 있어 제3자에게 양도되거나 미래의 수익창출에 기여하는 자산성이 있는 것도 아니며 처분청도 이와 같이 쟁점영업권가액의 자산성을 부인하여 청구법인이 손금계상한 쟁점영업권가액의 감가상각비를 손금부인하였으므로 쟁점주식가액 평가시 쟁점영업권가액은 청구외법인의 자산가액에서 제외함이 타당하다고 판단된다. 쟁점영업권가액을 청구외법인의 자산가액에서 제외하는 경우 쟁점주식의 상속세 및 증여세법상 1주당 시가는 △340원이 되며, 청구법인은 쟁점주식을 1주당 50원에 양도하였으므로 처분청이 쟁점주식을 저가양도하였다고 하여 과세한 처분은 취소되어야 할 것이다.

[국세청 예규] 합법으로 인한 영업권 (상속증여세과 - 460, 2013.8.12.)

(사실관계)

◦ 2013.1.1. 기준으로 합병법인인 A사(비상장법인)는 B법인(비상장법인)을 흡수합병하였는데 이 때 B법인의 결손금으로 인하여 A법인은 회계처리 시 영업권 100이 발생하였음.

◦ 이러한 상황에서 2013.1.31.을 기준으로 상증법에 따른 비상장주식인 A법인의 주식가치를 평가하고자 함.

◦ A법인은 2011.6월에 설립되어 평가기준일 현재 3년 미만이어서 순자산가치로만 평가할 예정임.

◦ 평가기준일 현재 A법인의 재무제표상 자산총계 400(이중 영업권이 100), 부채총계 200, 순자산가액 200이라면 상증법상 순자산가액을 계산할 경우 다른 조정사항이 없다면 자산총계를 400으로 보아야 하는지 아니면 장부상 영업권 100을 차감하여 300으로 보아야 하는지.

(질의내용)

◦ 상증법에 따른 비상장주식의 가치를 평가할 때 사업개시 후 3년 미만이어서 순자산가치로만 평가할 경우, A법인의 장부상 계상된 영업권 100(별도의 평가 없이 합병회계처리상 대차차액으로 인해 피합병법인의 결손금이 영업권으로 계상된 것임)을 그대로 인정하는 것인지 아니면 피합병법인의 무체재산권이 아니며 단순 대차차액이므로 0으로 평가해야 하는지.

◦ 예규나 심판례에 따르면, 장부상 계상된 영업권은 법인의 가산가액에 포함해야 한다(재산세과 - 20, 2011.1.11. ; 재산상속 46014 - 1222, 2000.10.12.)는 것과 자산성이 없으므로 자산가액에서 제외한다(국심2002서840, 2002.7.10.)는 것이 있음.

【회신】

귀 질의의 경우, 「상속세 및 증여세법 시행령」 제55조 제1항에 따라 비상장법인의 순자산가액을 계산할 때 장부상 합병차손을 영업권으로 계상한 경우 그 영업권 상당금액은 당해 법인의 자산가액에 합산하는 것임.

② 평가하여 인수한 영업권 : 합병의 경우로서 피합병법인의 이월결손금을 영업권으로 계상한 경우와 달리, 사업권 등의 가치를 별도로 평가하여 유상으로 영업권을 인수하여 재무상태상에 계상하고 있는 경우에는 재산적 가치가 있는 자산이므로 주식평가 시 자산가액에 포함하여야 한다. 다만 법인세법상 영업권의 내용연수가 5년으로 되어 있으므로 5년의 내용연수를 적용하여 상각하여 상속세법상의 영업권잔액을 산정한 후 재무상태표상의 잔액과의 차이를 조정하여야 한다. 다만, 매입한 영업권으로서 그 성질상 상속세법 시행령 제59조의 영업권 평가규정에 따라 평가하는 영업권에 포함되는 경우에는 이를 별도로 평가하지 아니하되, 매입한 영업권의 가액이 상속세법 시행령 제59조에 따라 평가한 가액보다 큰 경우에는 더 큰 금액을 영업권가액으로 한다.(영업권 평가규정 : p136참조)

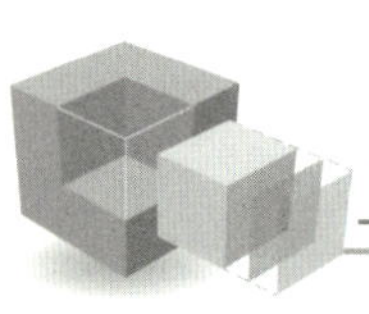

상속세법 제64조 **[무체재산권의 가액]**

무체재산권(無體財産權)의 가액은 다음 각 호에 따른 금액 중 큰 금액으로 한다.

1. 재산의 취득가액에서 취득한 날부터 평가기준일까지의 「법인세법」상의 감가상각비를 뺀 금액
2. 장래의 경제적 이익 등을 고려하여 대통령령으로 정하는 방법으로 평가한 금액

상속세법 시행령 제59조 **[무체재산권의 평가]**

② 영업권의 평가는 다음 산식에 의하여 계산한 초과이익금액을 평가기준일 이후의 영업권지속연수(원칙적으로 5년으로 한다)를 고려하여 기획재정부령으로 정하는 방법에 따라 환산한 가액에 의한다. 다만, 매입한 무체재산권으로서 그 성질상 영업권에 포함시켜 평가되는 무체재산권의 경우에는 이를 별도로 평가하지 않되, 해당 무체재산권의 평가액이 환산한 가액보다 큰 경우에는 해당 가액을 영업권의 평가액으로 한다.
[최근 3년간(3년에 미달하는 경우에는 해당 연수로 하고, 제55조 제3항 제2호 각 목에 모두 해당하는 경우에는 개인사업자로서 사업을 영위한 기간을 포함한다)의 순손익액의 가중평균액의 100분의 50에 상당하는 가액 – (평가기준일 현재의 자기자본 × 1년만기정기예금이자율을 고려하여 기획재정부령으로 정하는 율)]

[관련예규] 매입한 영업권의 평가 (서일 46014 - 10473, 2001.11.17.)

C사의 주식을 상속세 및 증여세법 제61조 내지 제64조의 규정을 준용하여 평가함에 있어 순자산가액(상속세 및 증여세법 시행령 제55조의 규정에 의한 가액)을 계산할 때 당초 C사 설립시 S사로부터 매입한 영업권을 상속세 및 증여세법 시행령 제59조 제2항의 규정에 의하여 평가한 가액(과거 3년간의 순손익액에 의한 평가액)으로 하지 않고 감정평가법인의 감정가액으로 평가하여 순자산가액에 포함할 수 있는지 질의함.

【회신】

상속세 및 증여세법 시행령 제55조의 규정에 의하여 비상장법인의 순자산가액을 계산할 때에 당해 법인이 다른 회사로부터 매입하여 장부상 계상하고 있는 무체재산권의 가액은 자산가액에 포함하는 것임.
다만, 당해 매입한 무체재산권이 그 성질상 같은영 제59조 제2항의 계산산식에 의한 영업권에 포함시켜 평가되는 경우에는 이를 별도로 평가하지 아니하되, 당해 무체재산권의 평가액이 같은항 계산산식에 의하여 평가한 영업권의 가액보다 큰 경우에는 당해 무체재산권의 가액을 영업권으로 평가액으로 하는 것임.
이 때 매입한 무체재산권에 대하여 같은법 시행령 제49조 제1항 각호의 1에 해당하는 시가가 있는 경우에는 시가로 평가하는 것이며, 시가를 산정하기 어려운 때에는 같은법 제64조 제1항 및 같은법 시행령 제59조 제1항의 규정에 의하여 평가하는 것임.

[관련예규] 무체재산권의 평가 (서면4팀 - 1420, 2004.9.13.)

【질의】

2000.1.1. 회계법인의 영업권평가보고서에 의하여 산정된 금액에 따라 영업권을 1억 원에 취득하였고, 회계상 매년 정액법으로 10년 상각하고 있음. 평가기준일(2003.12.31.) 현재 회계상 영업권 잔액은 6천만 원.

〈갑설〉 6천만 원임

(이유) 감가상각비는 법인세법상 결산조정사항이므로 결산상 반영된 금액을 차감한 잔액으로 평가해야 함

〈을설〉 2천만 원

(이유) 매입가액에서 차감하는 법인세법상 감가상각비 상당액이라 함은 법인세법상 내용연수를 적용한 가액으로 해야 함.

【회신】

1. 상속세 및 증여세법 제64조 제1항의 규정에 의하여 매입한 무체재산권의 가액은 매입가액에서 매입한날부터 평가기준일까지의 법인세법상의 감가상각비를 차감한 금액으로 평가하는 것임. 이 경우 법인세법상의 감가상각비는 법인이 납세지 관할세무서장에게 신고한 상각방법에 의하여 계산한 감가상각비 상당액이 되는 것이며, 신고한 상각방법이 없는 경우에는 법인세법시행령 제26조 제4항의 규정에 의한 상각방법을 적용하여 계산한 감가상각비 상당액이 되는 것임.
2. 상속세 및 증여세법시행령 제55조 제1항 후단규정에 의하여 법인이 매입한 무체재산권을 같은법 제64조 제1항의 규정에 의하여 평가한 가액이 당해 법인이 장부가액보다 적은 경우에는 장부가액보다 적은 정당한 사유가 있는 것으로 보아 그 가액으로 평가하는 것이 타당함.

(10) 상장주식의 평가

① 합병이익을 계산하기 위한 주식평가의 경우 : 특수관계 있는 두 법인이 합병을 하는 경우, 합병비율을 두 법인의 상속세법에 의한 주식평가액비율이 아닌 다른 비율로 합병하여 대주주가 합병으로 인한 이익이 발생되면, 법인주주는 법인세법상 부당행위부인규정이 적용되어 익금산입대상이 되고 개인주주는 증여의제규정이 적용된다. 이 경우 합병당사법인이 상장주식을 보유하고 있는 경우에는 예외적으로 평가기준일현재의 최종시세가액을 상장주식의 평가액으로 한다.

상속세법 제63조 **[유가증권 등의 평가]**

① 유가증권 등의 평가는 다음 각 호의 어느 하나에서 정하는 방법으로 한다.

1. 주식 등의 평가

가. 상장주식은 평가기준일 이전·이후 각 2개월 동안 공표된 매일의 최종 시세가액의 평균액. 다만, 제38조에 따라 합병으로 인한 이익을 계산할 때 합병으로 소멸하거나 흡수되는 법인 또는 신설되거나 존속하는 법인이 보유한 상장주식의 시가는 평가기준일 현재의 거래소 최종 시세가액으로 한다.(2016.12.20. 개정)

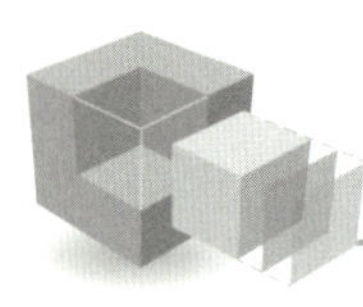

상속세법 제38조 **[합병에 따른 이익의 증여]**

① 특수관계에 있는 법인 간의 합병으로 소멸하거나 흡수되는 법인 또는 신설되거나 존속하는 법인의 대주주 등이 합병으로 인하여 이익을 얻은 경우에는 그 합병등기일을 증여일로 하여 그 이익에 상당하는 금액을 그 대주주 등의 증여재산가액으로 한다.

상속세법 시행령 제28조 ⑤항 2호 **[합병에 따른 이익의 계산 방법]**

이 경우 합병직전 주식 등의 가액의 평가기준일은 「상법」 제522조의 2에 따른 재무상태표 공시일 또는 「자본시장과 금융투자업에 관한 법률」 제119조 및 같은법 시행령 제129조에 따라 합병의 증권신고서를 제출한 날 중 빠른 날(주권상장법인 등에 해당하지 아니하는 법인인 경우에는 「상법」 제522조의 2에 따른 재무상태표 공시일)로 한다.

② 합병이외의 경우 : 합병비율을 산정하기 위한 주식평가이외의 경우에는, 평가대상법인이 보유한 상장법인의 기준시가는 평가기준일 전·후 2개월간 종가평균에 보유주식수량을 곱하여 계산한다. 이 경우 상장주식의 평가기준일 전후 2월의 종가평균은 역에 의해 계산한다. 예를 들어 평가기준일이 3월 5일이면 이전 2월은 1월6일, 이후 2월은 5월4일이 된다.

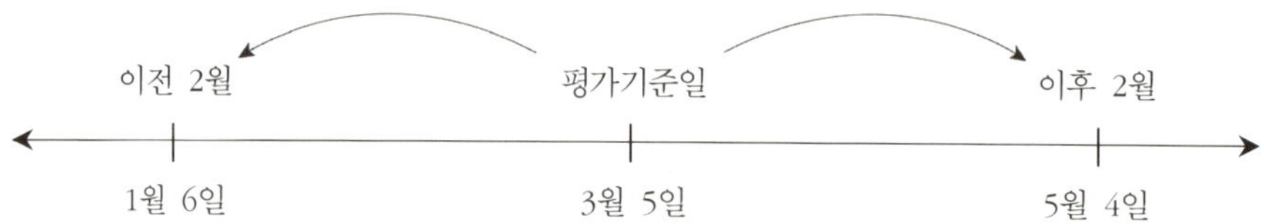

상장주식의 종가평균은 전후2월간의 매 일자별 종가를 단순 합계한 금액을 거래일수로 나누어 계산하며, 거래일수 산정에서 고려할 사항은 다음과 같다.

- 기준일 이전에 증자(감자)·합병(분할), 주식분할(병합)이 있는 경우 사유발생일의 다음날(권리락일자)부터 계산한다.(통칙63-0…1)
- 기준일 이후에 증자·합병 등이 있는 경우 사유발생의 전일까지만 계산한다.
- 평가기준일이 공휴일이면 그 전 일자를 기준일로 한다.(서일 46014-10598, 2002.5.6)
- 기간 중 토요일, 일요일, 공휴일은 일수계산에서 제외한다.
- 평가기준일 전 2월이 되는 날이 공휴일인 경우에는 공휴일의 다음날부터 포함한다.(서면4팀-1646. 2004.10.18)
- 평가기준일 이후 2월이 되는 날이 공휴일인 경우에는 그 공휴일의 전날까지 포함한다.

국외상장주식인 경우에도 국내상장주식과 동일한 방법으로 평가한다.(서면상속증여-416, 2015.5.11.)

사례 상장주식 평가차액 계산

다음 자료에 의하여 비상장법인이 보유하고 있는 상장주식의 상속세법에 의한 평가차액을 계산하라.

종목명	재무상태표상 가액	전후2월 종가평균	차액
A	3억 원	7억 원	4억 원
B	20	6	(14)
C	30	25	(5)
합계	53억 원	38억 원	(15)억 원

[해설]

상장주식	평가액(기준시가)합계	38억 원
	재무상태표가액합계	(53)
	평가차액	(15)억 원

* 상장주식이외의 자산은 상속세법상의 기준시가와 취득가액 중 큰 금액을 상속세법상의 평가액으로 보고 동 평가액과 B/S가액의 차액을 조정하지만, 상장주식은 취득가액과 비교평가하지 아니하고 상속세법상의 규정에 의한 기준시가를 평가액으로 보고 동 기준시가와 B/S가액의 차액을 (+) 혹은 (-)로 조정한다.

〈종가평균 계산양식〉

<table>
<tr><td colspan="10">상장주식 평가조서</td></tr>
<tr><td colspan="5">평가기준일 이전 2월</td><td colspan="5">평가기준일 이후 2월</td></tr>
<tr><td>NO</td><td>월 일</td><td>종 가</td><td>월 일</td><td>종 가</td><td>NO</td><td>월 일</td><td>종 가</td><td>월 일</td><td>종 가</td></tr>
<tr><td>1</td><td></td><td></td><td></td><td></td><td>1</td><td></td><td></td><td></td><td></td></tr>
<tr><td>2</td><td></td><td></td><td></td><td></td><td>2</td><td></td><td></td><td></td><td></td></tr>
<tr><td>3</td><td></td><td></td><td></td><td></td><td>3</td><td></td><td></td><td></td><td></td></tr>
<tr><td>4</td><td></td><td></td><td></td><td></td><td>4</td><td></td><td></td><td></td><td></td></tr>
<tr><td>5</td><td></td><td></td><td></td><td></td><td>5</td><td></td><td></td><td></td><td></td></tr>
<tr><td>6</td><td></td><td></td><td></td><td></td><td>6</td><td></td><td></td><td></td><td></td></tr>
<tr><td>7</td><td></td><td></td><td></td><td></td><td>7</td><td></td><td></td><td></td><td></td></tr>
<tr><td>8</td><td></td><td></td><td></td><td></td><td>8</td><td></td><td></td><td></td><td></td></tr>
<tr><td>9</td><td></td><td></td><td></td><td></td><td>9</td><td></td><td></td><td></td><td></td></tr>
<tr><td>10</td><td></td><td></td><td></td><td></td><td>10</td><td></td><td></td><td></td><td></td></tr>
<tr><td>11</td><td></td><td></td><td></td><td></td><td>11</td><td></td><td></td><td></td><td></td></tr>
<tr><td>12</td><td></td><td></td><td></td><td></td><td>12</td><td></td><td></td><td></td><td></td></tr>
<tr><td>13</td><td></td><td></td><td></td><td></td><td>13</td><td></td><td></td><td></td><td></td></tr>
<tr><td>14</td><td></td><td></td><td></td><td></td><td>14</td><td></td><td></td><td></td><td></td></tr>
<tr><td>15</td><td></td><td></td><td></td><td></td><td>15</td><td></td><td></td><td></td><td></td></tr>
<tr><td>16</td><td></td><td></td><td></td><td></td><td>16</td><td></td><td></td><td></td><td></td></tr>
<tr><td>17</td><td></td><td></td><td></td><td></td><td>17</td><td></td><td></td><td></td><td></td></tr>
<tr><td>18</td><td></td><td></td><td></td><td></td><td>18</td><td></td><td></td><td></td><td></td></tr>
<tr><td>19</td><td></td><td></td><td></td><td></td><td>19</td><td></td><td></td><td></td><td></td></tr>
<tr><td>20</td><td></td><td></td><td></td><td></td><td>20</td><td></td><td></td><td></td><td></td></tr>
<tr><td>21</td><td></td><td></td><td></td><td></td><td>21</td><td></td><td></td><td></td><td></td></tr>
<tr><td>22</td><td></td><td></td><td></td><td></td><td>22</td><td></td><td></td><td></td><td></td></tr>
<tr><td>23</td><td></td><td></td><td></td><td></td><td>23</td><td></td><td></td><td></td><td></td></tr>
<tr><td>24</td><td></td><td></td><td></td><td></td><td>24</td><td></td><td></td><td></td><td></td></tr>
<tr><td>25</td><td></td><td></td><td></td><td></td><td>25</td><td></td><td></td><td></td><td></td></tr>
<tr><td>26</td><td></td><td></td><td></td><td></td><td>26</td><td></td><td></td><td></td><td></td></tr>
<tr><td>27</td><td></td><td></td><td></td><td></td><td>27</td><td></td><td></td><td></td><td></td></tr>
<tr><td>28</td><td></td><td></td><td></td><td></td><td>28</td><td></td><td></td><td></td><td></td></tr>
<tr><td>29</td><td></td><td></td><td></td><td></td><td>29</td><td></td><td></td><td></td><td></td></tr>
<tr><td>30</td><td></td><td></td><td></td><td></td><td>30</td><td></td><td></td><td></td><td></td></tr>
<tr><td>31</td><td></td><td></td><td></td><td></td><td>31</td><td></td><td></td><td></td><td></td></tr>
<tr><td>소계</td><td></td><td></td><td></td><td></td><td>소계</td><td></td><td></td><td></td><td></td></tr>
<tr><td colspan="2">종 가 합 계</td><td colspan="8"></td></tr>
<tr><td colspan="2">일 수</td><td colspan="8"></td></tr>
<tr><td colspan="2">종 가 평 균</td><td colspan="8"></td></tr>
</table>

사례 상장주식 종가평균 계산 사례

평가기준일 : 20x9.10.1(20x9.8.2부터 20x9.11.30 까지의 종가평균계산)

상 장 주 식 평 가 조 서									
평 가 기 준 일 이전 2월					평 가 기 준 일 이후 2월				
순서	월일	종가	월일	종가	순서	월일	종가	월일	종가
1	8.1		9.1	3,900	1	10.1	공휴일	11.1	일요일
2	8.2	일요일	9.2	4,100	2	10.2	공휴일	11.2	5,500
3	8.3	2,250	9.3	4,200	3	10.3	토요일	11.3	5,450
4	8.4	2,280	9.4	4,310	4	10.4	일요일	11.4	5,600
5	8.5	2,290	9.5	토요일	5	10.5	3,800	11.5	5,700
6	8.6	3,120	9.6	일요일	6	10.6	3,600	11.6	5,200
7	8.7	3,300	9.7	4,330	7	10.7	3,700	11.7	토요일
8	8.8	토요일	9.8	4,240	8	10.8	3,700	11.8	일요일
9	8.9	일요일	9.9	4,450	9	10.9	3,700	11.9	5,500
10	8.10	3,200	9.10	4,250	10	10.10	토요일	11.10	5,700
11	8.11	3,400	9.11	4,530	11	10.11	일요일	11.11	5,800
12	8.12	3,210	9.12	토요일	12	10.12	3,900	11.12	5,960
13	8.13	3,500	9.13	일요일	13	10.13	4,100	11.13	5,890
14	8.14	3,400	9.14	4,700	14	10.14	4,250	11.14	토요일
15	8.15	토요일	9.15	4,300	15	10.15	4,400	11.15	일요일
16	8.16	일요일	9.16	4,800	16	10.16	4,700	11.16	5,400
17	8.17	3,400	9.17	4,900	17	10.17	토요일	11.17	5,200
18	8.18	3,200	9.18	4,600	18	10.18	일요일	11.18	4,700
19	8.19	3,450	9.19	토요일	19	10.19	4,200	11.19	4,800
20	8.20	3,780	9.20	일요일	20	10.20	4,700	11.20	4,800
21	8.21	3,560	9.21	4,200	21	10.21	4,900	11.21	토요일
22	8.22	토요일	9.22	4,000	22	10.22	5,100	11.22	일요일
23	8.23	일요일	9.23	3,750	23	10.23	5,200	11.23	4,500
24	8.24	3,340	9.24	3,650	24	10.24	토요일	11.24	4,530
25	8.25	3,320	9.25	3,300	25	10.25	일요일	11.25	4,650
26	8.26	3,370	9.26	토요일	26	10.26	5,150	11.26	4,450
27	8.27	3,500	9.27	일요일	27	10.27	5,600	11.27	4,230
28	8.28	3,800	9.28	3,600	28	10.28	5,500	11.28	토요일
29	8.29	토요일	9.29	3,700	29	10.29	5,490	11.29	일요일
30	8.30	일요일	9.30	3,500	30	10.30	5,600	11.30	4,300
31	8.31	3,700			31	10.31	토요일		
소계	21일	68,370	22일	91,310	소계	20일	91,290	21일	107,860
종 가 합 계 (68,370 + 91,310 + 91,290 + 107,860 = 358,830									358,830
일 수 합 계 (21일 + 22일 + 20일 + 21일 = 84일)									84
종 가 평 균 (358,830 ÷ 84 = 4,263)									4,271

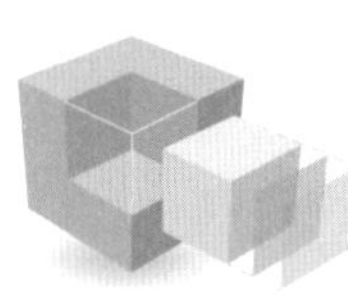

(11) 저당권 등이 설정된 재산의 평가

평가대상법인이 보유하고 있는 부동산 등의 재산을 금융기관차입금 등과 같은 채무에 대하여 담보로 제공하게 되면 금융기관 등의 채권자는 당해 제공된 재산에 대하여 저당권을 설정하여 등기함으로서 해당재산을 임의로 처분하지 못하게 하고 또한 추후 채무를 상환 받지 못하는 경우에 해당 재산을 경매처분 등의 방법으로 현금화하여 채무상환에 충당하게 된다.

이와 같은 저당권이 설정된 재산은 그 설정된 저당권에 표시된 채권금액이 상속세법에 의한 기준시가보다 그 재산의 시가에 근접할 수 있으므로, 저당권에 표시된 채권금액이 상속세법상 기준시가보다 큰 경우에는 당해 채권금액을 해당 부동산 등의 평가액으로 한다. 이 경우 재산의 기준시가와 비교대상이 되는 채권금액이라 함은 평가기준일 현재 상환되지 않고 남아있는 채권잔액을 의미한다.

저당권, 근저당권, 공동저당권 등이 설정된 재산의 채권잔액을 계산하는 방법은 다음과 같다.

① 하나의 부동산에 저당권이 설정된 경우 : 하나의 부동산이 확정된 채권금액에 대한 담보로 제공된 경우에는, 금융기관 등의 채권자가 제공된 부동산에 저당권을 설정하고 채권금액에 일정금액을 가산한 금액(일반적으로 채권금액의 110%~130%정도)을 채권최고액으로 등기하게 된다. 이후 채무자가 채무의 일부를 상환하게 되면 채권잔액은 감소하게 되므로 미상환된 채권잔액과 등기부상에 등기된 채권최고액과는 차이가 나게 된다. 이러한 경우에는 평가기준일 현재 당해 부동산의 기준시가와 채권미상환잔액을 비교하여 큰 금액을 부동산의 평가액으로 한다.

[관련예규] 채무가 모두 변제된 근저당권 설정등기재산 (서사-1049, 2005.6.24.)

상속세 및 증여세법 제66조(저당권 등이 설정된 재산평가의 특례) 및 같은법 시행령 제63조 규정의 당해 재산이 담보하는 채권액이라 함은 당해 재산이 담보하는 평가기준일 현재 남아 있는 채권액을 말하는 것임. 실지로 채무가 모두 변제되어 원인무효로서 말소되어야 할 근저당권 설정등기 재산은 담보로 제공된 재산으로 볼 수 없으므로 상속재산의 평가는 상속세 및 증여세법 제60조 규정에 의하여 평가하여야 함.

[관련예규] 저당권 설정재산의 평가 (재산상속 46014 - 152, 2000.2.10.)

상속세 및 증여세법 제66조 및 같은법 시행령 제63조 제1항 제3호의 규정에 의하여 근저당권이 설정된 재산을 평가할 때 평가기준일 현재 당해 재산이 담보하는 채권액이란 평가기준일 현재 남아 있는 채권액을 말하는 것이며, 같은법 시행령 제63조 제2항의 규정에 의하여 수개의 저당권이 설정된 재산은 평가기준일 현재 그 재산이 담보하는 채권액의 합계액과 상속세법의 규정에 의하여 평가한 가액 중 큰 금액으로 평가하는 것임.

사례 저당권 설정재산의 평가

다음 자료에 의해 상속세법상 토지가액을 평가하라.

- 토지의 공시지가 : 3억 원
- 토지에 설정된 저당권의 등기된 채권최고액 3.8억 원
- 저당권과 관련된 차입금의 최초발생액 : 3.2억 원
- 평가기준일 현재 저당권과 관련된 차입금의 미상환잔액 2.8억 원

[해설]

토지평가액 ⇒ Max [기준시가, 재산이 담보하는 채권잔액]
= Max [3억 원, 2.8억 원]
= 3억 원

② 하나의 부동산에 근저당권이 설정된 경우 : 기업이 은행 등으로부터 계속적인 채무가 발생하고 그 금액이 수시로 변동되는 경우로서 확정된 채무액에 대한 채권최고액으로 등기하지 아니하고 채권액의 한도액만을 정하여 등기하는 경우를 근저당권이라 한다. 근저당권이 설정된 부동산 등은 평가기준일 현재의 채권잔액과 기준시가를 비교하여 큰 금액으로 평가하되, 채권잔액보다 등기된 채권최고액이 적은 경우에는 당해 재산에 대한 담보권행사시 채권최고액을 초과할 수 없으므로 채권잔액이 아닌 등기부상의 채권최고액과 기준시가를 비교하여 큰 금액을 평가액으로 한다.

상속세법 시행령 제63조 2항 **[저당권 등이 설정된 재산의 평가]**

~당해 자산에 설정된 근저당의 채권최고액이 담보하는 채권액보다 적은 경우에는 채권최고액으로 하고~

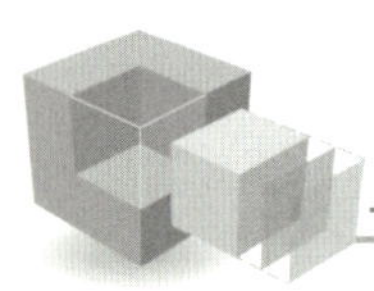

사례 근저당권이 설정된 재산의 평가

다음 자료에 의해 상속세법상 토지 평가액을 산정하라

- 토지의 공시지가 : 5억 원
- 토지에 등기된 채권최고액 : 6억 원
- 평가기준일 현재 토지의 근저당권과 관련된 채무잔액 : 8억 원

[해설]

- 채권최고액 범위내의 채무잔액 : 6억 원
- 토지 평가액 ⇒ Max [기준시가, 채권최고액]
  = 6억 원

③ 여러 개의 부동산에 공동저당권이 설정된 경우 : 하나의 채무에 대하여 여러 개의 부동산이 공동으로 담보 제공되어 있는 경우에 은행 등의 채권자는 여러 개의 부동산에 대하여 하나의 채무를 담보하는 공동저당권을 설정하게 된다.

공동저당권이 설정된 재산은 평가기준일 현재의 채권잔액을 각각의 재산평가액을 기준으로 안분하고, 각 재산에 안분된 채권액과 각 재산의 기준시가와 취득가액을 비교하여 큰 금액으로 평가한다.

사례 공동저당권이 설정된 재산의 평가

다음 자료에 의하여 각 부동산의 상속세법상 평가액을 산정하라.

구 분	취득가액	기준시가	공동저당권
토지 A	3억 원	2억 원	채권최고액 16억 원 채권잔액 15억 원
건물	1억 원	3억 원	
토지 B	6억 원	5억 원	

[해설]

구분	① 취득가액	② 기준시가	MAX [①,②]	③ 채권잔액*	평가액:MAX [①,②,③]
토지 A	3억 원	2억 원	3억 원	3.75억 원	3.75억 원
건물	1억 원	3억 원	3억 원	3.75억 원	3.75억 원
토지 B	6억 원	5억 원	6억 원	7.5억 원	7.5억 원
합 계		10억 원	12억 원	15억 원	

* 채권잔액 15억 원을 재산의 평가액 비율로 안분하여 재산별 채권잔액을 계산한다.

[관련예규] 공동저당권이 설정된 재산의 채권안분방법 (재산상속 46014-221, 2000.2.29.)

공동근저당권이 설정된 재산의 일부를 증여하는 경우 당해 증여재산이 담보하는 채권액은 평가기준일 현재 공동근저당권이 담보하는 총채권액을 공동담보된 재산의 평가기준일 현재의 시가(시가를 산정하기 어려운 때에는 같은법 상속세 및 증여세법 제61조 내지 제65조의 규정에 의한 평가액)로 안분하여 계산한 가액이 되는 것임.

④ 전세권이 등기된 재산의 평가 : 전세금을 받고 타인에게 부동산 등을 전세로 빌려준 경우에는 당해 부동산에 대하여 등기된 전세금(임대보증금을 받고 임대한 경우에는 임대보증금)과 당해 부동산의 가액(장부가액과 기준시가 중 큰 금액)을 비교하여 큰 금액을 상속세법상의 평가액으로 한다.

⑤ 신용보증기관의 보증이 있는 경우 : 부동산 등에 저당권 등이 설정되어 있고 또한 채무에 대한 신용보증기관의 보증이 있는 경우에는 당해 재산이 담보하는 채권액에서 신용보증기관이 보증한 금액을 차감한 금액을 해당 자산에 대한 채권잔액으로 한다.

⑥ 다수채권의 담보로 제공된 경우 : 하나의 재산이 다수 채권에 대한 담보로 제공되어 있는 경우에는 그 재산이 담보하는 채권의 합계액과 재산의 가액을 비교하여 평가한다.

⑦ 담보하는 채권액이 재산의 실제가액보다 큰 경우 : 담보하는 채권가액이 재산의 가치보다 비정상적으로 큰 경우 납세자가 그 사실을 입증하면, 담보하는 채권액으로 평가하지 아니하고 입증되는 재산의 평가액을 적용할 수 있다.

[관련예규] 채권가액을 적용하지 아니하는 사례 (서면법규과-635, 2014.6.24.)

증여시점에서 재산을 담보하는 채권액이 재산의 실제가액보다 크다는 사실을 납세자가 입증하는 경우에는 상속세 및 증여세법 제66조를 적용하지 아니하는 것으로, 2이상의 공신력 있는 감정기관이 화주와 해운사간 장기운송계약이 체결되어 있고 매매사례가액을 확인할 수 없는 선박을 「부동산가격공시 및 감정평가에 관한 법률」에 따라 적정하게 평가한 경우 해당 감정가액의 평균액은 위 실제가액에 포함될 수 있으나, 귀 질의내용이 이에 해당하는지 여부는 사실판단사항임.

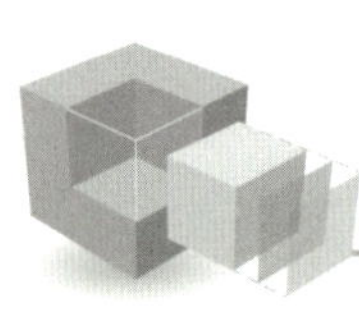

(12) 시장성 없는 전환사채 등의 평가방법

평가대상법인이 한국증권선물거래소에서 거래되는 국공채, 회사채, 전환사채 등을 보유하고 있는 경우 당해 채권 등은 「평가기준일 전후 2월간의 종가평균」과 「평가기준일전 최근일 종가」 중에서 큰 금액으로 평가한다.

그러나 한국증권선물거래소에서 거래되지 아니하는 전환사채나 신주인수권부 사채 등은 상속세법에서 별도로 그 평가방법을 규정하고 있다. 전환사채나 신주인수권부사채는 주식으로 전환할 수 있는 권리 혹은 신주를 인수할 수 있는 권리가 부여된 채권이므로 채권의 성격과 주식의 성격을 동시에 가지고 있다. 전환사채를 발행하는 경우에는 일반적으로 발행 후 1년간은 주식으로 전환할 수 없으며 발행 후 1년이 경과된 시점부터 주식으로 전환할 수 있는 권리가 부여되어 있다.

전환사채로서 주식으로 전환할 수 없는 기간 중에 평가기준일이 속하는 경우에는 채권의 성격만 가지고 있으므로 채권의 평가방법을 적용하여 평가하되, 주식으로 전환할 수 있는 기간 중에 평가기준일이 속하는 경우에는 채권으로서의 평가액과 주식으로서의 평가액을 비교하여 큰 금액을 평가액으로 한다.

〈전환사채 · 신주인수권부사채의 평가원칙〉

주식전환 불능기간 중 평가액	주식전환 가능기간 중 평가
만기상환금액의 발행당시 현재가치 + 평가기준일까지의 이자상당액	다음 중 큰 금액 : Max [①, ②] ① 만기상환금액의 발행당시 현재가치 + 평가기준일까지의 이자상당액 ② 주식평가액 혹은 신주인수권 평가액

* 위 평가방법은 다른 법인이 발행한 전환사채 등을 자산으로 보유하고 있는 법인의 평가방법이며, 전환사채 등을 발행한 법인은 후술하는 7. 부채의 평가규정을 적용하여야 함.

전환사채나 신주인수권부사채를 현재가치로 할인하거나 전환사채 등을 제외한 장기채권을 현재가치로 할인하는 경우의 할인율(적정할인율)은 다음과 같다.

상속증여시기	전환사채 등의 현재가치할인율	장기채권구분, 할인율
2002. 7.10 이후	7.0%	3년초과채권, 7.0%
2002.11. 8 이후	6.5%	3년초과채권, 6.5%
2004. 1. 1 이후	6.5%	5년초과채권, 6.5%
2010.11. 5 이후	8.0%	5년초과채권, 8.0%
2016.3.21. 이후	8.0%	5년초과채권, 8.0%

[관련예규] 주식으로의 전환이 불가능한 기간 중에 있는 전환사채 평가방법 (서사 - 623, 2005.4.26.)

주식으로서의 전환 등이 불가능한 기간 중에 있는 전환사채 등은 만기상환금액(만기 전에 발생하는 이자상당액을 포함한다)을 사채발행이율과 적정할인율 중 낮은 이율에 의하여 발행당시의 현재가치로 할인한 가액에서 발행 후 평가기준일까지 발생한 이자상당액을 가산한 가액으로 평가하는 것이며, 이 경우 사채발행이율은 표면이자율을 말하는 것임.

[관련예규] 전환사채 및 신주인수권부사채의 평가방법 (재산 46014 - 2646, 1997.11.11.)

상속세및증여세법 규정에 의하여 전환사채 및 신주인수권부사채의 평가액은 같은령 제58조 제1항의 규정에 의하여 전환사채 및 신주인수권부사채로써 전환 및 인수할 수 있는 주식에 대하여 같은법 제60조 및 제63조의 규정(주식에 대한 보충적 평가방법)에 의하여 평가한 가액 중 큰 가액에 의함.

[관련예규] 신주인수권증권평가시 최대주주 할증평가여부 (서일 46014 - 10133, 2001.9.10.)

상속세 및 증여세법에 의한 신주인수권증권을 평가하기 위하여 당해 신주인수권증권으로 인수할 수 있는 주식가액을 계산할 때 같은법 제63조 제3항의 규정(할증규정)은 적용되지 아니하는 것임.

① 전환사채의 평가방법

- 주식으로의 전환금지기간 중인 경우 : 주식으로의 전환금지기간 중인 경우의 전환사채의 평가는 만기상환금액을 사채발행이율과 적정할인율 중 낮은 이율을 사용하여 발행당시의 현재가치로 할인한 가액에서 발행 후 평가기준일까지 발생한 이자상당액을 가산한 가액으로 평가한다.(상증령 §58의 2 ② 1호 나목) 이 경우 만기상환금액에는 상환할증금을 포함한 금액을 의미한다. 이 경우 사채발행이율이라 함은 2005년도의 예규(서사 - 623, 2005.4.26)에서는 표면이자율을 의미하였으나 2011.12.2일자 예규에서는 사채발행당시의 유효이자율을 적용하는 것으로 변경되었으며(재재산 - 1036, 2011.12.2.), 비교대상이 되는 적정할인율이라 함은 상속세법 시행규칙에서 고시한 이자율을 의미한다.

$$\text{전환사채 평가액} = \left[\frac{\text{만기상환금액}}{(1+R \text{ 또는 } r)^n} + \text{평가기준일까지 이자상당액} \right]$$

Min [R, r]
R : 사채발행이율(유효이자율)
r : 국세청장이 정하여 고시하는 적정이자율(2010.11.5 이후 8.0%)

[관련예규] 전환사채평가시 상환할증금포함여부 (재재산 - 678. 2010.7.14)

「상속세 및 증여세법 시행령」 제58조의2 제2항 제1호 나목의 만기상환금액의 계산에 있어서, 주식으로의 전환이 불가능한 기간 중인 전환사채를 만기상환하는 경우 전환사채 발행자가 발행조건에 따라 일정수준의 수익률을 보장하기 위하여 지급하기로 한 상환할증금은 만기상환금액에 포함하는 것임.

[관련예규] 전환사채평가시 적용할 이자율 (재재산 - 1036, 2011.12.2)

「상속세 및 증여세법 시행령」제58조의2 제2항의 만기상환금액 계산에 대해서는 종전 예규(재재산 - 678, 2010.7.14)를 참고하기 바라며, 제58조의2 제2항의 사채발행이율이란 사채의 발행가액과 사채발행에 따라 만기일까지 지급할 액면이자와 만기상환금액의 현재가치를 일치시키는 이자율을 말하는 것임.

- 주식으로 전환가능기간 중인 경우 : 주식으로의 전환가능기간 중인 경우의 전환사채의 평가는 위에서 설명한 주식으로서의 전환금지기간 중인 경우의 평가액과, 당해 전환사채로 전환할 수 있는 주식가액에서 배당차액을 차감한 가액 중 큰 가액으로 평가한다. (상증령 §58의 2 ② 2호 가목)

전환사채 평가액 = Max [①, ②]

① $\left[\dfrac{\text{만기상환금액}}{(1+R \text{ 또는 } r)^n} + \text{평가기준일까지 이자상당액} \right]$

Min [R, r]
R : 사채발행이율
r : 적정할인율(8.0%)

② 전환할 수 있는 주식가액 – 배당차액*

* 배당차액 = 주식 또는 출자지분 1주당 액면가액 × 직전기 배당률

$\times \dfrac{\text{신주발행일이 속하는 사업연도개시일부터 배당기산일 전일까지의 일수}}{365}$

* 전환할 수 있는 주식가액 : 평가기준인 현재 상속세법에 의해 평가한 주식평가액

② 신주인수권부사채의 평가방법

- 신주인수권행사 금지기간 중인 경우 : 신주인수권행사 금지기간 중인 경우의 신주인수권부사채의 평가는 전환사채와 같이 만기상환금액을 사채발행이율과 적정할인율 중 낮

은 이율을 사용하여 발행당시의 현재가치로 할인한 가액에서 발행 후 평가기준일까지 발생한 이자상당액을 가산한 가액으로 평가한다.(상증령 §58의 2 ② 2호 나목)

$$\text{신주인수권부사채의 평가액(A)} = \left[\frac{\text{만기상환금액}}{(1 + R \text{ 또는 } r)^n} + \text{평가기준일까지 이자상당액} \right]$$

Min [R, r]
R : 사채발행이율
r : 적정할인율(8.0%)

• 신주인수권행사 가능기간 중인 경우 : 신주인수권행사 가능기간 중인 경우의 신주인수권부사채는 위 신주인수권행사 금지기간 중의 평가액과, 동 금액에서 신주인수권가액을 가감한 가액 중 큰 가액으로 평가한다.(상증령 §58의 2 ② 2호 나목)

신주인수권부사채의 평가액 = Max [①, ②]

① (A) : 신주인수권행사 금지기간 중의 평가액
② (A) − (B) + (C)
(B) : 신주인수권행사 금지기간 중 신주인수권평가액
(C) : 신주인수권행사 가능기간 중 신주인수권평가액

③ 신주인수권의 평가방법 : 신주인수권부사채는 사채권자에게 신주인수권이 부여된 사채를 말한다. 이때 신주인수권을 취득할 수 있는 권리인 신주인수권은 신주인수권부사채에서 신주인수권만을 떼어낸 것으로서, 일정기간에 미리 정해진 가격으로 새로 주식을 발행해 달라고 요구할 수 있는 권리이다. 신주인수권은 주식과 마찬가지로 위탁계좌를 개설하여 주식시장에서 증권형태로 매매된다.

• 신주인수권행사 금지기간 중인 경우 : 신주인수권의 행사가 불가능한 기간 중인 경우의 신주인수권증권의 평가는 신주인수권부사채의 만기상환금액을 사채발행이율에 의하여 발행당시의 현재가치로 할인한 가액에서, 동 만기상환금액을 국세청장이 정하여 고시하는 이자율에 의하여 발행당시의 현재가치로 할인한 가액을 차감한 가액으로 평가한다. 이 경우 그 평가액이 0원 이하인 경우에는 0원으로 한다.(상증령 §58의 2 ② 1호 가목)

$$\text{신주인수권증권의 평가액(A)} = \left[\frac{\text{사채발행이자율로}}{\text{할인한 사채의 현재가치}} - \frac{\text{적정이자율로 할인한}}{\text{사채의 현재가치}} \right]$$

* 사채의 현재가치 : [사채액면 및 상환할증금의 현재가치 + 매년 액면이자 수령액의 현재가치]

• 신주인수권행사 가능기간 중인 경우 : 신주인수권행사 가능기간 중인 경우의 신주인수권 증권의 평가액은 위 신주인수권행사 금지기간 중인 경우의 신주인수권증권의 평가방법에 의한 평가액과, 당해 신주인수권증권으로 인수할 수 있는 주식가액에서 배당차액과 신주인수가액을 차감한 가액 중 큰 금액으로 평가한다.(상증령 §58의 2 ② 2호 다목)

신주인수권증권의 평가 = Max [①, ②]

① $\left[\frac{\text{만기상환금액}}{(1+R)^n} - \frac{\text{만기상환금액}}{(1+r)^n} \right]$

R : 사채발행이율(표면이자율)

r : 적정할인율(8.0%)

② 신주인수권증권으로 인수할 수 있는 주식가액 – (배당차액* + 신주인수가액)

* 배당차액 = 주식 또는 출자지분 1주당 액면가액 × 직전기 배당률

$$\times \frac{\text{신주발행일이 속하는 사업연도개시일부터 배당기산일 전일까지의 일수}}{365}$$

* 인수할 수 있는 주식가액 : 평가기준일 현재 상속세법에 의해 평가한 주식평가액

[관련예규] 인수할 수 있는 주식가액의 의미 (재산 - 456, 2010.6.28)

(질의내용)

1. 신주인수권증권을 양도·양수하는 경우로서 「상속세 및 증여세법 시행령」 제58조의2 제2항 제2호 다목에 따라 평가함에 있어, 동 규정 중 "~ 인수할 수 있는 주식가액에서 ~"에서 주식가액은 어떻게 평가한 주식가액을 말하는지.

(답변)

상속세 및 증여세법 시행령 제58조의2 제2호 다목에 따라 신주인수권증권을 평가하는 경우 인수할 수 있는 주식가액은 평가기준일 현재 상속세법에 의하여 평가한 가액을 의미함.

사례 전환사채의 평가

다음 자료에 의하여 시장성 없는 전환사채를 각 평가기준일 별로 상속세법상 보충적 평가방법으로 평가하라.

발행일 : 20x1.1.1.(만기 20x7.12.31)
발행금액 : 60억 원
액면이자율 : 9%(발행당시 유효이자율과 동일)
만기상환금액 : 75.9억 원
평가기준일 현재 상속세법에 의한 주식평가액 : 15,000 원 (전기배당은 없는 것으로 가정)
전환가능 주식수 : 400,000주
주식전환가능기간 : 20x2.1.1 ~ 20x6.12.31

(1) 20x1.7.1현재의 전환사채 평가액
(2) 20x3.12.31현재의 전환사채 평가액

[해설]

(1) 전환금지기간 중의 평가(20x1.7.1현재)

- 표면이자율 : 9%
- 적정이자율 : 8%(6년 현재가치계수 : $1/(1+0.08)^6 = 0.6301$)
- 평가액 = 만기상환금액의 발행당시 현재가치 + 평가기준일까지의 이자상당액

만기상환금액의 발행당시 현재가치 :	75.9억 원 × 0.6301 =	47.82억 원
평가기준일까지의 이자상당액 :	60억 원 × 9% × 6/12 =	2.7 억 원
		50.52억 원

(2) 전환가능기간중의 평가(20x3.12.31현재)

- 평가액 : Max [①, ②]

① 만기상환금액의 발행당시 현재가치 + 평가기준일까지의 이자상당액

만기상환금액의 발행당시 현재가치 :	75.9억 × 0.6301 =	47.82억 원
평가기준일까지의 이자상당액 :	60억 원 × 9% × $\frac{36}{12}$ =	16.2 억 원
		64.02억 원

② 전환할 수 있는 주식가액 - 배당차액

전환할 수 있는 주식가액 : 400,000주 × 5,000원 =	60억 원
배당차액	0
	60억 원

- 평가액 : Max [64.02억 원, 60억 원]
  = 64.02억 원

(13) 자기주식의 평가

① 순자산가액과 발행주식총수의 계산 : 법인이 자기주식을 보유하고 있고 소각예정인 경우에는 순자산평가시 자기주식의 취득가액을 자산에서 제외하고 자기주식 보유수량을 발행주식총수에서도 차감하여 1주당 순자산가치를 계산한다.

만일 자기주식을 일시적으로 보유한 후 처분할 목적인 경우에는 자기주식을 상속세법상의 보충적 평가방법에 따라 평가액을 산정한 후 취득가액과 비교하여 둘 중 큰 금액을 자산에 포함하며, 보유하고 있는 자기주식의 수량은 발행주식총수에서 차감하지 아니한다.

[관련예규] 자기주식의 평가방법 (재산상속 46014 - 107, 2002.4.8)

「상속세 및 증여세법」 제63조 제1항 제1호 다목 및 같은법 시행령 제54조의 규정에 의하여 비상장법인의 주식을 평가함에 있어서 당해 비상장법인이 상속개시일 또는 증여일 현재 보유하는 자기주식은 다음의 구분에 의하는 것임.

【회신】

가. 주식을 소각하거나 자본을 감소하기 위하여 보유하는 자기 주식이라면 자본에서 차감하는 것이므로 발행주식총수에서 동 자기주식을 차감하여 1주당 순자산가치와 순손익가치를 평가하는 것임.

나. 기타 일시적으로 보유한 후 처분할 목적인 자기주식이라면 자산으로 보아 평가하는 것이므로 동 자기주식은 발행주식 총수에 포함시키고, 자기주식의 취득가액 상당액을 당해 법인의 자산에 가산하는 것임.

현재의 국세청의 해석에 따르면 일시보유목적의 자기주식은 취득가액을 자산으로 보아 평가하는 것으로 해석하고 있다.

다만, 다른 법인에 투자하고 있는 주식의 평가방법을 준용하여 자기주식보유비율이 10% 이하인 경우 자기주식의 취득원가를 상증법상의 평가액으로 하는지, 아니면 2차 방정식을 사용하여 평가기준일 현재로 평가된 금액을 상증법상의 평가액으로 하는지에 대하여 국세청의 명확한 해석은 없다.

조세심판원에서는 납세자가 취득원가로 자기주식을 평가한 것에 대하여 이를 부인하고 2차 방정식에 의해 자기주식을 평가하여야 한다고 결정한 사례가 있다.

조세심판원의 결정에 따르면 자기주식을 2차방정식을 사용하여 상증법상 보충적 평가액을 산정한 후, 자기주식의 취득가액과 비교하여 더 큰 금액을 최종평가액으로 산정하여야 할 것으로 판단된다.

[관련심판례] 자기주식의 평가방법(조심 2014서 3784, 2015.2.10.)(조심 2011서 2545, 2012.4.18.)

지분율이 10%이하인 주식을 취득원가로 평가하는 규정은 다른 법인의 주식을 평가할 때 적용되는 규정이며, 자기주식은 상증법에 따른 평가액으로 평가하는 것이 타당함.

• 부동산 과다보유법인이 아닌 경우의 1주당 평가액(x)

$$x = \left[\frac{(\text{자기주식이외의 순자산가액} + \text{자기주식수량} \times x)}{\text{자기주식을 포함한 총발행주식수}} \times 2 + \frac{\text{1주당 순손익액}}{0.1} \times 3 \right] \times \frac{1}{5}$$

• 부동산 과다보유법인인 경우의 1주당 평가액(x)

$$x = \left[\frac{(\text{자기주식이외의 순자산가액} + \text{자기주식수량} \times x)}{\text{자기주식을 포함한 총발행주식수}} \times 3 + \frac{\text{1주당 순손익액}}{0.1} \times 2 \right] \times \frac{1}{5}$$

• 순자산의 80%로 평가하는 법인인 경우의 1주당 평가액 (순손익가치가 0인 경우 등)

$$\text{1주당 순자산가치}(x) = \frac{\text{자기주식이외의 순자산가액} + (\text{자기주식수} \times x \times 80\%)}{\text{자기주식을 포함한 총발행주식수}}$$

$$\text{1주당 평가액} = \text{1주당 순자산가치}(x) \times 80\%$$

• 순자산 가치로만 평가하는 법인의 경우 1주당 평가액(x)(부동산 혹은 주식가액이 80% 이상인 경우)

$$x = \frac{(\text{자기주식이외의 순자산가액} + \text{자기주식수량} \times x)}{\text{자기주식을 포함한 총발행주식수}}$$

[관련예규] 자기주식의 평가방법 (기획재정부 재산세제과-616, 2023.4.26.)

【질의】

(사실관계)

◦ ㈜갑법인(쟁점법인)의 대표자AA의 가족들은 AA로부터 쟁점법인 주식(쟁점주식)을 증여받고,
  - 「상속세 및 증여세법」상 보충적 평가방법에 따라 1주당 주식을 평가하여 쟁점주식의 1주당 평가액을 5,030원으로 계산하고 법정 신고기한('21.9.30.)내 증여세(총 2,829백만 원)를 신고 · 납부함.

◦ 쟁점법인은 부동산임대업을 영위하고 있는 부동산과다보유 법인이고 자기주식을 보유한 비상장 법인으로 쟁점법인의 총발행주식수는 6,968,173주, 쟁점법인이 보유한 자기주식 수는 3,521,173 주이며,
  - 자기주식을 제외한 순자산가액은 30,533,081,129원이고, 1주당 순손익액은 0원으로
  - 상증령§54①의 단서규정에 따라 가중평균한 가액이 1주당 순자산가치의 100분에 80을 곱한 금액보다 낮은 경우에 해당

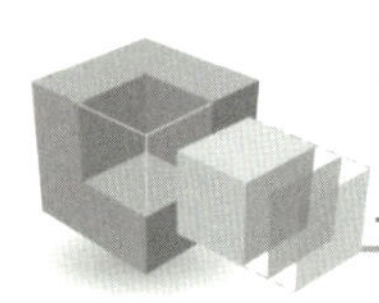

(질의요지)

◦ 상증령§54① 단서규정에 해당하는 경우 자기주식을 보유한 비상장법인의 주식 평가방법

【회신】

귀 질의와 같이 「상속세 및 증여세법 시행령」, 제54조제1항에 따라 1주당 가중평균한 가액이 1주당 순자산가치에 100분의 80을 곱한 금액보다 낮은 경우로서 당해 법인이 일시적으로 보유한 후 처분할 자기주식이 있는 경우에는 1주당 순자산가치에 100분의 80을 곱한 금액을 비상장주식 등의 가액으로 하며, 1주당 순자산가치는 다음 산식에 의하여 평가한 가액으로 함.

1주당 순자산가치 = {자기주식을 제외한 순자산가액 + (자기주식수 × 1주당 순자산가치 × 80%)} / 총발행주식수

【해설】

위 사실관계에 따라 대상법인의 평가액을 계산하면 다음과 같다.

x = [30,533,081,129 + (3,521,173 × x × 80%)] / 6,968,173에서

x = 7,355

1주당 평가액 : 7,355 × 80% = 5,884

② 순손익액의 계산 : 일시적소유목적의 자기주식은 자산의 성격이므로 과거 3년간 소득금액을 조정할 필요가 없으나, 소각예정인 자기주식의 취득행위는 자본감소절차로 보아야 할 것이다. 현재 유권해석은 없으나 소각예정 자기주식의 취득가액은 유상감자로 보아 취득가액의 10%를 과거 3년간의 손익에서 차감하여야 할 것으로 판단된다.

〈자기주식의 처리 방법 요약〉

구분	소각목적보유	일시적 소유목적보유
순자산가액계산	자산가액에서 제외	상증법상평가액과 취득가액을 비교하여 더 큰 금액으로 평가하여야 함. 1주당평가액을 x로 놓고 방정식으로 계산한 자기주식평가액을 상증법상 평가액으로 계산
발행주식총수	자기주식수량을 차감	자기주식수량도 포함
3년순손익계산	유상감자로 보아 취득가액의 10%상당액을 취득이전 연도손익에서 차감조정*	조정불필요

* 위 처리방법은 유권해석이 없는 저자의 견해임.

5 유보항목의 조정

법인세법 규정에 따라 법인세 신고를 위한 세무조정과정에서 익금산입 혹은 손금산입으로 세무조정된 항목 중 소득처분이 「유보」로 처분된 항목은 장부상의 자산·부채금액과 세무상의 자산·부채금액의 차이를 나타내는 것으로써, 차기이후의 세무조정에 반영하기 위하여 법인세신고서식 중 「자본금과 적립금 조정명세서(을)」 표에 항목별 증감 및 잔액을 기록한다. 상속세법상 비상장주식을 평가하는 경우 평가기준일 현재의 유보항목별잔액 중에서 법인의 순자산 장부가액에 조정하여야 하는 항목이 있는지를 확인하여 조정여부를 판단하여야 한다.

순자산가액에 조정하는 유보잔액은 평가기준일 현재의 유보잔액을 의미하므로, 최근결산일과 평가기준일이 다른 경우에는 최근결산일 현재 법인세신고서상에 나타나 있는 유보잔액에서 출발하여 평가기준일 현재까지의 소멸되는 유보와 발생되는 유보를 가감하여 평가기준일 현재의 유보잔액으로 수정한 후에 그 조정여부를 판단하여야 한다.

유보로 남아 있는 항목 중에서 상속세법상 별도의 평가규정이 있어 평가액이 확정된 자산과 관련된 유보항목은 순자산가액에 조정할 필요가 없으나, 상속세법상 평가규정이 없는 자산과 관련된 유보항목은 재무상태표상의 순자산 가액에 가산, 차감하여야 한다.

[별지 제50호 서식] 〈사례〉

사 업 연 도	2026.01.01 ~ 2026.12.31	자본금과 적립금조정명세서(을)	법인명	

세무조정유보소득계산					
①과목 또는 사항	②기초잔액	당 기 중 증 감		⑤기말잔액 (익기초현재)	비고
		③감 소	④증 가		
퇴직급여충당부채	230,000,000		40,000,000	270,000,000	
퇴직연금	△230,000,000		△40,000,000	△270,000,000	
대손충당금	20,000,000	20,000,000	37,500,000	37,500,000	
미수수익	△5,000,000	△5,000,000	△6,000,000	△6,000,000	

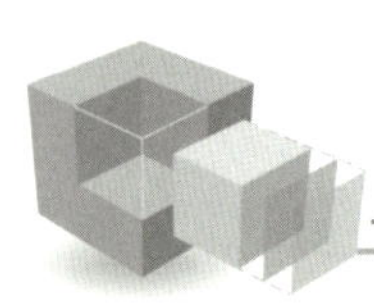

(1) 조정배제항목

유보가 발생된 관련 자산 · 부채 항목에 대하여 상속세법상 보충적 평가규정이 있어 그 규정에 따라 평가액이 확정된 경우에는 법인세법상의 유보잔액을 고려하지 아니한다. 조정대상이 되지 아니하는 유보항목은 다음과 같다.

조정배제 유보항목	사 유
대손충당금 한도초과액	자산, 부채수정항목에서 장부상 대손충당금 전액을 가산하여 소멸시켰으므로 대손충당금에 대한 유보조정불필요
퇴직급여충당부채 부인액	상속세법상 퇴직급여추계액총액을 부채로 인정하므로 조정불필요
퇴직보험예치금 손금산입액	퇴직급여충당부채와 관련된 유보이므로 조정불필요
미수수익 익금불산입액	상속세법상 미수수익은 자산에 포함하므로 조정불필요
지분법손익 유보잔액 중 10%초과투자분	해당 지분법 투자주식은 상속세법상 비상장주식의 보충적평가액과 취득가액 중 큰 금액으로 평가하므로 지분법손익 유보조정 불필요
개발비 상각부인액	자산, 부채수정항목에서 개발비가 제거되었으므로 유보조정불필요
자본조정 항목	자본관련 항목은 자산, 부채와 무관하므로 조정불필요
이연법인세자산·부채	자산, 부채수정항목에서 이연법인세가 제거되었으므로 유보조정불필요
외화환산손실·이익	상속세법상 외화자산·부채는 평가기준일 현재의 환율에 의해 평가하므로 조정불필요
채권에 대한 대손상각부인액	채권에 대한 대손상각액 손금불산입액은 채권을 회수할 수 없다고 보아 장부상 손실처리하였으나 법인세법상의 대손금 손금인정요건을 갖추지 못하여 손금불산입 된 것이지만, 상속세법상으로는 법인세법상의 대손금손금인정요건과 상관없이 실제회수 불가능한 경우에는 자산에서 차감되므로 회수가 불가능하다고 판단되어 장부상 대손처리한 경우에는 유보 조정불필요. 다만, 장부상 대손처리한 사유를 입증할 수 있어야 하며, 대손사유를 입증하지 못하면 유보금액을 자산에 가산하여야 함.
토지 등에 대한 압축기장충당금	상속세법상 토지는 공시지가와 취득가액 중 큰 금액으로 평가하므로 토지에 대한 유보액은 조정불필요
유형자산에 대한 일시상각충당금	상속세법상 유형자산은 재취득가액과 장부가액 중 큰 금액으로 평가하므로 조정불필요

[관련예규] 지분법적용주식의 평가방법(기준-2020-법령해석재산-0031, 2020.09.25.)

「상속세 및 증여세법 시행령」제55조 제1항에 따라 비상장법인의 순자산가액을 계산하는 경우로서 해당법인의 자산을 「상속세 및 증여세법」제60조 제3항 및 제66조에 따라 평가한 가액이 장부가액보다 적은 경우에는 장부가액으로 하는 것으로(장부가액보다 적은 정당한 사유가 없는 경우에 한함), 이 경우 장부가액이란 취득가액에서 감가상각비를 차감한 가액을 말하며, 위 자문신청 사실관계와 같이 감가상각 대상자산이 아닌 경우(지분법적용 투자주식 등)의 장부가액은 해당자산의 취득가액을 말하는 것임.

[삭제예규] 지분법 평가손익유보 조정여부(재산 - 300, 2009.1.28.) (2019.12.18.삭제)

평가대상법인이 100%소유한 비상장회사의 주식의 취득가액 8억 원, 상속세법상 평가액 9억 원, 장부가액 10억 원(지분법이익 2억 원 포함), 법인세법상 익금불산입유보잔액 2억 원인 경우 자회사 주식의 상속세법상 평가액은?

【회신】

「상속세 및 증여세법」에 의하여 비상장법인의 순자산가액을 계산할 때에, 당해 법인의 자산을 상속세법 규정에 의하여 평가한 가액이 장부가액보다 적은 경우에는 장부가액으로 하되, 장부가액 보다 적은 정당한 사유가 있는 경우에는 그러하지 아니하는 것임. 이 경우 장부가액은 기업회계기준 등에 의해 작성된 재무상태표상 가액을 말하는 것이며, 평가대상법인이 보유한 다른 비상장법인의 주식을 상속세법 규정에 따라 평가한 가액이 장부가액보다 적은 것만으로 장부가액보다 적은 정당한 사유가 있는 것으로 보지는 아니하는 것임.

〈저자주〉

보충적 평가액과 비교되는 장부가액은 기업회계기준에 의한 재무상태표상가액으로 한다는 종전의 해석은 삭제되고, 2020년부터 취득가액으로 한다는 해석으로 변경되었음.

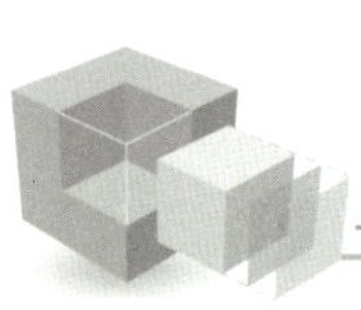

사례 유보항목의 조정(조정대상이 아닌 유보항목)

다음의 각 항목별로 상속세법에 의한 최종평가액을 계산하면? (단위: 원)

과 목	재무상태표상 금액	법인세법상 유보잔액
매출채권 대손충당금	300,000,000 (50,000,000)	손금불산입 47,000,000
퇴직급여충당부채	750,000,000	손금불산입 525,000,000
미수수익	7,000,000	손금산입 △7,000,000
지분법투자주식 (20%지분소유)	1,200,000,000	지분법이익 익금불산입액 300,000,000 (법인세법에 의한 취득원가는 900,000,000이고 상속세법상 보충적 평가액은 1,000,000,000임)
토지	2,500,000,000	재평가차액 500,000,000에 대한 압축기장충당금 △500,000,000이 있으며 공시지가는 2,300,000,000이다

[해설]

과 목	B/S금액	상속세법상 평가액	유보조정액	평가차액
매출채권	300,000,000	300,000,000	–	+50,000,000
대손충당금	(50,000,000)	–	–	–
퇴직급여충당부채	750,000,000	750,000,000	–	–
미수수익	7,000,000	7,000,000	–	–
지분법투자주식	1,200,000,000	Max(9억, 10억)=10억	–	-200,000,000
토지	2,500,000,000	Max(20억, 23억)=23억	–	-200,000,000

(2) 조정대상 유보항목

법인세법상 유보잔액 중에서 상속세법상 주식평가시 조정하여야 하는 항목은 다음과 같다.

조정대상항목	사 유
유형자산에 대한 감가상각부인액	유형자산을 상속세법상의 평가규정인 재취득가액으로 평가한 경우에는 관련된 유보잔액을 조정할 필요가 없으나, 재취득가액을 확인할 수 없어 순장부가액으로 평가하는 경우에는 법인세법상의 감가상각비만큼만 인정하므로 감가상각비 한도초과 유보잔액은 유형자산의 순장부가액에 가산조정하여야 함
유형자산에 대한 손상차손 손금불산입액	유형자산을 상속세법상의 평가규정인 재취득가액으로 평가한 경우에는 유보잔액을 조정할 필요가 없으나, 재취득가액을 확인할 수 없어 순장부가액으로 평가하는 경우에는 법인세법상의 감가상각비만큼만 인정하므로 손상차손 손금불산입 유보잔액은 유형자산의 순장부가액에 가산조정하여야 함
투자주식감액손실 손금불산입액 중 10%이하 투자분	상속세법상 10%이하투자주식은 법인세법상의 취득가액으로 평가하므로 법인세법상의 감액손실요건을 갖추지 못한 경우에 발생된 손금불산입유보잔액은 자산가액에 가산조정하여야 함
지분법손익유보잔액 중 10%이하 투자분	상속세법상 10%이하투자주식은 법인세법상의 취득가액(혹은 납세자의 선택에 의하여 상증법상의 보충적 평가액)으로 평가함. 만일 동 투자주식에 대하여 실질지배력이 있는 것으로 보아 지분법을 적용한 경우로서 지분법손익이 발생하여 취득가액과 재무상태표상 가액이 다른 경우에는 유보잔액을 차감하거나 가산하여 취득가액으로 평가함.
미확정비용 등의 손금불산입액	법인세법상으로 비용으로 인정되지 아니하는 각종 비용 손금불산입 유보잔액은 순자산에 가산하여야 함
사채할인(할증) 발행차금 손금불산입액	사채발행법인이 보유한 할인(할증) 발행차금 유보잔액을 가산·차감하여 장부상의 할인(할증)차금을 제거함

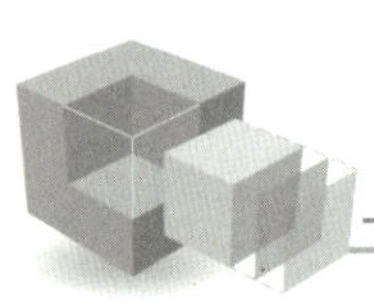

사례 유보항목의 조정(조정대상인 유보항목)

아래 항목별로 상속세법에 따른 최종평가액을 산정하라.

항 목	재무상태표상 금액	유보금액
기계장치 감가상각누계액	200,000,000 (60,000,000)	손금불산입 10,000,000 (기업회계와 세무상 내용연수차이로 인한 감가상각 한도초과액)
지분법 투자주식 (10% 투자분)	230,000,000	지분법손실 손금불산입 70,000,000 (취득원가 300,000,000)
하자보증충당금	(100,000,000)	손금불산입 100,000,000

[해설]

항 목	재무상태표상 금액	유보조정액	최종평가액
기계장치 감가상각누계액	200,000,000 (60,000,000)	– +10,000,000	150,000,000
지분법투자주식	230,000,000	+70,000,000	300,000,000
하자보증 충당금	(100,000,000)	+100,000,000	0

6 영업권 평가

(1) 영업권의 개념

영업권이란 평가대상 기업이 가지고 있는 초과수익력의 가치를 의미한다. 기업회계상으로는 해당 기업의 자체 영업권을 재무상태표상에 자산으로 계상하고 있지 아니하므로 상속세법에 따라 계산된 영업권을 순자산에 가산하여 주식을 평가하게 된다.

① 재무상태표상 계상된 영업권 : 평가대상법인의 재무상태표에 영업권이 자산으로 계상되어 있는 경우 이는 당해 법인의 영업권을 평가한 것이 아니라 당해 법인이 다른 사업자의 사업권 등을 취득하는 과정에서 발생된 것이므로 자산 가액에 포함되는 것이며, 합병과정에서 피합병법인의 순자산가액보다 합병대가가 더 큰 경우에 발생하는 영업권은 평가대상법인의 자산가액에서 제외하여 평가한다. 본 장에서 설명하는 상속세법상의 영업권은 재무상태표에 계상되어 있는 영업권과 별도로 평가대상법인이 가지고 있는 초과수익력의 가치를 상속세법에 따라 추가로 평가하는 것을 의미한다.

[관련예규] 장부상 계상된 영업권 (재산상속 46014-1222, 2000.10.12)

상속세 및 증여세법시행령 제55조의 규정에 의하여 비상장법인의 순자산가액을 계산할 때, 장부상 계상되어 있는 영업권상당금액은 당해 법인의 자산가액의 포함되는 것임

위의 기존의 해석에서는 재무상태표상 계상되어 있는 영업권은 자산에 포함한다고 되어있으나, 기획재정부에서는 합병 시 발생한 영업권에 대하여 법인세법상 자산으로 인정되지 아니하는 것으로 보아 세무조정 시 손금산입(△유보) 조정된 경우에는 해당 유보를 반영하도록 기존의 해석과 다르게 해석함으로써 합병시 발생된 영업권으로서 세무조정시 △유보로 조정된 영업권은 자산에서 제외하여 평가하도록 해석하고 있다.

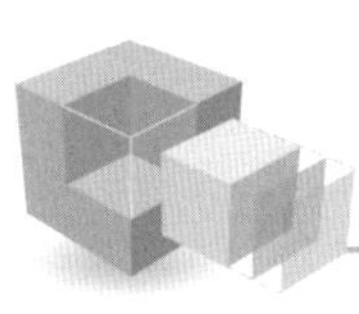

[관련예규] 기획재정부 재산세제과-496 (2018. 6. 14.)

(1) 비상장 내국법인 甲(합병법인)은 비상장 내국법인 乙(피합병법인)을 합병하면서 합병비율 산정 시 상속세 및 증여세법 상 보충적 평가방법에 따른 주식평가액을 이용함.
(2) 甲 법인은 乙 법인의 자산과 부채를 장부가액으로 계상하고 합병대가와 乙 법인의 순자산 장부가액의 차액을 영업권으로 계상한 다음, 법인세법 제24조 제1항 제2호 가목에 따라 영업권 가액에서 감액하는 세무조정(△유보)
(3) 乙 법인의 주주였던 A는 교부받은 甲 법인의 주식을 특수관계자에게 증여

A가 증여한 비상장주식의 평가를 위해 甲 법인의 순자산가액 계산 시 甲 법인의 영업권 계상액에서 영업권 세무조정(△유보) 사항을 반영하여 차감하여야 하는지 여부

【회신】

귀 질의와 같이 「상속세 및 증여세법 시행령」 제55조 제1항에 따른 비상장법인의 순자산가액 산정 시, 당해 비상장법인이 다른 비상장법인을 합병할 때 「상속세 및 증여세법 시행령」 제54조 제1항에 따라 산출한 주식평가액을 기준으로 산정한 합병비율로 계산한 합병대가를 지급하고 피합병법인의 순자산 장부가액과의 차액을 재무상태표에 합병영업권으로 계상한 경우, 합병영업권 관련 세무조정사항(△유보)을 순자산가액 산정 시 반영하여야 하는 것임.

② 영업권 계산 구조 : 현행 상속세법에서는 자기자본의 10%상당액을 정상이익으로 보고, 평가대상기업의 과거평균순손익액이 정상이익금액을 초과하게 되면 그 초과수익력을 기업가치로 환산하여 영업권을 평가한다. 만일 평가대상기업의 과거평균순손익액이 정상이익에 미달하면 영업권을 0으로 한다.

이렇게 평가된 영업권은 기업이 실제 보유한 자산가치에 가산하여 주식가치를 증가시키는 역할을 하게 된다. 다만, 설립 후 3년미만법인 등의 사유로 인하여 주식가치를 순자산 가치로만 평가하는 경우에는 영업권 평가액을 순자산에 가산하지 아니한다.(다만, 개인사업자가 법인으로 전환한 경우에는 법인전환 후 3년 미만인 경우에도 영업권을 평가)

상속세법에 따른 영업권의 계산흐름은 다음과 같다.

계산항목	비고
평가대상기업의 평균순손익액	⇐ 과거3년간 가중평균순이익의 50%
(−) 정상이익금액	⇐ 평가기준일 현재의 자기자본의 10%
초과이익 금액	⇐ 초과이익이 5년간 지속된다고 가정
(×) 연금현재가치 계수	⇐ 5년, 10% 연금현재가치계수
영업권 평가액	⇐ 순자산가액에 가산할 금액

(2) 영업권 평가요소

상속세법상 영업권은 최근 3년간 순손익액과 평가기준일 현재의 순자산가치를 이용하여 계산한다.

① 평가대상기업의 순손익액 : 순손익가치계산시 산정된 평가기준일전 3년간 순손익금액을 3:2:1로 가중평균한 금액에 50%를 곱하여 계산하다.
예를 들어 평가기준일전 3년간 순손익금액이 아래와 같은 경우 영업권 계산을 위한 순손익액은 다음과 같이 계산한다.

	전1차연도	전2차연도	전3차연도	합계
	20×3	20×2	20×1	
연도별 손익금액	₩200,000,000	₩400,000,000	(200,000,000)	
가중치	3	2	1	
가중후금액	600,000,000	800,000,000	(200,000,000)	1,200,000,000
가중치합계				6
가중평균액*				1,200,000,00 ÷ 6 = 200,000,000
기업의 평균순손익액				200,000,000 × 50% = 100,000,000

* 최근 3년간의 순이익을 추정이익으로 산정하는 경우에는 추정이익을 가중평균액으로 사용한다.
(상증법 시행령 제59조 ③항)

② 정상이익금액 : 기업의 평균순손익액이 정상이익 금액을 초과하면 영업권이 발생한다.
정상이익 금액은 평가기준일 현재 기업의 자기자본에 10%를 곱하여 계산한다. 이 경우 평가기준일 현재의 자기자본은 자산·부채 조항항목에서 설명한 바와 같이 평가기준일 현재 기업의 재무상태표상 자산과 부채가액을 상속세법상의 평가규정에 맞게 수정된 후에 계산하여야 한다. 만일 평가기준일 현재의 자기자본에 상속세법상의 평가액을 조정한 후의 자기자본이 (-)인 경우, 영업권 평가를 위한 자기자본은 0으로 보고 계산한다.

③ 연금 현재가치계수 : 기업의 초과이익은 5년간 계속 발생된다고 가정하되, 5년간의 초과이익액을 단순 합계하지 아니하고 10%의 할인율을 사용하여 현재가치로 할인하여 평가한다. 그러므로 초과이익금액에 할인율 10%인 5년의 연금현재가치계수인 3.79079를 곱하여 영업권 평가액을 계산한다.

[관련예규] 자기자본이 부수인 경우 영업권 계산방법 (재산 01254-4363, 1989.11.29)

상속세법 시행령 제5조 제4항 제1호의 규정에 따라 영업권을 평가함에 있어서 자기자본이 부수인 경우, 그 부분은 없는 것으로 하여 산식을 작용하는 것임.

사례 영업권 평가

다음 자료를 이용하여 각각의 경우 상속세법상의 영업권 평가액을 계산하라.

• 직전 3년간 순손익자료

1년전 순손익	2년전 순손익	3년전 순손익
11,588,514	18,569,555	14,191,176

• 평가기준일 현재 상속세법으로 수정된 자산 · 부채총계

	(1)	(2)
자산총계	30,073,002	25,000,000
부채총계	20,000,000	28,000,000

[해설]

• 가중평균순이익 : (11,588,514×3 + 18,569,555×2 + 14,191,176×1)÷6 = 14,349,304

• 영업권 평가액 계산

	(1)	(2)
가중평균순이익의 50%	7,174,652	7,174,652
자기자본의 10%	(1,007,300)	0
초과이익금액	6,167,352	7,174,652
연금현재가치계수	× 3.79079	× 3.79079
영업권평가액	23,379,130	27,197,599

(3) 영업권을 평가하지 아니하는 경우

다음의 경우에 해당되어 순자산가치로만 평가하는 법인 혹은 3년간 계속하여 결손인 법인에 대하여는 영업권을 평가하지 아니한다.(상증법 시행령 제55조 ③항)

① 상속세 및 증여세 과세표준신고기한 이내에 평가대상 법인의 청산절차가 진행 중이거나 사업자의 사망 등으로 인하여 사업의 계속이 곤란하다고 인정되는 법인의 주식

② 사업개시전의 법인, 사업개시 후 3년 미만의 법인 또는 휴업 · 폐업 중인 법인의 주식

③ 평가기준일이 속하는 사업연도 전 3년 내의 사업연도부터 계속하여 「법인세법」상 결손금이 있는 법인의 주식(각 사업연도소득액이 3년 연속 음수인 경우) : 3년간 계속하여 결손인 법인은 순손익가치가 없으므로 평가하한금액인 순자산가치의 80%로 평가하며 영업권이 발생하지 않는다.

④ 부동산가액이 전체 자산가액의 80% 이상인 법인의 주식 : 이 경우 부동산 가액은 토지 · 건물 · 구축물 등의 부동산 및 부동산이 80% 이상인 법인에 투자한 주식가액을 합하여 계산한다.(8. 부동산과다법인의 판정 참조)

다음과 같이 순자산가치로만 평가하는 법인의 경우에도 영업권을 평가해야하는 경우도 있다.

순자산가치로만 평가하는 경우(시행령 제54조4항)	영업권평가여부(시행령 제55조3항)
청산 중인 법인	평가제외
사업개시 후 3년 미만, 휴업, 폐업 중인 법인	평가제외
부동산가액이 총자산의 80%이상인 법인	평가제외
보유한 주식가액이 총자산의 80%이상인 법인	영업권 평가대상
잔여존속기한이 3년 이내인 법인	영업권 평가대상

(4) 개인사업자의 경우

개인사업체의 경우 상속인이 상속받은 사업을 폐업할 경우에는 영업권을 평가하지 아니하나, 사업을 승계 받아 운영하거나 타인에게 동일사업으로 임대하는 경우에는 영업권을 평가하여야 한다.

① 순손익액의 가중평균액 : 최근 3년간의 순손익액의 가중평균액은 비상장주식의 평가시에 1주당 순손익가치를 계산하는 과정에서 계산되는 최근 3년간의 순손익액의 계산방법을 준용하여 평가한다.

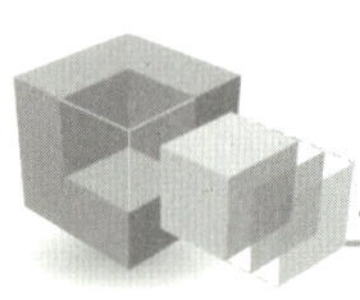

② 자기자본 : 개인사업자와 같이 자기자본을 확인할 수 없는 경우에는 다음 산식에 의하여 계산한 금액 중 많은 금액을 자기자본으로 적용한다.

- 자기자본 = Max(①, ②)
  ① 자기자본 = 사업소득금액/자기자본이익률*
  ② 자기자본 = 수입금액/자기자본회전율*

* 한국은행이 업종별, 규모별로 발표한 율을 적용

③ 법인전환시 영업권 평가 : 소득세법을 적용받는 개인사업자가 다음의 요건 모두에 해당하는 경우에는 해당법인이 사업개시 후 3년 미만의 법인이라고 하더라도 영업권을 가산한다.

- 개인사업자가 「상속세 및 증여세법 시행령」 제59조에 따른 특허권 등 무체재산권을 현물출자하거나 「조세특례제한법 시행령」 제29조 제2항의 사업양도 · 양수의 방법에 따라 법인으로 전환하는 경우로서 그 법인이 해당 사업용 무형자산을 소유하면서 사업용으로 계속 사용하는 경우
- 개인사업자와 법인의 사업 영위기간의 합계가 3년 이상인 경우

(5) 특정사업부문을 양도하는 경우

법인이 특정사업부문만을 양도하는 경우로서 상속세법에 따른 평가액을 산정하는 경우에도 해당부문의 영업권을 평가하여야 한다. 이 경우 3년간의 순손익액의 가중평균액은 상속세법의 규정을 준용하여 산정하되 3년이 경과하지 아니한 사업부의 경우 1년미만 연도의 순이익은 연으로 환산하고 2개사업연도만 있는 경우에는 가중치를 2:1로 하여 평가한다.

[관련예규] 특정부문영업권 평가 (재산세과 - 156, 2011.3.14.)

영업권을 상증법 시행령 제59조제2항의 규정에 따라 평가함에 있어 최근 3년간의 순손익액의 가중평균액은 비상장주식 평가시 순손익가치 산정방법을 준용하여 평가하되, 평가기준일전 2개 사업연도만 있는 경우는 가중치 합계를 3으로 하여 계산하며, 1년 미만인 사업연도의 순손익액은 연으로 환산한 가액에 의함.

7 부채의 평가

(1) 부채의 평가기준

차입금, 보증금, 입회금 등의 부채로서 최종지급기간이 5년이하인 부채는 장부상 명목가액으로 평가하므로 평가차액이 발생하지 아니하나, 최종지급기간이 5년을 초과하는 장기부채는 연 8%의 이자율로 할인한 현재가치평가금액을 상속세법상의 평가액으로 한다.

① 지급기간의 계산 : 5년의 장단기를 판정하기 위한 지급기간은 부채의 발생일이 아닌 평가기준일부터 최종상환일까지로 판단한다. 평가기준일부터 기간을 계산하므로 부채발생시에는 10년의 장기채무였으나 6년이 경과한 후에 평가하는 경우에는 만기가 4년밖에 남지 아니한 단기채무이므로 현재가치평가 대상이 아니다.

② 현재가치할인 대상금액 : 5년을 초과하는 장기채무를 할인하는 경우, 할인대상가액은 지급되는 원본금액과 이자를 합한 금액으로 한다.

③ 지급기간이 없는 경우 : 원본의 회수기간이 별도로 정해지지 아니한 경우에는 만기를 5년으로 보고 현재가치를 계산한다. 원본의 회수기간은 약정서상 기간으로 판정하되, 약정기간종료 후 별도의 의사표시가 없으면 자동연장 되는 조건인 경우에도 약정서상 정해진 약정기간을 만기로 보아야 한다. 예를 들어 골프장의 입회보증금에 대하여 개장 후 7년간 반환을 요구할 수 없다고 규정되어 있다면 7년을 회수기간으로 보아야 하며, 평가기준일로부터 약정서상 반환요구일의 기간이 5년을 초과하는 보증금은 현재가치로 할인하되 그 잔여기간이 5년 이내인 보증금은 할인하지 아니한다.

[관련법령] 상속세 및 증여세법 시행령 제58조 ②항

② 대부금 · 외상매출금 및 받을 어음 등의 채권가액과 입회금 · 보증금 등의 채무가액은 원본의 회수기간 · 약정이자율 및 금융시장에서 형성되는 평균이자율 등을 고려하여 기획재정부령으로 정하는 바에 따라 평가한 가액으로 한다. 다만, 채권의 전부 또는 일부가 평가기준일 현재 회수 불가능한 것으로 인정되는 경우에는 그 가액을 산입하지 않는다.

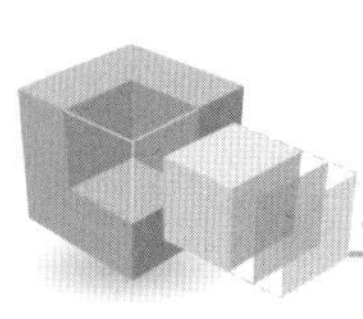

[관련예규] 장기채무의 평가방법 (서일 46014-10058, 2002.1.15)

【제목】

회사정리법에 의한 정리채권의 가액은 각 연도에 받기로 한 원본의 가액과 이자금액을 금융시장에서 형성되는 평균이자율에 따라 평가기준일의 현재가치로 할인한 금액을 합계하여 평가하는 것임

【질의】

1998.12.22. 기준으로 보충적 평가방법에 의하여 비상장주식을 평가하기 위한 순자산가액을 계산하는 경우 화의채무나 원본의 지급기간이 3년을 초과하는 장기차입금 등의 평가가액 질의함.

① 2001.4.3. 신설된 장기채권 등의 평가방법(상속세 및 증여세법 시행규칙 제18조의 2 제2항)을 적용하여 장기차입금을 현재가치로 할인평가 할 수 있는지 여부
② 장기채권의 평가방법을 적용할 수 없다면 다른 평가방법 질의함
③ 현재가치로 할인하여 평가하는 경우 그 할인율 질의함

※ 시행규칙 제18조의 2 제2항 제1호(2001.4.3. 신설) : 원본의 회수기간이 3년 이상이거나, 회사정리 절차 또는 화의절차개시 등의 사유로 채권의 내용이 변경된 경우의 채권가액은 법정이자율에 의하여 현재가치로 할인하여 평가함.

【회신】

귀 질의의 경우에는 붙임의 "회사정리법에 의한 정리채권 및 정리채무의 평가방법(재산 46330-1577, 2000.12.29.)"을 참조하기 바람

[관련심판례] 조심 2012부 759, 2012.07.03

000의 입회약정서 등에서 회원은 골프장 개장 후 7년간 입회보증금의 반환을 요구할 수 없다고 규정되어 있는 점, 회원의 입회보증금 반환의 의사표시가 없어 연장되는 경우, 우리원 선결정례에서 골프장 회원권과 관련하여 계약기간 만료시점에서 회원권의 계약기간을 연장하는 것은 새로이 회원의 입회청약을 하고 골프장업자가 이를 승낙하는 계약이 체결된 것으로 새로운 골프장회원권의 취득이 이루어진 것으로 보고 있는 점, 최근 골프장 업계 현황이 과거에 비해 어려워져 일부 회원권의 시세가 입회보증금 미만으로 하락한 사례가 발생하고 있는 점 등을 감안할 때, 쟁점입회보증금에 대해 원본의 회수기간이 정하여지지 아니하였다 보아 과세한 처분은 잘못이 있다고 판단됨

④ 재무상태표상 가액과의 차액 : 장기채무에 대하여 현재가치로 평가한 금액이 재무상태표상의 금액과 차이 나는 경우 차액을 부채에 가산하거나 차감한다.

[관련예규] 회수기간의 계산방법 (재산 - 1516, 2009.7.23)

「상속세 및 증여세법 시행령」 제58조 제2항 및 같은법 시행규칙 제18조의2 제2항 제1호의 규정에 의하여 원본의 회수기간이 5년을 초과하는 채권 · 채무는 각 연도에 회수할 금액을 금융기관이 보증한 3년만기 회사채의 유통수익률을 감안하여 국세청장이 정하여 고시하는 이자율에 의하여 현재가치로 할인한 금액의 합계액으로 평가하는 것임. 이 경우 「소득세법」 제94조 제1항 제4호 나목의 규정에 의한 시설물이용권에 대한 입회금 · 보증금 등의 회수기간은 평가기준일부터 입회금을 반환하기로 약정한 날까지의 기간을 말하는 것이나, 원본의 회수기간이 정하여지지 아니한 경우에는 그 회수기간을 5년으로 보는 것으로 이에 해당하는지 여부는 입회계약서상 보증금 반환에 관한 약정 및 실제 반환사례 등 구체적인 사실관계에 따라 판단하는 것임

[관련심판례] 입회보증금의 현재가치 평가여부 (조심 2012부 759, 2012.7.3)

○○○의 입회약정서 등에서 회원은 골프장 개장 후 7년간 입회보증금의 반환을 요구할 수 없다고 규정되어 있는 점, 회원의 입회보증금 반환의 의사표시가 없어 연장되는 경우, 선결정례에서 골프장회원권과 관련하여 계약기간 만료시점에서 회원권의 계약기간을 연장하는 것은 새로이 회원의 입회청약을 하고 골프장업자가 이를 승낙하는 계약이 체결된 것으로 새로운 골프장회원권의 취득이 이루어진 것으로 보고 있는 점, 최근 골프장 업계 현황이 과거에 비해 어려워져 일부 회원권의 시세가 입회보증금 미만으로 하락한 사례가 발생하고 있는 점 등을 감안할 때, 쟁점입회보증금에 대해 원본의 회수기간이 정하여지지 아니하였다 보아 과세한 처분은 잘못이 있다고 판단됨(인용)

[관련예규] 평가대상 입회금의 범위 (재재산 - 877, 2011.10.17)

골프장업을 운영하고 있는 법인이 상증세법 시행령 제58조 제2항의 입회금을 같은법 시행규칙 제18조의 2에 따라 평가하는 경우 '골프장시설물을 저렴하게 이용하는 혜택분'은 '이자상당액'에 해당되지 않는 것임

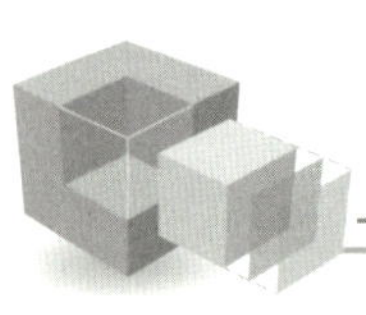

사례 장기채무의 평가

다음 자료를 이용하여 2025.12.31.현재가치평가시 부채에 대한 조정액을 계산하라.

부채내역	발생일	만기일	장부금액	현재가치 평가액
차입금	2020.1.1	2026.12.31	100,000,000	90,000,000
입회보증금	2023.1.1.	2032.12.31.	200,000,000 (10%할인 후 잔액)	260,000,000 (8% 할인액)
임대보증금	2025.1.1	약정없음	140,00,000	120,000,000 (5년으로 보아 할인한 가액)

[해설]

부채내역	잔여기간	평가대상	평가차액	조정액
차입금	1년	제외	-	-
입회보증금	7년	포함	60,000,000	+ 60,000,000
임대보증금	없음	포함	-20,000,000	− 20,000,000

(2) 회사채

법인이 발행한 채권은 차입금의 일종이므로 부채의 평가기준에 따라 처리한다. 즉, 평가기준일로부터 지급기간이 5년 이내인 회사채는 명목가액으로 평가하고 지급기간이 5년을 초과하는 회사채는 원금과 이자를 현재가치로 할인한 금액으로 평가하여 장부상의 부채가액과의 차액을 조정한다. 이 경우 지급기간은 평가기준일부터 채권원금의 최종상환일까지로 계산한다.

① **할인(할증)발행차금** : 장부상 계상되어있는 사채할인(할증)발행차금은 상속세법에 따른 할인차액이 아니므로 전액 제거하여야 한다. 그러므로 사채할인발행차금은 재무상태표상 부채에 가산하고 할증발행차금은 부채에서 차감하여 부채에서 제외한다.

② **전환사채, 신주인수권부사채의 평가** : 상속세법상 전환사채평가규정은 전환금지기간과 전환가능기간으로 구분하여 평가하며, 동 평가규정은 다른 법인이 발행한 전환사채 등을 자산으로 보유하고 있는 법인에게 적용되는 규정이다. 현행 상속세법에서는 전환사채 등을 발행한 법인의 부채평가에 대하여는 별도의 평가규정이 없으므로 장단기부채의 평가규정에 따라 평가기준일 이후 만기까지의 기간이 5년을 초과하는 전환사채 등은 원금과 이자의 현재가치로 평가하여 차액을 조정하여야 할 것으로 판단된다.

- **전환권조정계정(신주인수권조정계정)잔액** : 장부상 남아있는 조정계정잔액은 사채할인(할증)차금과 동일하므로 전액 제거하여야 한다.

- **사채상환할증금** : 전환권이나 신주인수권을 행사하지 아니하고 만기에 상환하는 경우에 지급할 상환할증금은 장부상 부채에 포함하여 계상되어 있으나 예규상으로는 확정부채가 아닌 것으로 보아 부채에서 제외하여 평가하는 것으로 해석하고 있다. 그러나 상환할증금을 부채에서 제외하여 평가하게 되면, 전환권이 없어 높은 이자율로 발행되는 일반사채의 평가액이 전환권이 있어 낮은 이자율로 발행되는 전환사채보다 상대적으로 더 크게 평가되는 문제점이 있고, 전환사채 등을 자산으로 보유한 법인의 평가시에는 동 상환할증금을 포함하여 전환사채가액을 평가하도록 규정되어 있으므로 전환사채 등의 발행자와 보유자간의 평가방법이 서로 달라지는 모순이 생기게 된다.(재재산 - 678, 2010.7.14.참조) 향후 전환사채발행자의 평가규정을 전환사채 보유자의 평가규정에 맞추어 재해석해야 할 필요성이 있는 것으로 판단된다.

[관련예규] 사채발행차금, 전환사채 장기미지급이자 등의 부채여부 (서일46014 - 10359, 2001.10.26)

【질의 1】

사채할인(할증)발행차금은 당해 법인의 부채에서 가감하지 아니하는 것임.

【질의 2】

전환사채 및 신주인수권부사채의 권리자가 중도에 전환권 또는 신주인수권을 행사하지 않아 만기상환 할 것을 가정하여 발행회사가 채권자에게 만기에 지급하는 이자비용을 장기미지급이자로 계상한 경우 당해 장기미지급이자는 부채에 가산하지 아니하는 것임.

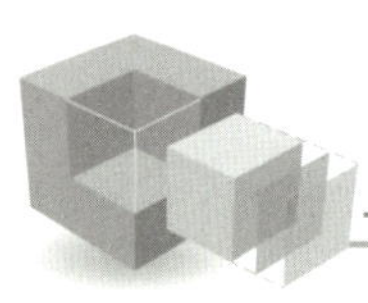

사례 전환사채의 평가

다음 자료에 의해 전환사채발행법인의 부채평가액을 산정하면? 만기까지는 5년이내로 가정한다.

• 전환사채관련 재무상태표 및 유보잔액

과목	재무상태표상 잔액	법인세법상 유보잔액
전환사채	₩1,000,000,000	-
상환할증금	200,000,000	₩200,000,000
전환권 조정계정	(70,000,000)	(70,000,000)
	₩1,130,000,000	₩130,000,000

[해설]

재무상태표상 부채잔액	₩1,130,000,000
유보잔액조정	(130,000,000)*
상속세법상 평가액	₩1,000,000,000

* 사채상환 할증금을 부채로 보지 아니하는 현행예규에 따른 조정임.

(3) 부채가산항목

주식평가를 위한 출발점이 되는 재무상태표에 계상된 부채이외에 평가기준일 현재 확정된 부채로서 재무상태표에 계상되지 아니한 부채는 부채가액에 가산하여야 한다. 예를 들어 재무상태표의 작성기준일은 전년도 12월 31일 현재이고 주식의 평가기준일은 당연도 3월 31일인 경우 전년도 12월 31일 이후 새로이 발생된 부채가 있거나 재무상태표상 부채가 과소계상된 경우가 이에 해당한다.

① 평가기준일현재의 법인세부채 : 1주당 자산가치에 사용되는 순자산가액은 평가기준일현재의 순자산가액을 의미한다. 주식의 평가기준일이 사업연도중인 경우에도 평가기준일 현재로 정규결산과 동일하게 산정된 순자산가액을 사용하여야 하며, 이 경우 기초부터 평가기준일까지의 손익에 대하여 법인세 세무조정을 거친 후의 예상법인세부담액을 미지급법인세로 부채에 포함하여야 하며 미지급법인세에는 지방소득세와 농어촌 특별세를 포함한다.

평가기준일 현재의 법인세를 부채로 가산하는 경우의 법인세는 평가기준일 현재 지급의무가 확정된 세액만 해당되며, 장래에 예상되는 법인세는 포함되지 아니한다. 예를 들어 보유자산을 시가로 평가하는 경우의 평가차액에 대한 법인세효과(이연법인세대로 계상된 금액)는 부채로 인정되지 않으며, 개인사업에 사용하던 고정자산을 현물출자하여 법인으로 전환하여 양도소득세를 이월과세받은 경우, 평가기준일 현재 동 고정자산을 양도하지 아니한 상태인 경우는 이월과세받은 법인세의 납부의무가 확정되지 아니하였으므로 이를 법인세미지급액으로 볼 수 없다.(조심2017구 3904, 2017.11.3.)

또한 평가기준일 이전에 법인이 보유하던 부동산을 양도하는 계약이 체결되었으나 부동산의 소유권이전은 평가기준일 이후에 이루어진 경우에는 부동산 양도차익에 대한 법인세는 평가기준일 시점의 확정채무가 아니므로 부채에 포함되지 아니한다.

[관련심판례] 부동산 처분이익에 대한 법인세의 처리 (조심2022부0068, 2022.6.9)

> 쟁점양도부동산의 처분이익 및 쟁점보유부동산의 평가차액에 대한 법인세 등을 부채에 가산하여 쟁점주식을 평가하여야 한다는 청구주장은 받아들이기 어려운 것으로 판단됨

② 확정배당금 : 주식의 평가기준일 이전에 주주총회가 확정되어 배당금지급이 결의된 경우로서 동 배당금이 재무상태표상 부채에 계상되어 있지 아니한 경우에는 동 배당금을 부채에 가산하여 주식을 평가하여야 한다.

③ 퇴직급여추계액 : 평가기준일 현재 전임직원의 퇴직금추계액은 부채에 포함되어야 한다. 그러므로 재무상태표상의 퇴직급여충당부채잔액이 평가기준일 현재의 퇴직금추계액에 미달되는 경우에는 미달액을 부채에 가산하여야 한다. 퇴직금추계액은 법인의 퇴직금지급규정에 따라 계산한 전임직원의 퇴직금합계액을 의미한다. 확정급여형 퇴직연금에 가입한 법인이 퇴직연금운용자산 및 국민연금전환금을 퇴직급여충당부채에서 차감하여 표시하고 있는 경우에는 동 연금자산 등을 자산으로 계상하고 있는 경우와 법인의 순자산가액은 동일하므로, 주식평가시 부채에서 차감표시된 연금자산에 대한 조정은 필요 없다.

④ 카드회사 등의 마일리지충당부채 : 신용카드 사용실적에 따라 포인트를 적립하여 부채로 계상한 후 고객이 동 포인트를 사용하는 시점에 부채를 소멸시키는 경우의 포인트 충당부채는 부채에 포함한다.

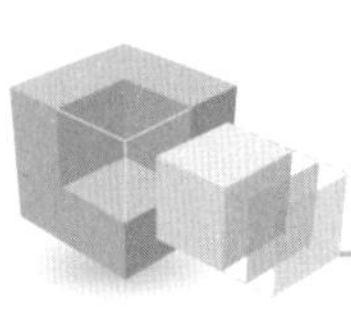

[관련예규] 카드사용 포인트를 부채로 보는지 여부 (재재산 - 607, 2010.6.29)

【질의】

- 여신전문금융업법에 의한 신용카드업을 영위하는 당사는 카드사용 고객에 대하여 마케팅차원에서 "선적립 후 사용 포인트제도"와 "세이브 포인트제도(선사용 후적립)를 운영하고 있음

- "선적립 후사용 포인트제도"는 카드고객의 신용카드 이용실적에 따라 일정비율(최대 3%)에 해당하는 포인트를 적립하고, 당해 적립된 포인트를 금전적가치(상품몰 또는 가맹점 등에서 사용)로 환원해 주는 제도로서 회사에서는 매월말 결산시 카드사용 고객들의 포인트 적립금액에 과거 경험에 의해 합리적으로 추산된 고객들의 포인트사용(거의 95% 이상 사용)을 적용하여 산출한 금액을 포인트 충당부채로 계상하고 있으며, 고객이 포인트를 실제 사용하는 때에 이를 대체처리하고 있음.

- 또한, "세이브포인트 제도(선사용 후적립)"는 카드고객이 상환의무가 있는 포인트를 카드사용 전에 카드사로부터 미리 부여받아 상품매입대금의 일부로 결제하고 사후적으로 고객의 신용카드 이용실적에 따라 기 사용한 포인트를 상환하는 제도로서

- 회사에서는 카드고객이 상품 등을 구매하는 때에 가맹점과 사전약정한 분담비율에 해당하는 금액을 해당 가맹점에 카드고객의 상품 매입대금의 일부로 지급하고, 당해 금액을 기업회계기준에 따라 당기비용으로 인식하고 있으며,

- 카드고객은 사후적으로 상품 구매시 부여된 세이브포인트를 일정기간(3년) 동안 신용카드 이용실정에 따라 적립되는 포인트로 대체하다가 신용카드 이용실적 미달분에 따른 포인트 해당분은 현금으로 반환하고 있음(카드사의 현금회수율은 5% 정도임).

【회신】

「상속세 및 증여세법 시행령」 제55조 제2항의 규정에 의한 무형고정자산 · 준비금 · 충당금 등 기타 자산 및 부채의 평가에 있어서 카드회사의 선적립 후 사용 포인트제도의 충당부채 상당액은 「상속세 및 증여세법 시행규칙」 제17조의2 제3호에 따라 부채에 가산하여 계산하는 것에 해당하며, 선사용후적립 포인트제도 중 신용카드 미사용분은 같은 조 제1호의 규정에 의한 "자산에 가산하여 계산할 것"에 해당하지 아니하는 것임.

⑤ 법인이 부담하는 현물출자 이월과세분 법인세 : 개인사업자가 사업에 사용되던 부동산 등을 현물출자 혹은 포괄양수도하여 법인을 설립하는 경우에는, 법인전환 당시에 발생되는 부동산양도에 대한 양도소득세 및 지방소득세를 법인으로 전환하는 시점에 납부하지 않고, 향후 법인이 동 부동산을 처분하는 시점까지 이월할 수 있다.(조세특례제한법 제32조, 법인전환에 대한 양도소득세의 이월과세) 다만 법인의 설립등기일이후 5년 이내에 사업을 폐지하거나 개인사업자가 법인전환으로 취득한 주식의 50%이상을 처분하면, 법인이 아닌 개인사업자가 양도소득세를 납부해야 한다,

결국 법인전환일로부터 5년까지는 이월된 양도소득세가 법인의 채무로 확정된 것은 아니지만, 법인전환일로부터 5년이 경과하면 이월된 양도소득세는 법인의 채무로 확정이 된다. 과거 국세청은 법인으로 전환한 후 법인이 부동산을 처분하기 전까지는 이월과세액을 법인의 채무로 볼 수 없다고 해석하였으나(사전-법령해석재산-0731, 2018.6.20), 이후 기획재정부와 조세심판원에서는 법인전환일로부터 5년이 경과하면 이월된 양도소득세는 법인의 채무로 확정되었으므로 순자산가액 계산시 부채에 포함하여야 한다고 결정한바 있다.

다만 이월과세액을 부채로 인정받기 위해서는 법인전환일로부터 5년이 경과해야하고, 동시에 5년이 경과된 연도의 결산시 이월과세액을 법인의 부채로 계상하여야 한다.(조심2019서4569, 2020.5.20.)

[관련예규] 기획재정부 재산세제과 - 125 (2021.2.4.)

【질의】

◦ 비상장주식을 평가하기 위해 「상속세 및 증여세법 시행령」 제55조에 따른 순자산가액 계산 시 「조세특례제한법」 제31조에 따른 사후관리기간(5년)이 경과한 이월과세액을 법인의 부채에 가산하는지 여부

(제1안) 부채에 가산함

(제2안) 부채에 가산하지 않음

【회신】

제1안이 타당함

사례 미지급 법인세 조정

다음 자료에 의해 상속세법에 따른 비상장주식 평가를 위한 부채가산 · 차감금액을 계산하라.

• 재무상태표 작성시 계상된 미지급법인세 잔액

법인세 등 추정액	135,000,000
선급법인세 상계액	(75,000,000)
장부상 미지급법인세 잔액	60,000,000

• 법인세 세무조정 후 확정된 법인세 등 계산내역

법인세 산출세액	180,000,000
법인세 세액공제	(30,000,000)
법인세 결정세액	150,000,000
가산세	4,000,000
지방소득세	15,400,000
농어촌특별세	6,000,000

[해설]

• 납부할 법인세 계산

법인세 등 결정세액 합계	175,400,000
선급법인세	(75,000,000)
납부할 법인세 등	100,400,000

• 부채조정액 계산

부채에서 차감 (장부상 미지급법인세)	(60,000,000)
부채에 가산 (세무조정 후 미지급법인세)	100,400,000
순부채 조정액	40,400,000

(4) 부채차감항목

대손충당금, 하자보수충당금 등과 같이 장래 발생된 손실을 추정하며 비용으로 계상한 부채는 평가기준일 현재의 확정채무가 아니므로 부채에서 제외한다. 주식평가시 부채에서 제외되는 항목은 다음과 같다.

- 채권미회수에 대비한 대손충당금 : 재무상태표상의 대손충당금잔액은 상속세법상 부채에 해당되지 아니하므로 자산에 가산하거나 부채에서 제외하여야 하며, 채권원본은 개별채권별로 실질적인 회수가능성을 판단하여 회수불가능한 채권을 자산에서 별도로 차감하여야 한다.

- 공사후 하자보수에 대비하여 계상한 공사손실충당금, 하자보수충당금 : 재무상태표상에 계상된 하자보수충당금과 같이 미래 비용발생에 대비한 충당금잔액은 부채에서 제외하여야 한다. 다만 평가기준일 현재 지출이 확정된 부분이 있는 경우에는 동 확정된 부분은 부채에 포함하여야 한다.

- 보험회사의 보험업법에 따른 책임준비금과 비상위험준비금 중 보험업법의 한도를 초과하는 부분(보험업법 시행령 제57조 1항~3항의 규정에 의한 범위내의 준비금은 부채에 포함) : 만일 법인이 세무조정과정에서 보험업법의 한도를 초과하는 준비금 잔액을 손금불산입(유보)로 조정한 경우에는 동 유보잔액을 재무상태표상 부채에서 차감하여 평가하여야 한다.

[관련예규] 통합스왑자산 · 부채의 조정여부 (재산 - 145, 2012.1.13)

비상장법인주식을 상속세 및 증여세법 제63조에 따라 평가하는 경우 회사가 보유하고 있는 통화스왑자산(부채)은 순자산가액에 포함하지 아니함.

[관련예규] 가수금을 부채에서 조정하는지 여부 (재산 - 287, 2010.5.13)

평가기준일 현재 평가대상 법인의 장부상 계상되어 있는 가수금이 법인이 실제 부담하여야 하는 사실상의 채무에 해당하는 경우에는 위의 부채에 해당하는 것이나, 이에 해당하는지 여부는 당해 가수금의 존재여부 및 당해 가수금의 상환사실 여부 등을 구체적으로 확인하여 판단할 사항임.

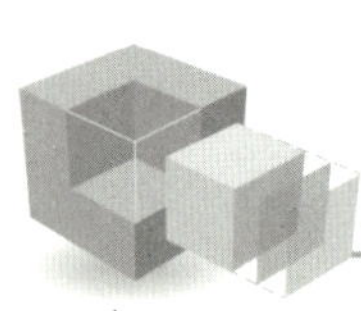

8 부동산 과다보유법인 판정

평가대상법인이 보유한 부동산 가액이 총자산의 50%이상인 법인은 비상장주식의 일반평가모형에 대한 예외로서 순손익가치와 순자산가치의 가중치를 2:3으로 적용한다. 다만, 부동산비율이 총자산의 80%이상인 법인의 주식은 순손익가치를 고려하지 아니하고 순자산가치로만 평가한다. 이 경우 부동산 과다보유법인의 판정은 부동산 가액이 전체자산가액에서 차지하는 비율로 판정하며 자산가액은 소득세법시행령 제158조 제④항에 따라 판정한다.

$$\text{부동산비율} = \frac{\text{부동산 가액}}{\text{전체 자산가액}}$$

* 부동산비율은 평가기준일 현재로 판정하는 것이 원칙이지만 이를 알 수 없는 경우에는 직전사업연도 종료일 현재로 판정함

(1) 자산총액

법인의 자산총액 중 부동산 및 부동산에 관한 권리의 가액이 차지하는 비율을 계산하는 경우의 자산총액은 장부가액을 기준으로 판단하는 것이며, 장부가액이라 함은 당해 법인이 재무상태표상 계상되어 있는 장부가액에 대하여 사업연도의 소득에 대한 법인세 과세표준 계산시 자산의 평가와 관련하여 익금 또는 손금에 산입한 유보금액을 가산하거나 차감한 세무계산상 장부가액을 의미한다.(재산-3914, 2008.11.21.)

세무계산상 장부가액을 의미하므로 장부상의 대손충당금은 자산가액계산시 차감하지 아니하며, 소득세법 시행령 제158조④항에 따라 다음의 항목은 자산총액에 포함하지 아니한다.

- 무형고정자산으로 계상된 개발비와 사용수익 기부자산가액
- 평가기준일부터 소급하여 1년 이내에 차입금 또는 증자에 의하여 증가한 현금, 금융재산 및 대여금의 합계액 : 1년 이내에 조달된 자금으로 금융자산이 증가되면 부동산비율이 하락하므로 인위적으로 부동산비율을 하락시키는 것을 방지하기 위한 규정에 해당한다.
  다만, 금융재산의 범위는 2023년도 소득세법 시행령이 개정되어 최대주주로서 보유하는 주식도 금융재산에 포함되었다.

〈자산에서 제외되는 금융재산의 범위〉

2023. 2월 이전	2023. 2월 시행령 개정 후
예금, 적금, 신탁재산, 주식, 채권, 수익증권, 출자지분으로 하되 최대주주로서 보유한 주식은 제외(상증법 시행령 제19조의 금융재산)	상증법 시행령 제19조의 금융재산으로 하되 최대주주로서 보유한 주식을 포함

(2) 부동산 가액

부동산 과다법인을 판정하기 위한 부동산가액이란 다음의 가액을 합한 금액을 의미한다.

① 부동산 : 토지 · 건물 · 구축물 등의 부동산을 의미하며, 건설가계정은 제외한다. 부동산에 포함되는 구축물은 건물에 부속된 시설물과 구축물을 의미하며, 건물에 부속되지 아니하고 별도로 설치되어 있는 구축물은 결산서상 구축물로 계상하고 있는 경우에도 이를 부동산가액에 포함하지 아니한다.

[관련심판례] 구축물의 부동산포함여부 (조심 2017중 2543, 2017.11.07.)

쟁점법인의 자산총액 중 토지 및 건물이 차지하는 비율을 산정함에 있어 「소득세법」 제94조 제1항의 토지 또는 건물에 해당하지 아니하는 구축물을 제외할 경우 그 비율이 80%에 미달하므로 처분청이 80% 이상인 경우로 보아 쟁점주식을 순자산가치만에 의하여 보충적평가하여 상속세를 과세한 처분은 잘못이라고 판단됨.

② 부동산에 관한 권리 : 지상권 · 전세권 · 임차권 등과 같은 권리

③ 부동산 과다보유법인의 주식 : 평가대상법인이 부동산과다법인에 해당하는 다른 법인의 주식을 소유하고 있는 경우, 다른 법인의 주식가액에 그 다른 법인의 부동산보유비율을 곱한 금액을 평가대상법인의 부동산가액에 포함한다. 이 경우 다른 법인의 주식가액이라 함은 자산총액계산방법을 준용하여 계산된 세무상 장부가액을 의미하는 것으로 해석된다.

구분	평가방법	부동산가액에 포함되는 주식가액
부동산비율 50% 이상법인	수익가치와 자산가치를 각각 2:3의 가중치로 평가	부동산 가액이 50% 이상인 다른 법인의 주식가액 × 해당법인의 부동산 비율
부동산비율 80% 이상법인	자산가치로만 평가	

* 부동산과다법인의 주식가액을 부동산비율에 포함하는 규정은 2015.2.3.이후 평가하는 분부터 적용됨

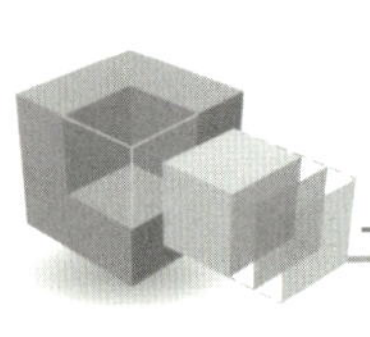

부동산과다법인의 주식가액을 부동산가액에 포함하는 규정은 2020.6.30. 이전 평가시는 평가대상법인이 직접투자한 자회사에 대하여만 적용되고 자회사가 보유하고 있는 손자회사는 적용되지 아니하지만, 2020. 7. 1. 이후부터는 손자회사와 같이 경영지배하고 있는 2차 출자법인 등을 포함하여 계산한다.

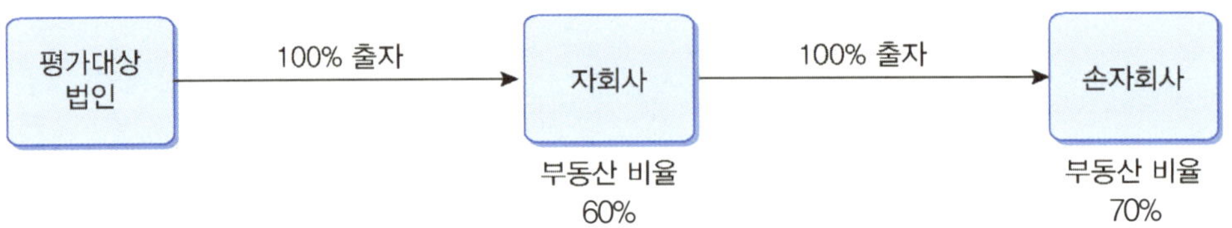

2020. 7. 1. 이후 평가 시 (손자회사 포함)	· 자회사 부동산 비율 : (자회사의 부동산 가액 + 손자회사 주식가액 × 손자회사 부동산 비율) / 자회사 자산 총액 · 평가대상법인 부동산 가액 : 평가대상법인의 토지·건물 가액 + 자회사 주식가액 × 자회사 부동산 비율 · 평가대상법인의 부동산 비율 : 평가대상법인의 부동산 가액 / 평가대상법인의 자산총액
2020. 6. 30. 이전 평가 시 (손자회사 제외)	· 자회사 부동산 비율 : 자회사의 부동산 가액 / 자회사 자산 총액 · 평가대상법인의 부동산 가액 : 평가대상법인의 토지·건물가액 + 자회사 주식가액 × 자회사 부동산 비율 · 평가대상법인의 부동산 비율 : 평가대상 법인의 부동산 가액 / 평가대상법인의 자산총액

예제

다음 자료를 이용하여 평가대상법인의 부동산 보유비율을 계산하라.

• 평가대상법인의 재무상태표상 자산총계		100억 원
• 자산 중 자회사의 자료	- 출자비율	80%
	- 자산총계	80억 원
	- 토지 및 건물가액	50억 원
• 평가대상법인의 자회사 투자주식가액		
	- 재무상태표상 주식가액	60억 원
	- 지분법손실 유보잔액	25억 원

[해설]

- 부동산가액의 계산
  주식가액 : 60억 원 + 25억 원 = 85억 원
  자회사의 부동산 보유비율 : 50억 원 / 80억 원 = 62.5%
  부동산 가액 : 85억 원 × 62.5 % = 53.125억 원
- 자산가액 : 100억 원 + 25억 원(유보잔액) = 125억 원
- 부동산 보유비율 : 53.125억 원 / 125억 원 = 42.5%

위 사례에서 평가대상법인은 「자회사주식가액 × 60%」의 가액만을 분자의 부동산 가액에 포함한다.(서면 2016-법령해석재산-5375, 2018.3.22.)

④ **부동산 가액의 계산** : 소득세법의 개정으로 2010.12.31. 까지 토지는 공시지가, 건물은 법인세법상의 장부가액을 기준으로 부동산 가액을 산정하였으나, 2011.1.1. 이후부터는 기준시가와 장부가액 중 큰 금액을 부동산 가액으로 하여 부동산 보유비율을 판정한다.

	2010.12.31. 까지	2011.1.1. 이후
토 지	공시지가	공시지가와 장부가액 중 큰 금액
건 물	법인세법상 장부가액	기준시가와 장부가액 중 큰 금액

* 장부가액은 취득원가에서 감가상각누계액을 차감한 법인세법상의 장부가액을 의미

사례 부동산 과다법인 판정

다음 자료를 이용하여 2026. 6. 30. 현재 부동산 과다보유법인 여부를 판정하라.

• 자산내역

현금 및 예금		600,000,000
매출채권	3,000,000,000	
대손충당금	(200,000,000)	2,800,000,000
토지		2,000,000,000
건물	1,000,000,000	
감가상각누계액	(300,000,000)	700,000,000
개발비		600,000,000
건설가계정		100,000,000
재무상태표상 자산합계		6,800,000,000

• 법인세법상 손금불산입유보내역

대손충당금 손금불산입 잔액	170,000,000
건물 감가상각비 손금불산입액	150,000,000

• 토지 공시지가 : 2,500,000,000, 건물 기준시가 900,000,000

• 1년 이내 발생한 차입금이 1,000,000,000이 있으며 이중 500,000,000이 예금으로 남아있음.

[해설]

• 소득세법에 의한 자산총계 계산

재무상태표상 자산합계액	6,800,000,000	
개발비 제외	(600,000,000)	
1년 이내 차입금 중 금융재산 제외	(500,000,000)	
부채성 충당금인 대손충당금 제거	200,000,000	
토지 공시지가와의 차액 가산	500,000,000	(25억 원* - 20억 원)
건물평가차액 가산	200,000,000	(9억 원** - 7억 원)
소득세법에 의한 자산총계	6,600,000,000	

• 부동산 가액 계산

토지가액 : Max{공시지가, 장부가액}	2,500,000,000*
건물가액 : Max{기준시가, 세무상 장부가액}	
= Max{900,000,000, (700,000,000+150,000,000)}	900,000,000**
	3,400,000,000

• 부동산 가액/자산총계 비율 3,400백만 원/6,600백만 원 = 51.51% (부동산 과다법인에 해당)

V _최종평가액

1 상호출자주식 평가

평가대상인 법인이 다른 비상장법인의 발행주식총수의 100분의 10 이하를 소유하고 있는 경우에는 그 다른 비상장주식의 평가는 취득가액에 의할 수 있다. 그러나 다른 비상장주식을 10%를 초과하여 소유한 경우에는 그 법인의 주식가액을 상속세법에 의해 평가하여 자산가액에 반영하여야 한다. 이 경우 2개의 법인 또는 그 이상의 법인상호간에 10%를 초과하여 주식을 소유함으로서 1주당 평가액이 상호간에 영향을 미치는 경우에는 연립방정식으로 평가하여야 한다.

(1) 평가기본 모형

두 법인이 상호간에 10%를 초과하여 출자하고 있는 경우에는 2차연립방정식을 사용하여 평가액을 산정하여야 하므로 방정식을 산정하기 위한 변수와 방정식 모형을 사용하여야 한다.

구 분	평가대상법인(A)	상대법인(B)
1. 발행주식수	n	n'
2. 상대법인주식보유수량	nn	nn'
3. 자산합계	a	a'
4. 상호주식장부가액	k	k'
5. 부채합계	d	d'
6. 1주당수익가치	p	p'
7. 1주당평가액	A	B

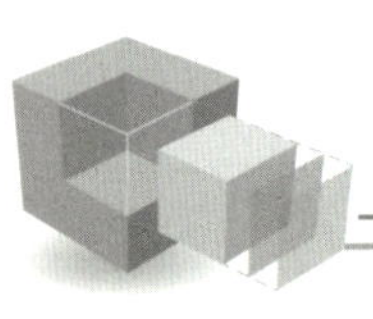

상호출자주식을 평가하기 위해서는 평가대상법인과 상대법인에 대하여 상호출자주식을 제외한 순자산가액, 순손익가치 및 영업권을 먼저 계산한 후 그 계산된 결과를 토대로 하여 최종적으로 상호출자주식평가를 하여 순자산가치에 반영하여야 한다.

(2) 가중평균으로 평가하는 법인간의 경우

다음의 연립방정식을 이용하여 A, B 두 법인의 주식가치를 계산하는 것이 기본모형이다.

$$A = \langle (a - k + B \times nn - d) / n \times 2 + p \times 3 \rangle / 5$$
$$B = \langle (a' - k' + A \times nn' - d') / n' \times 2 + p' \times 3 \rangle / 5$$

그러나 가중평균으로 평가하는 법인간의 경우에 평가액은 순자산가치의 80%를 하한으로 하므로 다음 과정에 따라 상호주식을 평가해야 한다.

a. 1차 평가예정액의 산정 : 평가대상법인들의 1차 평가액을 순자산가치의 80%와 비교하기 위하여 1차 평가액을 기본모형을 통하여 산정한다.

b. 1차 평가결과와 각 법인의 순자산의 80%를 비교 : 1차 평가액이 각 법인별 순자산가치의 80% 이상이면 1차 평가액이 최종평가액이 된다.

c. 1차 평가액이 순자산의 80%에 미달하는 경우 : 1차 평가액이 어느 하나의 법인이라도 각 법인별 순자산가치의 80%에 미달되면 해당 법인의 평가액산식을 순자산가치의 80%로 수정하여 수정된 방정식으로 최종평가액을 확정한다.

(3) 순자산 가치로만 평가하는 법인간인 경우

설립 후 3년 미만의 법인 등에 해당되어 순자산가치로만 평가하는 법인 간에 상호출자를 하고 있는 경우에는 다음의 연립방정식을 사용한다.

$$A = (a - k + B \times nn - d) / n$$
$$B = (a' - k' + A \times nn' - d') / n'$$

사례 상호출자주식 A · B의 평가

	A법인	B법인
1. 발행주식 수	100,000	200,000
2. 상대법인 주식 보유수량	25,000	30,000
3. 자산합계	5,000,000,000	7,000,000,000
4. 상호주식 장부가액	200,000,000	300,000,000
5. 부채 합계	2,000,000,000	3,000,000,000
6. 1주당 수익가치	10,000	30,000
7. 1주당 평가액	A	B

[해설]

a. 1차 평가액 산정

$$A = \left(\frac{(5{,}000{,}000{,}000 - 200{,}000{,}000 + B \times 25{,}000 - 2{,}000{,}000{,}000)}{100{,}000} \times 2 + 10{,}000 \times 3\right) \div 5$$

$$B = \left(\frac{(7{,}000{,}000{,}000 - 300{,}000{,}000 + A \times 30{,}000 - 3{,}000{,}000{,}000)}{200{,}000} \times 2 + 30{,}000 \times 3\right) \div 5$$

$$A = \left(\frac{(2{,}800{,}000{,}000 + B \times 25{,}000)}{50{,}000} + 30{,}000\right) \div 5$$

$$= (56{,}000 + 0.5B + 30{,}000) \div 5$$

$$= (86{,}000 + 0.5B) \div 5$$

$$= 17{,}200 + 0.1B$$

$$B = \left(\frac{(3{,}700{,}000{,}000 + A \times 30{,}000)}{100{,}000} + 90{,}000\right) \div 5$$

$$= (37{,}000 + 0.3A + 90{,}000) \div 5$$

$$= (127{,}000 + 0.3A) \div 5$$

$$= 25{,}400 + 0.06A$$

$$A = 17{,}200 + 0.1 \times (25{,}400 + 0.06A)$$

$$= 19{,}740 + 0.006A$$

$$A \times 0.994 = 19{,}740$$

$$\boxed{A = 19{,}859}$$

$$B = 25{,}400 + 0.06 \times 19{,}859$$

$$\boxed{B = 26{,}591}$$

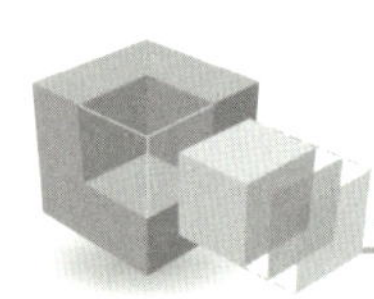

b. 1차 평가 결과분석

	A	B
자산합계	5,000,000,000	7,000,000,000
상대법인 보유수량	25,000	30,000
상대법인 1차 평가액	26,591	19,859
상호주식 평가액	664,775,000	595,770,000
1차 평가 후 순자산	5,000,000,000	7,000,000,000
	(200,000,000)	(300,000,000)
	664,775,000	595,770,000
	(2,000,000,000)	(3,000,000,000)
순자산 금액	3,464,775,000	4,295,770,000
1주당 순자산가치	34,647	21,478
순자산가치의 80%	27,718	17,183
1차 평가액	19,859	26,591
평가 하한 해당여부	해당	비해당

c. 최종평가액

$$A = \frac{(5,000,000,000 - 200,000,000 + B \times 25,000 - 2,000,000,000)}{100,000} \times 0.8$$

$$B = \left[\frac{(7,000,000,000 - 300,000,000 + A \times 30,000 - 3,000,000,000)}{200,000} \times 2 + 30,000 \times 3 \right] \div 5$$

$$A = 22,400 + 0.2B$$

$$B = 25,400 + 0.06A$$

$$\boxed{A = 27,813},\ \boxed{B = 27,068}$$

d. A평가액 검증

A법인 순자산 : 5,000,000,000 − 200,000,000 + 25,000주 × 27,068 − 2,000,000,000
= 3,476,700,000

1주당 순자산가치 : 3,476,700,000 ÷ 100,000주 = 34,767

순자산가치의 80% : 34,767 × 0.8 = 27,813

[관련심판례] 순환출자주식의 평가방법 (조심 2021인7017, 2022.10.18.)

1. 처분개요

가. 청구법인은 1993.12.4. ○○○ 소재에서 설립되어 채토석 채굴업(광업)을 영위하는 법인으로, 2017.4.28.부터 2019.4.29.까지 ○○○과 같이 청구법인의 대표자 AAA 등으로부터 BBB㈜(이하 "BBB"이라 한다) 발행주식 ○○○ 주를 1주당 ○○○원에, 청구법인 발행주식 ○○○ 주(BBB 발행주식 ○○○ 주 및 청구법인 발행주식 ○○○ 주를 합하여 이하 "이 건 순환출자주식"이라 한다)를 1주당 ○○○원 등에 각각 양수하였다.

나. 이 건 순환출자주식 양수도거래 당시 청구법인은 BBB 발행주식 ○○○를, BBB은 ㈜CCC(이하 "CCC"라 한다) 발행주식 ○○○를, CCC는 청구법인 발행주식 ○○○를 각 보유하는 순환출자관계에 있는 특수관계법인이었다.

다. ○○○청장(이하 "조사청"이라 한다)은 2020.7.21.부터 2020.9.17.까지 청구법인에 대한 세무조사를 실시한 결과, 이 건 순환출자주식의 거래가액이 「상속세 및 증여세법」(이하 "상증세법"이라 한다) 상의 보충적 평가방법으로 평가한 가액보다 과다하게 산정되어 부당행위계산부인 규정적용대상으로 보아 시가와 양도가액의 차액을 귀속자에 따라 상여(대표이사)와 배당(주주)으로 각각 처분하여 처분청에 통보

2. 심리 및 판단

이상의 사실관계 및 관련 법령 등을 종합하여 살피건대, 청구법인은 기획재정부 예규[재재산 46014-201(2000.7.4.)] 등을 참고하여 이 건 순환출자주식의 가액을 산정하였고, 이는 순자산가치와 순손익가치를 산출하는 과정에서 서로 간에 영향 없이 독립적으로 구해지는 장점이 있으므로 거래가액으로 적정하다고 주장하나,

처분청은 순환출자법인이 상호 보유한 주식의 시가를 준칙에 따른 다원일차연립방정식에 의해 동시에 확정한 후 그 가액(가중평균액)과 평가하한액(순자산가치 × 70%)을 비교하여 이 건 순환출자주식의 평가방법을 평가하한액 적용대상으로 확정하였고, 평가대상법인(A)의 주식을 평가함에 있어 해당 법인이 보유하고 있는 주식(B)은 해당 평가하한액을 적용하여 1주당 가액을 산정하였는바, 이는 순환출자법인이 상호 보유한 주식의 시가를 순자산가치와 순손익가치의 가중평균액을 산정하는 방식을 토대로 동시에 확정한 방법으로 잘못이 없어 보이는 점, 청구법인은 기획재정부 예규[재산 46014-201(2000.7.4.)] 중 1주당 순자산가액 평가 예시에 따라 이 건 순환출자주식의 시가를 적정하게 평가하였다고 주장하나, 해당 예시의 산식에서는 평가대상법인(A) 발행주식의 순자산가액을 평가함에 있어 출자법인(B)의 주식가액을 "주식수×B 법인 발행주식의 1주당 주식평가액"을 적용하도록 하고 있으나, 청구법인은 평가대상법인(A)가 보유하고 있는 주식(B)의 가액으로 "주식수 × B법인 발행주식의 1주당 순자산가치"를 적용하여 출자법인(B)의 주식가액으로 주식평가액이 아닌 주식 순자산가치를 적용한 잘못이 있고, 이에 따라 청구법인이 이 건 순환출자주식의 시가를 평가한 방법은 대상법인(A)의 순자산가액을 구성하는 출자법인(B)의 주식가액을 순자산가액만으로 평가함으로써 법령의 근거 없이 순손익가치를 미반영한 것으로서 출자법인(B) 주식 평가에 왜곡이 발생하고, 종국적으로 평가대상법인(A)의 발행주식에 대한 평가까지 왜곡되는 결과로 이어지는 문제가 발생한 것으로 보이는 점 등에 비추어 처분청이 이 건 순환출자주식의 시가를 평가한 방법에는 잘못이 없어 보이므로 청구주장을 받아들이기 어렵다고 판단된다.

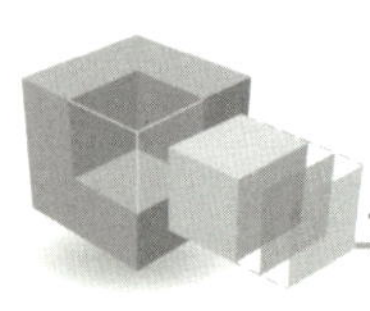

(4) 상호주식평가시 할증여부

2021.2.17.자로 개정된 상속세법 시행령 제53조 ⑧항 4호에서 평가대상법인이 최대주주로서 보유하고 있는 다른 법인의 주식은 할증평가에서 제외되었으므로, 2021.2.17.이후 평가분부터는 최대주주로서 상호투자하고 있는 상호출자주식평가시 최대주주할증을 고려하지 아니한 방정식으로 상호주식평가액을 산정하여야 한다.

2 평가액의 할증

평가대상 주식이 법인의 최대주주가 보유한 주식인 경우에는 상속세법에 따라 평가한 금액에서 할증한 금액을 최종평가액으로 한다. 할증평가는 최대주주가 가지고 있는 경영권 프리미엄에 대한 평가에 해당한다.

〈할증율〉

지분율	2019. 12. 31. 이전	2020. 1. 1. 이후
50% 이하 보유	20%	20%
50% 초과 보유	30%	

2019. 12. 31. 이전에는 최대주주가 보유한 지분율에 따라 20%~30%로 할증율을 차등적용하였으나 2020 1. 1. 이후부터는 할증율을 20%로 단일화하였으며 중소기업 및 중견기업주식은 할증평가하지 아니한다.

(1) 할증평가의 대상

할증평가는 중소기업 및 중견기업(직전 3년의 평균매출액이 5천억 원 미만일 것)을 제외한 대기업 최대주주 및 그와 특수관계인에 해당되는 주주가 보유한 주식을 대상으로 하며, 최대주주가 아닌 주주의 주식을 평가하는 경우에는 할증하지 아니한다. 또한 평가대상 법인이 다른 법인의 주식을 보유하고 있고 평가대상 법인이 그 다른 법인의 최대주주에 해당하는 경우에도, 평가대상법인의 순자산 가액 계산시 평가대상법인이 보유한 다른 법인의 주식에 대하여도 할증평가한 가액을 상속세법상의 평가액으로 한다. 할증평가는 상장주식 및 비상장주식 모두에 적용되므로 평가대상법인이 다른 상장법인의 주식을 보유하고 있고 그 상장법인의 최대주주주인 경우에는 동 상장법인의 주식을 기준시가로 평가한 후 할증하여 평가된 금액을 상속세법상의 평가액으로 한다.

또한 비상장주식을 보충적평가액이 아닌 매매사례가액과 같은 시가로 평가하는 경우에도 최대주주인 경우에는 할증평가의 대상이 된다.

상속세법 제63조 [유가증권 등의 평가]

③ 제1항 제1호, 제2항 및 제60조 제2항을 적용할 때 대통령령으로 정하는 최대주주 또는 최대출자자 및 그의 특수관계인에 해당하는 주주 등(이하 이 항에서 "최대주주 등"이라 한다.)의 주식 등(대통령령으로 정하는 중소기업, 중견기업 및 평가기준일이 속하는 사업연도 전 3년 이내의 사업연도부터 계속하여 「법인세법」 제14조 제2항에 따른 결손금이 있는 법인의 주식 등등 대통령령으로 정하는 주식 등은 제외한다.)에 대해서는 제1항 제1호 및 제2항에 따라 평가한 가액 또는 제60조 제2항에 따라 인정되는 가액에 그 가액의 100분의 20을 가산한다. 이 경우 최대주주 등이 보유하는 주식 등의 계산방법은 대통령령으로 정한다.(2022.12.31. 개정)

최대주주인 경우에도 할증하지 않는 대상은 중소기업 및 중견기업의 주식이며, 2022.12.31.까지는 중소기업주식만 할증에서 제외하였으나 2023.1.1. 이후부터는 직전 3년간의 평균매출액이 5천억 원 미만인 중견기업주식도 할증에서 제외되었다.

〈할증에서 제외되는 주식〉

2022.12.31. 이전 상속·증여분	2023.1.1. 이후 상속·증여분
• 중소기업의 주식	• 중소기업의 주식 • 중견기업 중 직전3년 평균매출액이 5천억 원 미만인 주식

최대주주가 보유한 주식에 대한 할증평가는 최대주주 중 1인의 주식을 다른 최대주주 중 1인에게 이전하는 경우 혹은 최대주주보유주식을 인수한 자가 새로운 최대주주가 되는 경우에 적용되는 것이며, 최대주주가 보유한 주식의 일부분만을 최대주주가 아닌 제3자에게 이전하는 경우에는 할증하지 아니한다.

예를 들어 법인의 대주주가 본인 주식의 일부를 그 법인의 임직원에게 양도한 경우 대주주와 그 법인의 임직원은 특수관계자에 해당되어 동일한 대주주그룹 내에서의 주식양도에 해당되므로 할증평가의 대상이 되지만, 그 대주주가 본인과 특수관계가 없는 법인 혹은 외부의 제3자에게 주식의 일부만을 양도한 경우에는 할증평가의 대상이 되지 아니한다.

① 최대주주가 보유한 주식 중 일부를 특수관계자에게 증여하는 경우 : 할증대상임

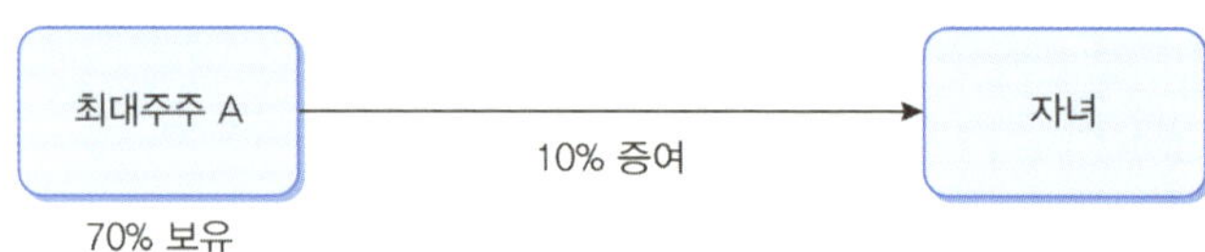

② 최대주주가 보유한 주식을 제3자에게 양도하여 제3자가 최대주주가 되는 경우 : 할증대상임

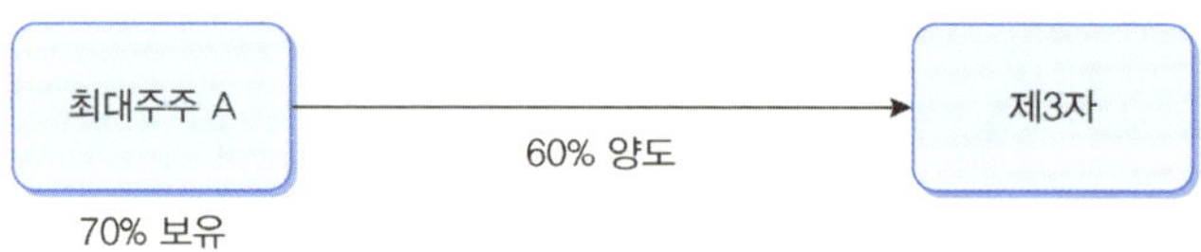

③ 최대주주가 보유한 주식을 제3자에게 양도하였으나 최대주주 지분율이 유지되는 경우 : 할증대상이 아님

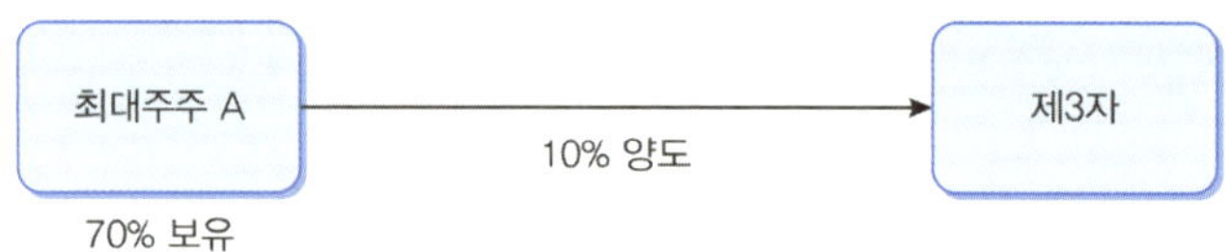

[관련예규] 최대주주 할증여부 (서면 4팀 - 4118, 2006.12.20)

(사실관계)
A법인은 비상장법인인 B법인의 주주 을, 병, 정으로부터 주식을 매입하고자 하며, B법인의 주식거래가 없어 시가가 불분명한 바, 법인세법 시행령 제89조 제2항 제2호의 규정에 따라 상속세 및 증여세법 제63조에 규정에 의한 보충적 평가방법으로 평가한 가액에 의하여 거래 하려고 함. 또한, B법인의 주주인 을, 병, 정은 B법인의 최대주주인 갑(50% 보유)과 친족관계이며, A법인이 취득할 예정인 을, 병, 정의 주식보유지분은 총발행주식의 25% 정도임.

(질의내용)
이 경우 상속세 및 증여세법 제63조 및 같은법 시행령 제53조의 규정에 의한 최대주주에 해당하는지 여부

(답변)
최대주주 등이 보유하고 있는 주식을 최대주주 등외의 자가 10년 기간 이내에 양수하는 경우로서 그 양수로 인하여 양수자가 최대주주 등에 해당되지 아니하는 경우에는 「상속세 및 증여세법」 제63조 제3항의 규정(최대주주 할증평가)을 적용하지 아니하는 것임

[관련예규] 최대주주의 할증여부 (서면 인터넷방문상담4팀 - 2175, 2005. 11. 14)

최대주주가 특수관계자와 비상장주식을 거래하는 경우 양도일 또는 취득일 전후 3월의 기간에 매매사례가액 등이 없을 경우 보충적 평가방법에 따라 주식의 시가를 산정하며 할증평가를 적용하는 것임

(2) 최대주주의 범위

주식평가액을 할증하는 대상이 되는 최대주주라 함은 주주1인과 다음의 관계에 있는 자의 보유주식을 합하여 그 합계가 법인의 최대주주인 경우를 의미하며, 주주1인이 보유하고 있는 주식뿐 아니라 다음 관계에 있는 자가 보유한 모든 주식은 최대주주가 보유한 주식에 해당되어 할증대상이 된다.

① 최대주주에 해당되는 자의 범위 : 최대주주를 중심으로 다음의 관계에 있는 자의 보유주식은 최대주주의 1인이 보유하는 것으로 본다.

구 분	범 위
a. 친족	• 자녀 및 배우자, 손자 • 아버지의 형제 및 자녀(삼촌, 숙모, 사촌형제 등 포함) • 어머니의 친형제(외삼촌, 이모 등) • 어머니의 친형제와 배우자(외숙모, 이모부 등) • 배우자의 부모, 형제 및 그의 배우자(장인, 장모, 처삼촌)
b. 최대주주의 사용인	최대주주가 지배하고 있는 법인의 임직원
c. 기업집단소속 기업 및 해당기업의 임원	• 기업집단에 속하는 다른 기업 • 기업집단에 소속된 임원(직원은 제외함)
d. 지배 비영리법인	위 a~c와 주주1인을 합하여 이사의 과반수를 차지하거나 재산을 출연한 비영리 법인
e. 30%이상 출자한 2차 출자법인	위 a~d와 주주1인을 합하여 발행주식총수의 30%이상을 출자하고 있는 법인
f. 50%이상 출자한 3차 출자법인	위 a~e와 주주1인을 합하여 50%이상을 출자하고 있는 3차 출자법인

• 최대주주가 운영하고 있는 법인의 임직원 : 해당 법인에 근무하고 있는 임원 및 직원은 해당 법인의 최대주주와 특수관계가 성립되며, 임원으로 등기되어 있는 경우에는 법인의 업무를 실제 수행하거나 대가를 받은 적이 없는 경우에도 특수관계가 성립하는 것으로 간주된다.(서울고등법원 2016누70866, 2017.5.24.) 또한 임원은 거래당시의 임원뿐만 아니라 퇴직 후 3년이 지나지 아니한 임원(퇴직한 사외이사는 제외)이었던 자를 포함하여 특수관계자라고 본다.(상증법 시행령 제2조의2①항 2호, 3호 및 ②항)

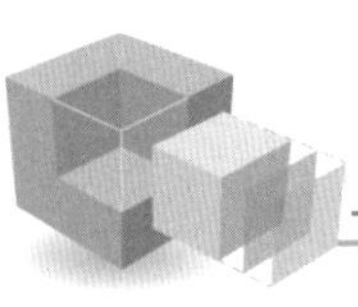

- 기업집단소속기업 : 본인과 특수관계가 있는 기업집단소속기업이라 함은 독점규제 및 공정거래에 관한 법률 시행령 제3조 각호의 어느 하나에 해당하는 기업 집단에 속하는 계열회사를 말하며, 해당 기업의 임원 및 퇴직 후 3년(일반기업집단은 3년으로 하되, 독점규제법에 따른 공시대상 기업집단은 5년을 적용)이 지나지 아니한 임원(퇴직한 사외이사는 제외)도 본인과 특수관계자로 본다.

- 우리사주조합원의 지분 : 최대주주의 지분율을 산정할 때 회사의 임직원이 보유한 주식은 최대주주와 특수관계자의 지분에 해당되어 최대주주의 지분에 합하여 계산한다. 그러나 우리사주조합원의 조합원 보유지분은 최대주주의 지분에 포함하지 않는다.

[관련예규] 우리사주조합원지분의 최대주주여부 (기준-2021-법령해석재산-0085, 2021.12.15)

> 최대주주할증평가 적용대상판정시 최대주주 등 주식 등에 우리사주조합원 보유지분을 포함하지 않는 것임.

② 최대주주의 지분율 계산 : 최대주주가 보유하고 있는 지분율은 평가기준일 현재의 보유주식에 평가기준일부터 소급하여 1년 이내에 양도하거나 증여한 주식을 합산하여 계산한다. 이 경우 당해주식을 반복적으로 양도 · 양수한 경우에는 평가기준일부터 소급하여 1년 이내의 기간 중에 최대주주의 보유비율이 가장 높은 날 이후에 양도한 주식에서 양수한 주식을 차감한 순양도 주식을 평가기준일 현재의 보유주식에 합산한다.(서일46014-10377, 2001.10.31) 또한 최대주주 해당여부는 해당주주 1인과 특수관계자가 보유한 주식을 합하여 판정하며, 특수관계자가 2차출자법인에 해당되는 경우에는 해당특수관계자가 보유한 지분을 단순 합산하여 판정한다. 예를 들어 해당주주가 평가대상법인 주식의 10%의 지분을 보유하고 있고, 해당주주가 30%를 출자하고 있는 다른 법인이 평가대상법인 주식을 45%를 보유하고 있는 경우에는 해당주주가 55%(10% + 45%)의 지분을 가진 것으로 본다.

[관련예규] 최대주주 판정기준 (재산-524, 2010.7.19)

> 최대주주 등에 대한 할증평가를 적용함에 있어 주주 등 1인과 해당 기업집단을 사실상 지배하는 자의 친족이 발행주식 총수의 100분의 30이상을 출자하고 있는 법인이 보유한 주식을 합하여 최대주주 등 여부를 판단하는 것임

다만, 2019.12.31.까지는 조세특례제한법 제101조의 규정에 따라 중소기업주식을 상속증여하는 경우에는 할증하지 아니하며, 법인세법과 소득세법상 특수관계인간의 시가규정에서도 조세특례제한법을 준용하도록 규정함으로써 특수관계인간에 중소기업주식을 양도하는 경우에는 할증평가하지 아니하였으나, 2020.1.1. 이후부터는 상속세 및 증여세법 제63조 ③항에서 중소기업주식(2023.1.1. 이후에는 중견기업도 포함)은 할증대상이 아닌 것으로 명문화 하였다.

조세특례제한법 제101조 **[중소기업 최대주주 등의 주식 할증평가 적용특례]**

「상속세 및 증여세법」 제63조(유가증권 평가 규정)를 적용하는 경우 같은법 제63조 제3항에 따른 중소기업의 최대주주 또는 최대 출자자 및 그와 특수관계에 있는 주주 또는 출자자의 주식 또는 출자지분을 2020년 12월31일 이전에 상속받거나 증여받는 경우에는 같은법 제63조 제3항(최대주주 할증평가 규정)에도 불구하고 같은법 제63조 제1항 제1호(상장주식 기준시가 및 비상장주식의 보충적 평가액으로서 할증하지 아니한 평가액) 및 제2항에 따라 평가한 가액에 따른다.(2019.12.31. 삭제)

법인세법 시행령 제89조 **[시가의 범위 등]**

① 법 제52조 제2항(부당행위부인규정)을 적용할 때 해당 거래와 유사한 상황에서 해당 법인이 특수관계인 외의 불특정다수인과 계속적으로 거래한 가격 또는 특수관계인이 아닌 제3자간에 일반적으로 거래된 가격이 있는 경우에는 그 가격에 따른다.

② 법 제52조 제2항을 적용할 때 시가가 불분명한 경우에는 다음 각 호를 차례로 적용하여 계산한 금액에 의한다.

2. 「상속세 및 증여세법」 제38조·제39조·제39조의 2·제39조의 3, 제61조부터 제66조까지의 규정(2021.2.17.개정)

소득세법 시행령 제98조 **[부당행위계산의 부인]**

③ 제2항 제1호의 규정에 의한 시가의 산정에 관하여는 「법인세법 시행령」 제89조 제1항 및 제2항의 규정을 준용한다.

(3) 할증배제와 할증대상

① 할증하지 않는 경우 : 중소기업과 중견기업 이외 법인의 최대주주에 해당되는 경우에도 경영권 프리미엄이 없다고 인정되는 다음의 경우에는 할증율을 적용하지 아니한다.(상증법 시행령 제53조 ⑦항)

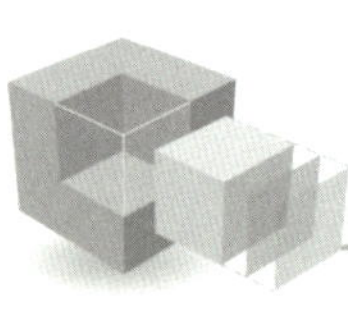

- 중소기업기본법에 의한 중소기업 및 평균매출액이 5천억 원 미만인 중견기업 주식평가
- 3년간 법인세법상의 사업연도순손익액이 모두 (–)인 경우
- 최대주주주식이 상속개시일 당시에는 최대주주이었으나 상속개시일 전후6월(증여주식은 평가기준일전 6개월부터 평가기준일후 3월)이내에 모두 매각된 경우
- 최대주주가 보유한 주식을 최대주주 이외의 자가 상속 · 증여를 받은 경우로서 상속 · 증여로 인하여 최대주주에 해당하지 아니하는 경우
- 3년 이내 사업개시법인으로 기업회계 상의 영업이익이 모두(–)인 경우
- 자회사 및 손자회사 즉, 1차 출자법인의 최대주주로서 모기업의 주식을 평가하는 경우(1차 출자법인이 중소기업이 아닌 경우에도 할증평가하지 아니함. 2021.2.17.이후부터 적용되며 2차 출자 이후에도 할증하지 않음)
- 합병비율계산을 위한 주식을 평가하는 경우의 합병당사법인의 주식
- 증자, 감자시의 법인세법상 부당행위부인금액을 계산하는 경우
- 합병, 증자, 감자, 현물출자에 따른 증여이익을 계산하는 경우
- 주식의 포괄 교환 시 완전모회사가 되는 법인이 발행한 주식
- 명의신탁재산에 대한 증여의제의 경우

[관련예규] 합병법인 할증여부 (법인 - 2910, 2008.10.15)

「법인세법 시행령」 제88조 제1항 제8호 가목 규정을 적용함에 있어서 합병당사법인의 합병직전 주식가액을 상속세 및 증여세법 제63조 규정을 준용하여 평가하는 경우 당해 주식에 대하여는 같은법 제63조 제3항의 할증평가 규정을 적용하지 않는 것임.

② 할증을 적용하는 경우 : 그러나 위 이외의 다음의 경우로서 중소기업 및 중견기업의 주식이 아닌 경우에는 할증평가의 대상이 된다.

- 상속세법상 보충적 평가방법에 의하지 아니하고 제3자간의 거래가액 등과 같은 시가에 의해 비상장주식을 평가하는 경우(국심 2007서 747, 2008.6.2)
- 최대주주 등이 소유한 계열회사 주식을 현물 출자하는 경우(서면 2팀 – 2081, 2007.11.15)
- 국외소재법인의 주식(외국법인은 중소기업기본법의 대상이 아니므로 규모에 불구하고 중소기업에 해당하지 아니함)
- 주식의 포괄교환 시 완전자회사가 되는 법인이 발행하는 주식
- 고가양도에 따른 증여이익 계산 시(서면 인터넷방문상담4팀 - 939, 2008.4.15)
- 상장법인의 경영권이 이전되는 경우의 상장주식평가액(기획재정부 법인–445, 2022.10.20)

③ 연속출자 시 할증여부 : 평가대상법인이 다른 법인의 주식을 보유하고 있고 그 다른 법인이 또 다른 법인의 주식을 보유하고 있는 경우에는 최하위 법인의 주식부터 순차적으로

평가하여 평가대상법인의 순자산 가액을 산정하여야 한다. 이 경우 평가대상법인이 직접 소유한 1차 출자법인의 주식 및 2차 출자법인 이하의 주식 모두 할증평가하지 아니한다.

〈비중소 · 중견기업 최대주주로서 연속출자에 대한 할증여부〉

구분	2021.2.16이전	2021.2.17이후*
1차 출자법인(자회사)	할증대상	할증배제
2차 이상 출자법인(손자회사 등)	할증배제	할증배제

* 상증법시행령 제53조 ⑧항 4호 참조

〈연속출자 시 할증여부〉

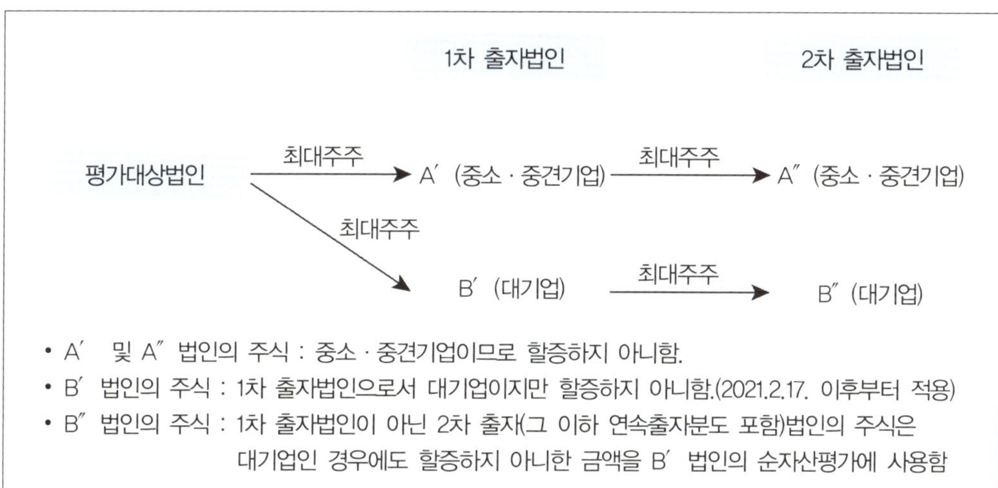

- A′ 및 A″ 법인의 주식 : 중소 · 중견기업이므로 할증하지 아니함.
- B′ 법인의 주식 : 1차 출자법인으로서 대기업이지만 할증하지 아니함.(2021.2.17. 이후부터 적용)
- B″ 법인의 주식 : 1차 출자법인이 아닌 2차 출자(그 이하 연속출자분도 포함)법인의 주식은 대기업인 경우에도 할증하지 아니한 금액을 B′ 법인의 순자산평가에 사용함

다음의 예규는 2021.2.17자로 상증법 시행령 제53조 ⑦항 4호로 개정되기 전의 해석으로서 향후 삭제되어야 할 것으로 판단된다.

[관련사례] 연속출자 시 할증여부 (서면4팀 - 4057, 2006.12.13) (서면 2015 상속증여 - 0949, 2015.8.11)

비상장법인의 순자산가액을 계산할 때, 「상속세 및 증여세법 시행령」 제53조 제5항 제3호의 규정에 의하여 평가대상법인이 최대주주로서 보유하고 있는 다른 법인(1차 출자법인)의 주식에 대하여는 「상속세 및 증여세법」 제63조 제3항의 규정을 적용하여 할증한 가액으로 평가하는 것이며, 1차 출자법인의 순자산가액을 계산할 때 1차 출자법인이 최대주주로서 보유하고 있는 또 다른 법인의 주식(2차 출자법인)에 대하여는 할증한 가액으로 평가하지 아니함.

④ 주식의 포괄교환 시 할증 여부 : 상법 제360조의 2「주식의 포괄적 교환」규정에 따라 다른 법인을 100% 자회사로 만들기 위해 모회사가 상대회사의 주주들에게 모회사의 주식을 발행하여 자회사주식과 교환해주고, 모회사는 자회사의 주주로부터 자회사의 주식을 전부 인수함으로써, 모회사는 주식교환 후 자회사의 주식을 100% 소유하게 되는 완전자회사를 소유하게 된다. 주식의 포괄교환은 다른 회사를 합병을 통하여 흡수하지 아니하고 그 다른 회사를 100%자회사로 만들기 위한 방법이다.

주식의 포괄교환 시 모회사의 주식과 자회사의 주식을 각각 평가하여 평가액의 비율에 따라 주식의 교환비율을 결정하여야 하며 이 경우 두 회사의 주식을 상속세법에 따라 평가한다면 두 회사 주식에 대한 할증평가여부를 고려하여야 한다.

자회사의 주식을 소유하고 있는 주주가 자회사의 최대주주(특수관계자 포함)에 해당되는 경우에는, 자회사의 주식은 할증평가의 대상이 되며 다만 자회사의 주식을 할증평가 하는 경우에도 모회사의 주식은 할증평가하지 아니한다.

또한 자회사의 주식을 소유하고 있는 최대주주의 주식은 할증평가의 대상이 되지만, 자회사의 소액주주가 보유한 주식은 할증평가의 대상이 되지 아니하며, 만일 모회사가 상대회사의 주식 중 일부를 가지고 있었다면 모회사주식을 평가하는 과정에서 상대회사의 주식을 할증하여 모회사의 순자산을 평가하여야 한다.

사례

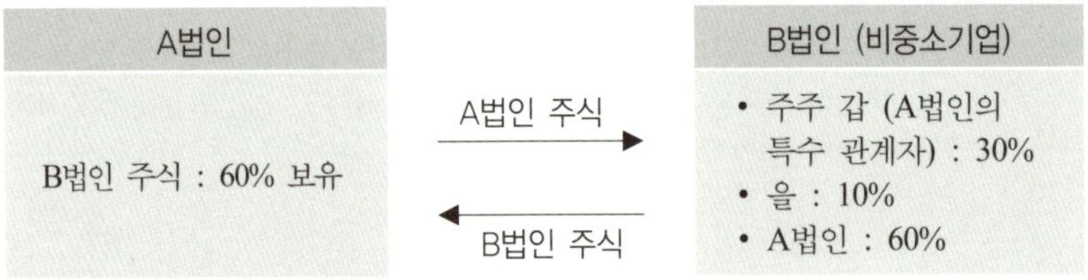

A법인		B법인 (비중소기업)
B법인 주식 : 60% 보유	A법인 주식 → ← B법인 주식	• 주주 갑 (A법인의 특수 관계자) : 30% • 을 : 10% • A법인 : 60%

- 주주 갑의 주식 : B법인의 최대주주에 해당되므로 할증평가
- 주주 을의 주식 : B법인의 최대주주가 아니므로 할증대상 아님
- A법인의 주식 : 모기업이므로 할증대상 아님

[관련예규] 주식의 포괄교환시 할증여부 (서면법령재산 - 20735, 2015.05.04)

주식의 포괄적 교환절차에 따라 완전자회사가 되는 법인의 최대주주가 완전모회사가 되는 법인에 이전하는 주식 또는 완전모회사가 되는 법인의 순자산가치를 평가함에 있어 해당법인이 보유하고 있는 완전자회사가 되는 법인의 주식에 대해서는 해당 할증평가 하나, 완전모회사가 되는 법인이 발행하는 신주에 대해서는 할증평가하지 아니함.

⑤ 합병 시 할증여부 : 두 법인이 합병하여 하나의 법인이 되는 경우에는 합병당사법인의 주식은 할증하지 아니한다. 또한, 2021.2.17자로 상증법 시행령 제53조 ⑦항 4호의 개정에 따라 합병당사법인이 다른 법인의 최대주주로서 보유하고 있는 비중소기업주식에 대하여도 할증평가하지 아니한 금액을 보유법인의 순자산에 반영하여야 한다.

주식의 포괄적 교환은 합병과 유사하게 자회사의 주주들이 모회사의 주주로 전환되지만 가장 큰 차이점은 합병의 경우에는 자회사가 소멸하게 되나 포괄적 교환의 경우에는 100% 자회사 형태로 자회사가 존속하게 된다는 것이다. 다음의 예규는 2021.2.17자로 상증법 시행령 제53조 ⑦항 4호에서 개정된 자회사에 대한 할증배제규정이 반영되기 전의 해석으로서 삭제되어야 할 것으로 판단된다.

[관련예규] 법인세과 - 767 (2010. 8. 16.)

특수관계자인 비상장 내국법인간의 합병으로 합병비율 산정을 위해 순자산가액을 계산함에 있어서 합병당사법인이 최대주주로서 보유하고 있는 다른 비상장법인이 발행한 주식의 시가가 불분명하여 이를 「상속세 및 증여세법」 제63조에 따라 평가하는 경우에는 같은 조 제3항에 따라 할증한 가액으로 평가하는 것이며, 이 경우 「조세특례제한법」 제101조에 따른 '중소기업 최대주주 등의 주식 할증평가 적용특례' 규정은 적용되지 아니하는 것임.

⑥ 상속개시 후 주식전부매각 시 경정청구

최대주주가 사망하여 할증평가 된 가액으로 상속세 신고를 한 이후 최대주주가 보유하였던 전체주식을 제3자에게 매각한 경우로서 매각된 가격이 할증평가하여 신고 된 가격보다 낮은 경우에는 당초 신고가액에 대한 경정청구를 통하여 상속세 차이분을 환급받을 수 있다. 이러한 경우의 경정청구는 다음의 조건을 모두 갖추어야 한다.

- 상속받은 주식을 전부 일괄하여 매각할 것
- 매수 상대방이 상속세법상의 특수관계자가 아닐 것 : 특수관계자라 함은 「국세기본법 시행령」 제1조의 2 제1항 제1호부터 제4호까지의 어느 하나에 해당하는 자(친족) 및 직계비속의 배우자의 2촌 이내의 혈족과 그 배우자를 의미한다.
- 상속개시 후 1년이 되는 날까지 매각이 이루어질 것
- 매각일로부터 6개월 이내에 경정청구 할 것

경정청구를 인정하는 금액은 매각금액이 할증평가 전의 금액보다 낮은 경우에도 매각금액과 할증평가 후의 금액으로 하지 않고, 할증평가 전의 금액과 할증평가 후의 금액의 차이만을 인정한다.

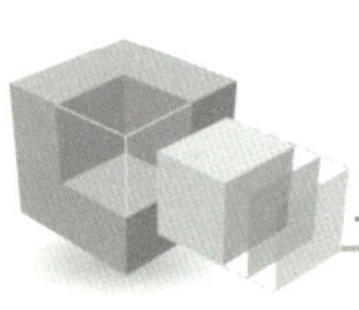

예를 들어 상속개시 당시의 할증 전 평가액이 10억 원이고 할증 후 평가액이 12억 원이었으며 매각금액이 7억 원이었다면, 12억 원과 7억 원의 차이가 아닌 12억 원과 10억 원의 차이 2억 원을 경정청구금액으로 한다.

상속세법 제79조 **[경정 등의 청구 특례]**

① 제67조에 따라 상속세 과세표준 및 세액을 신고한 자 또는 제76조에 따라 상속세 과세표준 및 세액의 결정 또는 경정을 받은 자에게 다음 각 호의 어느 하나에 해당하는 사유가 발생한 경우에는 그 사유가 발생한 날부터 6개월 이내에 대통령령으로 정하는 바에 따라 결정이나 경정을 청구할 수 있다.

1. 상속재산에 대한 상속회복청구소송 등 대통령령으로 정하는 사유로 상속개시일 현재 상속인 간에 상속재산가액이 변동된 경우
2. 상속개시 후 1년이 되는 날까지 상속재산의 수용 등 대통령령으로 정하는 사유로 상속재산의 가액이 크게 하락한 경우

상속세법 시행령 제81조 **[경정청구 등의 인권사유 등]**

③ 법 제79조 제1항 제2호에서 "상속재산의 수용 등 대통령령으로 정하는 사유"란 다음 각 호의 어느 하나에 해당하는 경우를 말한다.(2010.2.18. 개정)

1. 상속재산이 수용·경매(「민사집행법」에 의한 경매를 말한다) 또는 공매된 경우로서 그 보상가액·경매가액 또는 공매가액이 상속세과세가액보다 하락한 경우(2020.2.11. 개정)
2. 법 제63조 제3항에 따라 주식 등을 할증평가 하였으나 일괄하여 매각(피상속인 및 상속인과 제2조의 2 제1항 제1호의 관계에 있는 자에게 일괄하여 매각한 경우를 제외한다)함으로써 최대주주 등의 주식 등에 해당되지 아니하는 경우(2020.2.11. 개정)

[관련예규] 경정청구조건 (서면-2015-상속증여-22645, 2015.02.17.)

【제목】

상속세 신고기한으로부터 6개월 이내에 상속주식을 특수관계 외의 자에게 일괄하여 매각함으로써 최대주주의 주식에 해당하지 않게 된 경우, 매각한 날부터 6월 이내에 경정을 청구할 수 있음.

상증법 기본통칙 79-81…1 **[경정 등의 청구특례]**

주식 등의 매각대금이 할증평가 되기 전의 평가가액 미만인 경우에도 할증평가 된 가액에 한정하여 경정을 청구할 수 있다.

(4) 중소 · 중견 기업의 판정

중소 · 중견기업의 주식은 할증대상이 아니지만 비중소 · 비중견기업의 주식은 최대주주의 경우 20%의 할증율이 적용된다. 이 경우 중소기업은 중소기업기본법상의 중소기업을 의미하며, 중견기업은 직전 3년의 매출액 평균이 5천억 원 미만인 중견기업법상 중견기업을 의미한다.

(5) 중소기업기본법상 중소기업 판정기준

현행 중소기업기본법상 중소기업 판정기준은 기업의 매출액을 기준으로 하는 외형적 기준과 기업간 출자관계를 기준으로 하는 독립성 기준의 두 가지가 있으며 이 두 가지 기준에 모두 충족하여야 중소기업으로 인정된다.(중소기업기본법 제2조, 시행령 제3조)

다만, 두 가지 기준에 해당되는 경우에도 공시대상기업집단에 속하는 법인은 중소기업에서 제외된다.

외형적 기준	독립성 기준
· 평균매출액이 일정기준이하일 것 · 자산총액이 일정기준이하일 것	· 공정거래법상의 공시대상 기업집단 소속 여부 · 자산총액 5천억 원 이상인 대기업의 자회사 여부 · 관계회사의 규모를 합산하여 외형적 기준에 해당되는지 여부

	2015.2.2. 이전	2015.2.3. 이후
중소기업판정 기준	상시근로자수, 자본금, 매출액 또는 자산총액 기준	매출액 또는 자산총액 기준 (근로자수와 자본금 기준은 삭제)

① 외형적 기준 : 중소기업기본법상의 외형적 기준은 다시 "규모기준"과 "상한기준"의 두 가지로 구분된다.

구 분	상한 기준(졸업기준)	규모 기준
적용방법	기업의 업종과 상관없이 자산총액이 5천억 원 미만일 것	기업의 업종별로 정해진 매출액기준에 해당할 것

중소기업해당여부를 판정하기 위해서는 규모기준과 상한기준모두를 충족하여야 하므로 다음과 같은 순서로 판정하여야 한다.

〈중소기업 판정 순서〉

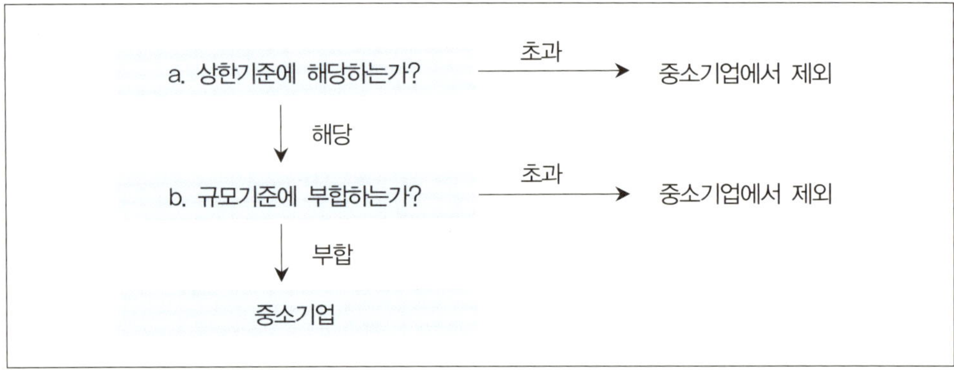

• **상한기준** : 중소기업의 상한기준은 해당기준을 초과하는 기업은 중소기업에 해당될 수 없다는 기준이며 중소기업 기본법 시행령 제3조의 1항에 규정하고 있다.

상한기준	범위상한	기준연도
자산총액	5천억 원 이상	직전 연도말 재무상태표

• **규모기준** : 중소기업의 규모기준은 중소기업기본법시행령 별표1에서 업종별로 정해진 매출액 규모(2025.10.1.자로 개정된 것)에 해당될 것을 조건으로 하는 기준이다. 매출액이라 함은 기업회계기준에 따라 작성된 손익계산서상의 매출액으로서 직전 3년간 매출액의 연평균 매출액을 의미한다.

중소기업기본법 시행령 [별표1] (2025.10.1.)

주된 업종별 평균매출액 등의 중소기업 규모 기준

해당 기업의 주된 업종	분류기호	규모 기준
1. 펄프, 종이 및 종이제품 제조업	C17	평균매출액 등 1,800억 원 이하
2. 1차 금속 제조업	C24	
3. 전기장비 제조업	C28	
4. 의복, 의복 액세서리 및 모피제품 제조업	C14	평균매출액 등 1,500억 원 이하
5. 가죽, 가방 및 신발 제조업	C15	
6. 가구 제조업	C32	

7. 식료품 제조업	C10	평균매출액 등 1,200억 원 이하
8. 화학물질 및 화학제품 제조업 (의약품 제조업은 제외한다.)	C20	
9. 고무 및 플라스틱제품 제조업	C22	
10. 금속가공제품 제조업 (기계 및 가구 제조업은 제외한다.)	C25	
11. 기타 기계 및 장비 제조업	C29	
12. 자동차 및 트레일러 제조업	C30	
13. 기타 운송장비 제조업	C31	
14. 건설업	F	
15. 도매 및 소매업	G	
16. 농업, 임업 및 어업	A	평균매출액 등 1,000억 원 이하
17. 광업	B	
18. 담배 제조업	C12	
19. 섬유제품 제조업(의복 제조업은 제외한다.)	C13	
20. 목재 및 나무제품 제조업(가구 제조업은 제외한다.)	C16	
21. 코크스, 연탄 및 석유정제품 제조업	C19	
22. 전자부품, 컴퓨터, 영상, 음향 및 통신장비 제조업	C26	
23. 기타 제품 제조업	C33	
24. 전기, 가스, 증기 및 공기조절 공급업	D	
25. 수도업	E36	
26. 운수 및 창고업	H	
27. 정보통신업	J	
28. 음료 제조업	C11	평균매출액 등 800억 원 이하
29. 인쇄 및 기록매체 복제업	C18	
30. 의료용 물질 및 의약품 제조업	C21	
31. 비금속 광물제품 제조업	C23	
32. 의료, 정밀, 광학기기 및 시계 제조업	C27	
33. 수도, 하수 및 폐기물 처리, 원료 재생업(수도업은 제외한다.)	E(E36 제외)	
34. 사업시설 관리, 사업 지원 및 임대 서비스업(임대업은 제외한다)	N(N76 제외)	
35. 산업용 기계 및 장비 수리업	C34	평균매출액 등 600억 원 이하
36. 전문, 과학 및 기술 서비스업	M	
37. 보건업 및 사회복지 서비스업	Q	
38. 예술, 스포츠 및 여가관련 서비스업	R	
39. 수리 및 기타 개인 서비스업(협회 및 단체는 제외한다.)	S(S94 제외)	
40. 숙박 및 음식점업	I	평균매출액 등 400억 원 이하
41. 금융 및 보험업	K	
42. 부동산업	L	
43. 임대업(부동산 임대업은 제외한다)	N76	
44. 교육 서비스업	P	

비고

1. 해당 기업의 주된 업종의 분류 및 분류기호는 「통계법」 제22조에 따라 국가데이터처장이 고시한 한국표준산업분류에 따른다. (2025.10.1. 직제개정 ; 중소벤처기업부와 그 소속기관 직제 부칙)
2. 위 표 제12호 및 제13호에도 불구하고 자동차용 신품 의자 제조업(C30393), 철도 차량 부품 및 관련 장치물 제조업(C31202) 중 철도 차량용 의자 제조업, 항공기용 부품 제조업(C31322) 중 항공기용 의자 제조업의 규모 기준은 평균매출액 등 1,500억 원 이하로 한다.

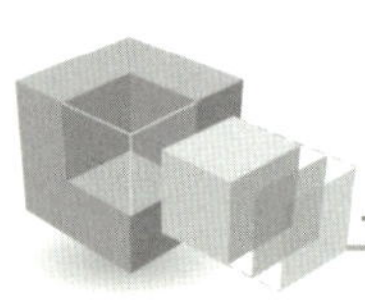

② 독립성 기준 : 중소기업기본법상 독립성 기준이란 중소기업의 규모에 해당하는 경우에도 대기업의 자회사이거나 관계회사의 규모를 합하여 중소기업의 규모를 초과하게 되면 중소기업으로 인정하지 아니하는 기준을 의미한다.

독립성 기준	독립성의 내용
1. 대기업 자회사 기준	직전 연도말 현재 자산 총액이 5천억 원 이상인 법인이 30%이상 직접 혹은 간접적으로 소유하지 아니할 것
2. 관계회사 기준	관계회사에 속하는 기업은 외형적 기준을 산정할 때 관계회사의 규모를 합산하여 판정

- 대기업자회사기준 : 자산총액이 5천억 원이상인 법인이 최대출자자로서 당해회사주식의 30%이상을 소유하고 있는 경우에는 중소기업으로 인정되지 아니한다. 이 경우 주식소유비율은 대기업의 직접소유주식과 간접소유주식을 포함하여 30%이상인지를 판정하여야 한다. 주식의 간접소유비율은 국제조세조정에 관한 법률시행령 제2조 제2항을 준용한다.

국제조세조정에 관한 법률시행령 제2조 **[특수관계의 세부기준]**

② 제1항 제1호부터 제3호까지 및 제5호에서 규정하는 주식의 간접소유비율은 다음 각 호의 방법으로 계산한다.

1. 어느 한 쪽 법인이 다른 쪽 법인의 주주인 법인(이하 "주주법인"이라 한다)의 의결권 있는 주식의 100분의 50 이상을 소유하고 있는 경우에는 주주법인이 소유하고 있는 다른 쪽 법인의 의결권 있는 주식이 그 다른 쪽 법인의 의결권 있는 주식에서 차지하는 비율(이하 "주주법인의 주식소유비율"이라 한다)을 어느 한 쪽 법인의 다른 쪽 법인에 대한 간접소유비율로 한다. 다만, 주주법인이 둘 이상인 경우에는 주주법인별로 계산한 비율을 합계한 비율을 어느 한 쪽 법인의 다른 쪽 법인에 대한 간접소유비율로 한다.
2. 어느 한 쪽 법인이 다른 쪽 법인의 주주법인의 의결권 있는 주식의 100분의 50 미만을 소유하고 있는 경우에는 그 소유비율에 주주법인의 주식소유비율을 곱한 비율을 어느 한 쪽 법인의 다른 쪽 법인에 대한 간접소유비율로 한다. 다만, 주주법인이 둘 이상인 경우에는 주주법인별로 계산한 비율을 합계한 비율을 어느 한 쪽 법인의 다른 쪽 법인에 대한 간접소유비율로 한다.
3. 다른 쪽 법인의 주주법인과 어느 한 쪽 법인 사이에 하나 이상의 법인이 개재되어 있고 이들 법인이 주식소유관계를 통하여 연결되어 있는 경우에도 제1호와 제2호의 계산 방법을 준용한다.

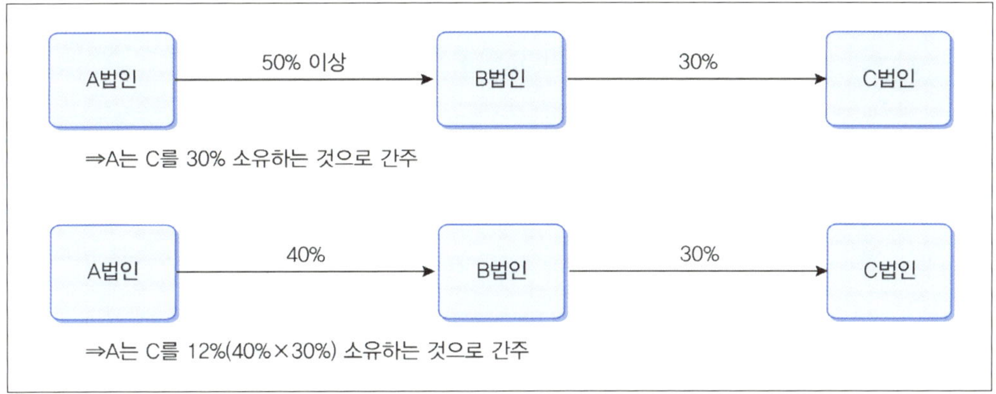

- 관계회사의 개념 : 관계회사 제도의 기본개념은 지배기업이 종속기업의 의결권 있는 주식 등을 30% 이상 소유하면서 최다출자자인 경우, 이들 기업을 서로 독립된 기업이 아닌 하나의 기업으로 간주하여 매출액을 주식 등의 소유 비율만큼 합산하고, 합산한 결과가 업종별 규모기준을 초과할 경우 중소기업으로 인정하지 않는 제도이다.
  이 경우, 지배기업이 종속기업의 주식 등을 직접적으로 30% 이상 소유하지 않더라도 지배기업의 자회사 또는 특수관계자가 종속기업의 주식 등을 소유하고 있는 경우에는 지배기업, 자회사, 특수관계자의 주식 등을 합산하여 관계회사 여부를 판정한다.

- 관계회사에 속하는 경우 매출액 산정방법 : 중소기업기본법 시행령 [별표 2]에 따른 매출액의 산출방법은 다음과 같다.

구 분	50%이상 소유시(실질적 지배)	50%미만 소유시(형식적 지배)
지배기업의 매출액 계산	지배기업 매출액 + 종속기업 매출액 (단순합산)	지배기업 매출액 + 종속기업 매출액 × 지배기업소유비율 (지분율 상당만 가산)

사례

· 지배기업 매출액 800억 원
· 종속기업 매출액 400억 원

구 분	지배기업이 60% 소유시	지배기업이 40% 소유시
지배기업 매출액	800억+400억=1,200억 원	800억+400억×40%=960억 원
종속기업의 매출액	400억+800억=1,200억 원	400억+800억×40%=720억 원

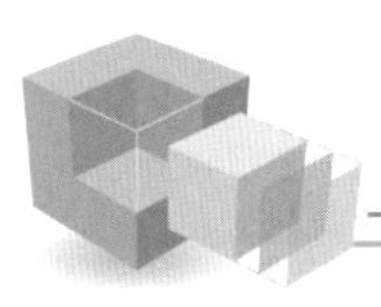

③ 공시대상기업집단 : 외형적 기준과 독립성 기준이 중소기업에 부합되는 경우에도 공시대상기업집단에 속하는 법인은 중소기업이 될 수 없다.(중소기업 기본법 제2조)

공시대상기업집단은 자산총액 5조원 이상인 기업집단으로서 독점규제 및 공정거래에 관한 법률에 따라 공정거래위원회가 매년 지정하며, 2022년 현재 76개의 기업집단(소속회사는 2,886개)이 지정되어 있다.(공정거래법 제31조 ①항)

공시대상기업집단 현황은 「기업집단 포털」에서 확인할 수 있다.

④ 중소기업여부의 적용기간 : 중소기업기본법상 중소기업여부의 적용기간은 직전사업연도말일에서 3개월이 경과한 날부터 1년간으로 한다.

예를 들어 2024.12.31. 현재를 기준으로 중소기업에 해당되는 법인은 2025.4.1. 부터 2026.3.31. 까지 중소기업으로 인정된다.

⑤ 중소기업적용유예기간 : 중소기업이 규모의 확대 등으로 중소기업에 해당되지 아니하는 경우, 그 사유가 발생한 연도의 다음연도부터 3년간은 중소기업으로 본다. 다만 다음의 경우에는 3년의 유예기간이 인정되지 아니한다.

- 비중소기업과 합병한 경우
- 중소기업이 유예기간 중에 있는 다른 기업을 흡수합병한 경우로서 피합병법인의 유예기간이 경과한 경우
- 중소기업이 상호출자제한 기업집단에 속하게 되는 경우
- 중소기업유예기간을 적용받던 기업이 유예기간 중 중소기업에 해당되었다가 규모의 증가 등으로 다시 중소기업규모 등을 초과하게 되는 경우

(6) 할증평가가 제외되는 중견기업

① 할증평가가 제외되는 중견법인의 범위:

매출액규모가 중소기업기준을 초과거나 독립성기준을 위반하여 중소기업에서 제외된 법인 중에서 "중견기업 성장촉진 및 경쟁력강화에 관한 특별법"에 따른 중견기업주식은 최대주주인 경우에도 할증평가하지 않는다.

다만, 중견기업 중에서도 직전 3년간의 평균매출액이 5천억 미만인 법인만 최대주주 할증평가대상에서 제외된다.

중소기업을 제외한 법인 중에서 상증법상의 중견기업에 해당되지 않는 법인은 다음과 같다.

그러므로 아래에 해당하는 법인의 주식은 최대주주인 경우 할증평가 하여야 한다.

할증평가 대상법인	내용
1. 공정거래법상 상호출자제한기업집단 소속법인(공정거래법 제31조 ①항)	2022년 현재 공정거래위원회가 지정한 상호출자제한 기업집단은 47개이며 소속회사는 2198개임
2. 공정거래법상 상호출자제한기업집단지정기준 자산총액 이상인 기업이 30% 이상을 소유하고 최다출자자인 법인	상호출자제한기업집단 자산총액지정기준은 국내총생산의 0.5%로 되어 있음(국내총생산이 2,000조원인 경우 10조원)
3. 한국표준산업분류상 금융, 보험, 연금업을 영위하는 법인	금융지주회사*는 금융보험업에 해당되지만 금융지주회사를 제외한 공정거래법상의 조건을 갖춘 일반지주회사는 금융업에서 제외됨
4. 직전 3년간의 평균매출액이 5천억 원 이상인 법인	중견기업에 해당되는 경우에도 상증법상의 별도 규정에 해당되어 할증평가대상이 되는 법인

* 금융지주회사 : 금융업, 보험업을 영위하는 자회사의 주식을 자산총액의 50% 이상을 보유하는 법인

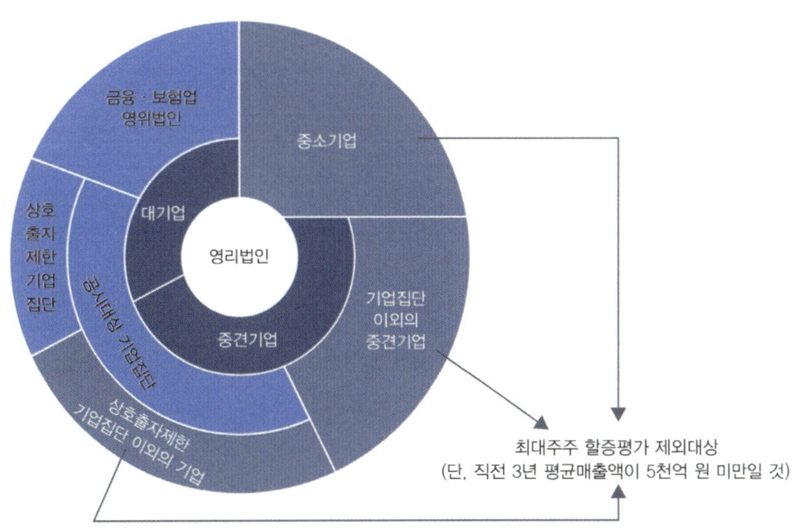

② **지주회사인 경우** : 지주회사란 자회사의 주식을 자산총액의 50% 이상을 보유하고 있는 회사로서 다른 기업의 지분을 소유하는 것을 목적으로 하는 법인을 의미한다. 「중견기업 성장촉진 및 경쟁력 강화에 관한 특별법 시행령」 제2조 제2항 제2호에서는 한국표준산업분류에 따른 금융 및 보험업을 중견기업 제외대상으로 규정하고 있으며, 한국표준산업분류에서는 금융지주회사, 비금융지주회사(일반지주회사)를 금융 및 보험업으로 분류하고 있다.

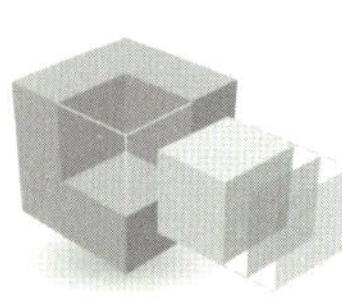

다만, 중견기업특별법에서는 「공정거래법」 제18조 제2항 제5호에 따른 일반지주회사는 금융업 또는 보험업을 영위하는 회사로 보지 않으므로 중견기업 범위에 해당할 수 있다. 그러나 중견기업의 모든 일반지주회사들이 「공정거래법」 제18조 제2항 제5호에 따른 일반지주회사에 해당하는 것은 아니며, 공정거래법에서 규정하고 있는 일반지주회사의 조건을 갖춘 경우에만 중견기업이 될 수 있다. 공정거래법상의 일반지주회사조건은 다음과 같다.

- 「공정거래법」 제2조 제7호 및 동법 시행령 제3호에 의한 지주회사 기준을 충족할 것; 직전 사업연도말 현재 자산총액이 5천억 원 이상이고 자회사의 주식총액이 자산총액의 50% 이상일 것
- 주식(지분 포함)의 소유를 통하여 국내 회사의 사업내용을 지배하는 것을 주된 사업으로 할 것
- 금융업 또는 보험업을 영위하는 자회사의 주식을 소유하는 지주회사가 아닌 일반지주회사일 것
- 지주회사를 설립하거나 지주회사로 전환한 자로서, 「공정거래법」 제17조에 따라 공정거래위원회에 설립 · 전환 신고를 한 법인일 것.

일반지주회사인 경우에도, 상기 공정거래법상의 지주회사 기준을 충족하지 않는 일반지주회사(홀딩스)는 금융 및 보험업으로 분류되어 중견기업이 아니게 되므로, 최대주주의 주식은 할증평가 해야 한다. 일반지주회사의 주식을 평가할 때는 중견기업에 해당되는지를 확인하여야 하므로 「중견기업 정보마당」에서 중견기업 확인을 받을 필요가 있다.

금융지주회사	일반지주회사	
금융보험업 → 중견기업제외	공정거래법상 조건을 갖춘 지주회사 비금융업 → 중견기업에 해당	공정거래법상 지주회사이외의 지주회사 금융업 → 중견기업에서 제외

중견기업 성장촉진 및 경쟁력 강화에 관한 법률 시행령 제2조 **[중견기업의 범위]**

② 법 제2조 제1호 다목에서 「지분소유나 출자관계 등이 대통령령으로 정하는 기준에 적합한 기업」이란 다음 각 호의 요건을 모두 갖춘 기업을 말한다.

2. 「통계법」 제22조에 따라 통계청장이 고시하는 한국표준산업분류에 따른 다음 각 목의 어느 하나에 해당하는 업종을 영위하는 기업(「독점규제 및 공정거래에 관한 법률」 제18조 제2항 제5호에 따른 일반지주회사는 제외한다)이 아닐 것
   가. 금융업
   나. 보험 및 연금업
   다. 금융 및 보험 관련 서비스업

Ⅵ_평가사례

(주)신한의 자료를 이용하여 비상장주식의 1주당평가액을 계산하고 국세청의 비상장주식 평가서식을 작성하시오.

1. 기본 정보

(1) 2026년 3월 31일(평가기준일) 현재의 재무상태표

(2) 주식평가를 위한 기본정보

(3) 법인세신고서 중 최근 결산일 현재의 자본금과 적립금 조정명세서(을)표

(4) 법인세신고서 중 최근 3년간의 법인세과세표준 및 세액조정계산서 및 최근 3년간의 소득금액조정합계표

2. 주식평가액 계산자료

(1) 법인세신고내용요약

(2) 매기말 발행주식수계산

(3) 자산항목조정

(4) 부채항목조정

(5) 유보조정

(6) 영업권 평가

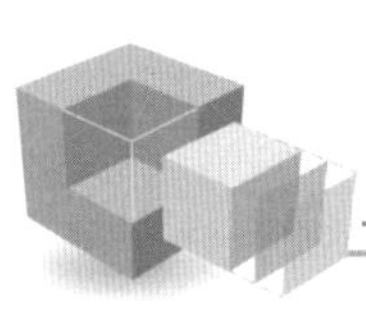

3. 주식평가보고서작성

(1) 순손익액계산서

(2) 순자산가액계산서

(3) 평가차액계산명세서(자산)

(4) 평가차액계산명세서(부채)

(5) 영업권평가서

(6) 비상장주식평가서

1 기본정보

(1) 2026년 3월 31일 현재 재무상태표

자산			부채 및 자본		
유동자산			**유동부채**		
현금및현금등가물		3,000,000	매입채무		740,000,000
금융상품		150,000,000	미지급금		220,000,000
단기매매증권		300,000,000	단기차입금		300,000,000
매출채권	250,000,000		미지급법인세		25,000,000
대손충당금	- 40,000,000	210,000,000	이연법인세부채		70,000,000
미수수익		6,000,000	**비유동부채**		
선급비용		4,000,000	사채	100,000,000	
재고자산			할인발행차금	- 30,000,000	70,000,000
제품	120,000,000		퇴직급여충당부채	350,000,000	
평가충당금	- 30,000,000	90,000,000	퇴직보험예치금	- 270,000,000	80,000,000
원재료		280,000,000	장기미지급금	450,000,000	
투자자산			현재가치할인차금	- 60,000,000	390,000,000
장기금융상품		220,000,000	외화장기차입금		1,250,000,000
지분법투자주식		350,000,000	**부채총계**		**3,145,000,000**
유형자산			**자본**		
토지		600,000,000	자본금		1,000,000,000
건물	400,000,000		이익잉여금		188,000,000
감가상각누계액	- 40,000,000	360,000,000			
구축물	200,000,000				
감가상각누계액	- 60,000,000	140,000,000			
기계장치	500,000,000				
국고보조금	- 100,000,000				
감가상각누계액	- 50,000,000	350,000,000			
건설가계정		900,000,000			
무형자산					
개발비		350,000,000			
특허권		20,000,000	**자본총계**		1,188,000,000
자산총계		4,333,000,000	**부채및자본총계**		4,333,000,000

(2) 주식평가를 위한 기본정보

① 재무상태표는 2025.12.31일자를 기준으로 작성한 후 평가기준일까지의 순이익금액만을 반영하여 재작성 되었다.
② 평가대상법인은 중소기업이며 70%를 소유한 최대주주의 주식양도목적으로 평가한다.
③ 평가기준일은 2026.3.31.일이다.
④ 금융상품에 대한 이자상당액 3,000,000원이 누락되었고 원천징수상당액은 420,000원 이다.
⑤ 단기매매증권은 상장주식투자액이며 2026.3.31.일 전후 2월간 종가평균은 280,000,000원 이다.
⑥ 매출채권 중 30,000,000원은 회수 불가능액이다.
⑦ 선급비용 중 2,000,000원은 2026.3.31. 현재로 기간이 경과된 부분이다.
⑧ 제품은 예상판매가액에 미달되는 부분을 평가충당금으로 계상하였다.
⑨ 원재료는 재취득가액을 확인할 수 없다.
⑩ 장기금융상품의 2026.3.31.일자 금융기관의 평가액은 250,000,000원 이다.
⑪ 지분법투자주식은 20%투자분이며 상속세법상 보충적평가액은 310,000,0000원 이다.
⑫ 토지의 공시지가는 800,000,000원 이다.
⑬ 건물의 기준시가는 420,000,000원 이다.
⑭ 구축물과 기계장치의 재취득가액은 확인되지 아니한다.
⑮ 특허권은 법인세법상의 내용연수에 따른 상각후의 잔액이다.
⑯ 미지급법인세는 2025.12.31. 현재 기업회계상의 추정법인세 중 중간예납법인세 10,000,000원을 상계한 후의 금액을 계상한 것이다.
⑰ 평가기준일현재의 퇴직금 추계액은 380,000,000원 이다.
⑱ 장기미지급금의 만기는 3년이다.
⑲ 외화차입금의 원금은 US$1,250,000이며 평가기준일현재의 환율은 US$1: ₩1,230 이다.
⑳ 주식의 액면가는 5,000원 이다.
㉑ 2026.2.28일자 주주총회에서 배당금 300,000,000원을 결의하였으나 부채로 미계상되었다.
㉒ 2025.12.31. 현재의 법인세법상 유보잔액과 2026.3.31. 현재의 유보잔액은 중요한 차이가 없다고 가정한다.
㉓ 발행주식수 변동내역은 다음과 같다.
2023.1.1. 현재 100,000주
2024.6.30일자 무상증자 20,000주
2024.12.31일자 발행주식수 120,000주
2025.3.31일자 유상증자 80,000주, 발행주식총수 200,000주, 발행가액 주당 7,000원
2026.2.28. 현재 액면기준 유상증자 20,000주가 있었으나 재무상태표에 미반영 되어 있다.

(3) 2025년 12월 31일 현재 자본금과 적립금 조정명세서(을)표

사 업 연 도	2025.01.01 ~ 2025.12.31	**자본금과 적립금조정명세서(을)**	법인명	

※ 관리번호 [ ][ ] - [ ][ ]　　　사업자등록번호

※ 표시란은 기입하지 마십시오.

세무조정유보소득계산

①과목 또는 사항	②기초잔액	당 기 중 증 감		⑤기말잔액 (익기초현재)	비고
		③감 소	④증 가		
퇴직급여충당부채	230,000,000		40,000,000	270,000,000	
퇴직연금	△230,000,000		△40,000,000	△270,000,000	
대손충당금	20,000,000	20,000,000	37,500,000	37,500,000	
미수수익	△5,000,000	△5,000,000	△6,000,000	△6,000,000	
국고보조금	120,000,000	20,000,000		100,000,000	
제품평가충당금			30,000,000	30,000,000	
지분법평가이익	△45,000,000		△30,000,000	△75,000,000	
건설자금이자			10,000,000	10,000,000	
매도가능증권	100,000,000	100,000,000	0	0	
건물감가상각한도초과	20,000,000			20,000,000	
미확정비용	30,000,000			30,000,000	
단기매매증권평가이익	△50,000,000	△50,000,000	△30,000,000	△30,000,000	
				0	
				0	
				0	
				0	
				0	
				0	
합 계	90,000,000	△15,000,000	△88,500,000	16,500,000	

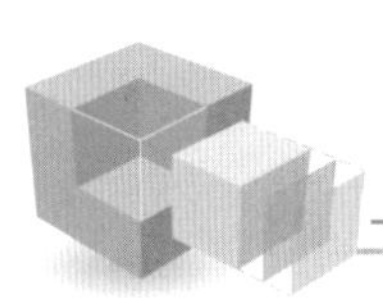

(4) 법인세 과세표준 및 세액조정계산서 및 소득금액조정합계표(2025, 2024, 2023연도분)

사업연도	2025.01.01 ~ 2025.12.31	법인세 과세표준 및 세액조정계산서	법인명	
			사업자등록번호	-

구분	항목		코드	금액
① 각 사업연도 소득계산	(101)결산서상당기순손익		01	200,000,000
	소득조정 금액	(102)익 금 산 입	02	424,500,000
		(103)손 금 산 입	03	260,000,000
	(104)차가감 소득금액 (101+102-103)		04	364,500,000
	(105)기부금한도초과액		05	0
	(106)기부금한도초과 이 월 액 손 금 산 입		54	20,000,000
	(107)각 사업연도소득금액 {(104)+(105)-(106)}		06	344,500,000
② 과세표준계산	(108)각 사업연도 소득금액 (108=107)			344,500,000
	(109)이 월 결 손 금		07	23,000,000
	(110)비 과 세 소 득		08	0
	(111)소 득 공 제		09	0
	(112)과 세 표 준 (108-109-110-111)		10	321,500,000
	(159)선 박 표 준 이 익		55	0
③ 산출세액계산	(113)과세표준(112+159)			321,500,000
	(114)세 율		11	22%
	(115)산 출 세 액		12	46,730,000
	(116)지 점 유 보 소 득 (법인세법 제 96조)		13	0
	(117)세 율		14	
	(118)산 출 세 액		15	0
	(119)합 계(115+118)		16	46,730,000
④ 납부할 세액계산	(120)산출세액(120=119)			46,730,000
	(121)공제감면세액(ㄱ)		17	6,000,000
	(122)차 감 세 액		18	0
	(123)공제감면세액(ㄴ)		19	0
	(124)가 산 세 액		20	0
	(125)가감계(122-123+124)		21	40,730,000
	기납부세액 / 기한내납부세액	(126)중간예납세액	22	10,000,000
		(127)수시부과세액	23	
		(128)원천납부세액	24	0
		(129)간접투자회사등의 외국납부세액	25	0
		(130)소 계 (126+127+128+129)	26	0
	기납부세액	(131) 신고납부전 가산세액	27	
		(132)합계(130+131)	28	10,000,000
	(133)감면분 추가납부세액		29	0
	(134)차 감 납 부 할 세 액 (125-132+133)		30	30,730,000
⑤ 토지등 양도소득에 대한 법인세 계산	양도차익	(135)등 기 자 산	31	
		(136)미 등 기 자 산	32	
	(137)비 과 세 소 득		33	
	(138)과세표준(135+136-137)		34	0
	(139)세 율		35	
	(140)산 출 세 액		36	
	(141)감 면 세 액		37	
	(142)차감세액(140-141)		38	0
	(143)공 제 세 액		39	
	(144)가 산 세 액		40	
	(145)가감계(142-143+144)		41	0
	기납부세액	(146)수시부과세액	42	
		(147)( )세액	43	
		(148)계(146+147)	44	0
	(149)차 감 납 부 할 세 액 (145-148)		45	0
⑥ 세액계	(150)차감납부할 세액 계 (134+149)		46	30,730,000
	(151)사실과 다른 회계처리 경 정 세 액 공 제		57	
	(152)분납세액계산범위액 (150-124-133-144+131-151)		47	0
	분납할 세액	(153)현금납부	48	0
		(154)물 납	49	
		(155)계(153+154)	50	0
	차감납부세액	(156)현금납부	51	0
		(157)물 납	52	
		(158)계(156+157) 158=(150-151-155)	53	0

[별지 제15호 서식] (2008.03.31 개정)

사업연도	소 득 금 액 조 정 합 계 표	법 인 명
2025.01.01 2025.12.31		
사업자등록번호	-	법인등록번호	-

익금산입 및 손금불산입				손금산입 및 익금불산입			
①과 목	②금 액	③소득처분		④과 목	⑤금 액	⑥소득처분	
		처분	코드			처분	코드
퇴직급여충당부채	40,000,000	유보		퇴직연금	40,000,000	유보	
대손충당금	37,500,000	유보		전기대손충당금	20,000,000	유보	
접대비한도초과	10,000,000	기타사외유출		국고보조금	20,000,000	유보	
손금불산입공과금	7,000,000	기타사외유출		수입배당금	14,000,000	기타	
잡손실(가산세)	3,000,000	기타사외유출		지분법평가이익	30,000,000	유보	
법인세비용	200,000,000	기타사외유출		매도가능증권평가손실	100,000,000	유보	
가지급금인정이자	20,000,000	상여		단기매매증권평가익	30,000,000	유보	
가지급금지급이자	12,000,000	기타사외유출		미수수익	6,000,000	유보	
제품평가충당금	30,000,000	유보					
건설자금이자	10,000,000	유보					
단기매매증권평가익	50,000,000	유보					
전기미수수익	5,000,000	유보					
합 계	424,500,000			합 계	260,000,000		

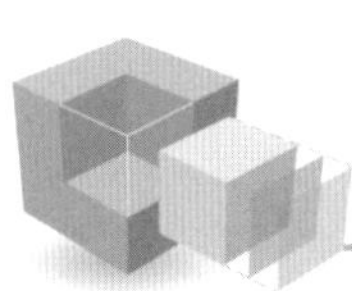

사업연도	2024.01.01 ~ 2024.12.31	법인세 과세표준 및 세액조정계산서	법인명	
			사업자등록번호	-

구분		항목	코드	금액
① 각사업연도소득계산		(101)결산서상당기순손익	01	(96,000,000)
	소득조정 금액	(102)익 금 산 입	02	149,000,000
		(103)손 금 산 입	03	96,000,000
		(104)차가감 소득금액 (101+102−103)	04	(43,000,000)
		(105)기부금한도초과액	05	20,000,000
		(106)기부금한도초과 이 월 액 손 금 산 입	54	
		(107)각 사업연도소득금액 {(104)+(105)-(106)}	06	(23,000,000)
② 과세표준계산		(108)각 사업연도 소득금액 (108=107)		(23,000,000)
		(109)이 월 결 손 금	07	
		(110)비 과 세 소 득	08	
		(111)소 득 공 제	09	
		(112)과 세 표 준 (108−109−110−111)	10	(23,000,000)
		(159)선 박 표 준 이 익	55	
③ 산출세액계산		(113)과세표준(112+159)		(23,000,000)
		(114)세 율	11	
		(115)산 출 세 액	12	0
		(116)지 점 유 보 소 득 (법인세법 제96조)	13	0
		(117)세 율	14	
		(118)산 출 세 액	15	
		(119)합 계(115+118)	16	0
④ 납부할 세액계산		(120)산출세액(120=119)		0
		(121)공제감면세액(ㄱ)	17	0
		(122)차 감 세 액	18	0
		(123)공제감면세액(ㄴ)	19	0
		(124)가 산 세 액	20	0
		(125)가감계(122−123+124)	21	0
	기납부세액 / 기한내납부세액	(126)중간예납세액	22	
		(127)수시부과세액	23	
		(128)원천납부세액	24	0
		(129)간접투자회사등의 외국납부세액	25	0
		(130)소 계 (126+127+128+129)	26	0
	기납부세액	(131) 신고납부전 가산세액	27	
		(132)합계(130+131)	28	0
		(133)감면분 추가납부세액	29	0
		(134)차 감 납 부 할 세 액 (125−132+133)	30	0

구분		항목	코드	금액
⑤ 토지등 양도소득에 대한 법인세 계산	양도 차익	(135)등 기 자 산	31	
		(136)미 등 기 자 산	32	
		(137)비 과 세 소 득	33	
		(138)과세표준(135+136−137)	34	0
		(139)세 율	35	
		(140)산 출 세 액	36	
		(141)감 면 세 액	37	
		(142)차감세액(140−141)	38	0
		(143)공 제 세 액	39	
		(144)가 산 세 액	40	
		(145)가감계(142−143+144)	41	0
	기납부 세액	(146)수시부과세액	42	
		(147)( )세액	43	
		(148)계(146+147)	44	0
		(149)차 감 납 부 할 세 액 (145−148)	45	0
⑥ 세액계		(150)차감납부할 세액 계 (134+149)	46	0
		(151)사실과 다른 회계처리 경 정 세 액 공 제	57	
		(152)분납세액계산범위액 (150-124-133-144+131-151)	47	0
	분납할 세액	(153)현금납부	48	0
		(154)물 납	49	
		(155)계(153+154)	50	0
	차감 납부 세액	(156)현금납부	51	0
		(157)물 납	52	
		(158)계(156+157) 158=(150-151-155)	53	0

[별지 제15호 서식] (2008.03.31 개정)

사업연도	소 득 금 액 조 정 합 계 표		법 인 명
2024.01.01 2024.12.31			
사업자등록번호	-	법인등록번호	-

익금산입 및 손금불산입				손금산입 및 익금불산입			
①과　　목	②금　　액	③소득처분		④과　　목	⑤금　　액	⑥소득처분	
		처분	코드			처분	코드
퇴직급여한도초과	25,000,000	유보		퇴직연금	25,000,000	유보	
대손충당금한도초과	20,000,000	유보		전기대손충당금	12,000,000	유보	
접대비한도초과	8,000,000	기타사외유출		국고보조금	6,000,000	유보	
가지급금인정이자	30,000,000	상여		수입배당금	15,000,000	기타	
가지급금지급이자	24,000,000	기타사외유출		지분법평가이익	20,000,000	유보	
법인세추납액	36,000,000	기타사외유출		법인세환급이자	3,000,000	기타	
전기미수수익	6,000,000	유보		단기매매증권평가익	1,000,000	유보	
				미수수익	5,000,000	유보	
합　계	149,000,000			합　계	96,000,000		

사업연도	2023.01.01 ~ 2023.12.31	법인세 과세표준 및 세액조정계산서	법인명	
			사업자등록번호	-

구분	항목		코드	금액
① 각 사업연도 소득 계산	(101)결산서상당기순손익		01	600,000,000
	소득조정 금 액	(102)익 금 산 입	02	132,000,000
		(103)손 금 산 입	03	50,000,000
	(104)차가감 소득금액 (101+102−103)		04	682,000,000
	(105)기부금한도초과액		05	0
	(106)기부금한도초과 이 월 액 손 금 산 입		54	0
	(107)각 사업연도소득금액 {(104)+(105)-(106)}		06	682,000,000

구분	항목	코드	금액
② 과세표준 계산	(108)각 사업연도 소득금액 (108=107)		682,000,000
	(109)이 월 결 손 금	07	0
	(110)비 과 세 소 득	08	0
	(111)소 득 공 제	09	0
	(112)과 세 표 준 (108−109−110−111)	10	682,000,000
	(159)선 박 표 준 이 익	55	0

구분	항목	코드	금액
③ 산출세액 계산	(113)과세표준(112+159)		682,000,000
	(114)세 율	11	25%
	(115)산 출 세 액	12	158,500,000
	(116)지 점 유 보 소 득 (법인세법 제96조)	13	0
	(117)세 율	14	
	(118)산 출 세 액	15	0
	(119)합 계(115+118)	16	158,500,000

구분	항목			코드	금액
④ 납부할 세액계산	(120)산출세액(120=119)				158,500,000
	(121)공제감면세액(ㄱ)			17	2,000,000
	(122)차 감 세 액			18	0
	(123)공제감면세액(ㄴ)			19	0
	(124)가 산 세 액			20	1,000,000
	(125)가감계(122−123+124)			21	0
	기납부세액	기한내납부세액	(126)중간예납세액	22	157,500,000
			(127)수시부과세액	23	57,500,000
			(128)원천납부세액	24	
			(129)간접투자회사 등의 외국납부세액	25	
			(130)소 계 (126+127+128+129)	26	
		(131) 신고납부전 가산세액		27	
		(132)합계(130+131)		28	57,500,000

구분	항목	코드	금액
	(133)감면분 추가납부세액	29	0
	(134)차 감 납 부 할 세 액 (125−132+133)	30	100,000,000

구분	항목		코드	금액
⑤ 토지 등 양도소득에 대한 법인세 계산	양 도 차 익	(135)등 기 자 산	31	
		(136)미 등 기 자 산	32	
	(137)비 과 세 소 득		33	
	(138)과세표준(135+136−137)		34	0
	(139)세 율		35	
	(140)산 출 세 액		36	
	(141)감 면 세 액		37	
	(142)차감세액(140−141)		38	0
	(143)공 제 세 액		39	
	(144)가 산 세 액		40	
	(145)가감계(142−143+144)		41	
	기납부 세 액	(146)수시부과세액	42	
		(147)( )세액	43	
		(148)계(146+147)	44	0
	(149)차 감 납 부 할 세 액 (145−148)		45	0

구분	항목		코드	금액
⑥ 세액계	(150)차감납부할 세액 계 (134+149)		46	100,000,000
	(151)사실과 다른 회계처리 경 정 세 액 공 제		57	
	(152)분납세액계산범위액 (150-124-133-144+131-151)		47	0
	분납할 세 액	(153)현금납부	48	0
		(154)물 납	49	
		(155)계(153+154)	50	0
	차 감 납 부 세 액	(156)현금납부	51	0
		(157)물 납	52	
		(158)계(156+157) 158=(150-151-155)	53	0

[별지 제15호 서식] (2008.03.31 개정)

사업연도	소 득 금 액 조 정 합 계 표		법 인 명
2023.01.01 2023.12.31			
사업자등록번호	-	법인등록번호	-

익금산입 및 손금불산입				손금산입 및 익금불산입			
①과 목	②금 액	③소득처분		④과 목	⑤금 액	⑥소득처분	
		처분	코드			처분	코드
퇴직급여충당부채	13,000,000	유보		퇴직연금	13,000,000	유보	
대손충당금	12,000,000	유보		전기대손충당금	3,000,000	유보	
접대비한도초과	7,000,000	기타사외유출		국고보조금	2,000,000	유보	
손금불산입공과금	6,000,000	기타사외유출		수입배당금	12,000,000	기타	
법인세비용	40,000,000	기타사외유출		지분법평가이익	10,000,000	유보	
가지급금인정이자	24,000,000	상여		단기매매증권평가익	4,000,000	유보	
가지급급지급이자	16,000,000	기타사외유출		미수수익	6,000,000	유보	
단기매매증권평가익	10,000,000	유보					
전기미수수익	4,000,000	유보					
합 계	132,000,000			합 계	50,000,000		

2 주식평가액 계산자료

평가자료	작성대상보고서
(1) 법인세신고내용요약 (2) 매기말 발행주식수계산	순손익액계산서
(3) 자산항목조정 (4) 부채항목조정 (5) 유보조정 (6) 영업권 평가	순자산가액계산서

(1) 법인세 신고내용 요약

	2025.1.1-12.31	2024.1.1-12.31	2023.1.1-12.31
당기순이익	**200,000,000**	**(96,000,000)**	**600,000,000**
익금산입			
퇴직급여한도초과	40,000,000	25,000,000	13,000,000
대손충당금한도초과	37,500,000	20,000,000	12,000,000
접대비한도초과	10,000,000	8,000,000	7,000,000
손금불산입 공과금	7,000,000	-	6,000,000
잡손실중 가산세	3,000,000	-	-
법인세비용	200,000,000	-	40,000,000
가지급금인정이자	20,000,000	30,000,000	24,000,000
가지급금지급이자	12,000,000	24,000,000	16,000,000
제품평가충당금	30,000,000	-	-
건설자금이자	10,000,000	-	-
법인세추납액	-	36,000,000	-
전기분단기매매증권 평가익	50,000,000	-	10,000,000
전기미수수익	5,000,000	6,000,000	4,000,000
익금산입계	**424,500,000**	**149,000,000**	**132,000,000**
손금산입			
퇴직보험예치금	40,000,000	25,000,000	13,000,000
전기대손충당금	20,000,000	12,000,000	3,000,000
국고보조금	20,000,000	6,000,000	2,000,000
수입배당금	14,000,000	15,000,000	12,000,000
지분법평가이익	30,000,000	20,000,000	10,000,000
매도가능증권	100,000,000	-	-
법인세 등 환급이자	-	3,000,000	-
단기매매증권평가익	30,000,000	10,000,000	4,000,000
당기미수수익	6,000,000	5,000,000	6,000,000
손금산입계	**260,000,000**	**96,000,000**	**50,000,000**
차가감소득금액	364,500,000	(43,000,000)	682,000,000
기부금한도초과액	-	20,000,000	-
전기기부금손금산입액	20,000,000	-	-
각사업연도소득금액	**344,500,000**	**(23,000,000)**	**682,000,000**
이월결손금	(23,000,000)	-	-
과세표준	321,500,000	(23,000,000)	682,000,000
법인세	44,300,000	-	116,400,000
세액공제	6,000,000	-	2,000,000
가산세	-	-	1,000,000
법인세액 (가산세 포함)	38,300,000	-	115,400,000
지방소득세	4,430,000	-	11,640,000
법인세 등	42,730,000*	-	127,040,000
중간예납세액	10,000,000	-	12,000,000

* 이월결손금공제전 법인세 계산

과세표준(각사업연도 소득금액)	344,500,000	
법인세	45,455,000	(2억 원×9%+2억 원 초과분 19%)
세액공제	6,000,000	
법인세액	39,455,000	
지방소득세	4,545,500	
합 계	44,000,500	

(2) 매기말 발행주식수 계산

일 자	구 분	주식수	환산주식수		비 고
			유상증자 환산전	유상증자 환산후	
2023. 1. 1	기 초	100,000			
2023. 12. 31	기 말	100,000	120,000	220,000	1주당 순손익금액계산
2024. 6. 30	무상증자	20,000			
2024. 12. 31	기 말	120,000	120,000	220,000	1주당 순손익금액계산
2025. 3. 31	유상증자	80,000			
2025. 12. 31	기 말	200,000	200,000	220,000	1주당 순손익금액계산
2026. 2. 28	유상증자	20,000			
2026. 3. 31	평가기준일	220,000	220,000	220,000	1주당 순자산가치계산

• 2011.7.25 이전에 평가하는 경우 증자이전연도 매기말 발행주식수 계산시 무상증자는 환산하고 유상증자는 환산하지 아니하지만, 2011. 7. 26 이후에 평가하는 경우에는 상속세법 시행규칙 제17조의 3 ⑤항의 개정에 따라 유상증자도 환산대상에 해당된다. 개정된 규칙에 따라 과거 3년간의 주식수를 환산하면 2023, 2024, 2025 연도말 주식수는 모두 220,000주가 되며, 순손익가치 계산시 유상증자 이전연도의 소득금액에 [증자금액×10%] 상당액을 가산하여야 한다.

(3) 자산항목조정

계정과목		재무상태표	자산에서 제외	평가조정	상속세법상평가액
당좌자산					
현금및현금등가물		3,000,000			3,000,000
금융상품		150,000,000		2,580,000	152,580,000
단기매매증권		300,000,000		- 20,000,000	280,000,000
매출채권	250,000,000			+ 40,000,000	
대손충당금	- 40,000,000	210,000,000		- 30,000,000	220,000,000
미수수익		6,000,000			6,000,000
선급비용		4,000,000	- 2,000,000		2,000,000
재고자산					
제품	120,000,000				
평가충당금	- 30,000,000	90,000,000			90,000,000
원재료		280,000,000			280,000,000
투자자산					
장기금융상품		220,000,000		30,000,000	250,000,000
지분법투자주식		350,000,000	- 40,000,000		* 310,000,000
유형자산					
토지		600,000,000		200,000,000	800,000,000
건물	400,000,000				
감가상각누계액	- 40,000,000	360,000,000		60,000,000	420,000,000
구축물	200,000,000				
감가상각누계액	- 60,000,000	140,000,000			140,000,000
기계장치	500,000,000				
국고보조금	- 100,000,000				
감가상각누계액	- 50,000,000	350,000,000		100,000,000	450,000,000
건설가계정		900,000,000			900,000,000
무형자산					
개발비		350,000,000	- 350,000,000		
특허권		20,000,000			20,000,000

상속세법상 조정액				
유보금액	-			30,000,000
유상증자	-			100,000,000
자산총계	4,333,000,000	- 392,000,000	382,580,000	4,453,580,000

* Max[취득원가, 보충적평가액] : 취득원가는 275,000,000(350,000,000 - 75,000,000 유보잔액), 보충적 평가액은 310,000,000에서 둘 중 큰 금액인 310,000,000을 상증법상 평가액으로 함.

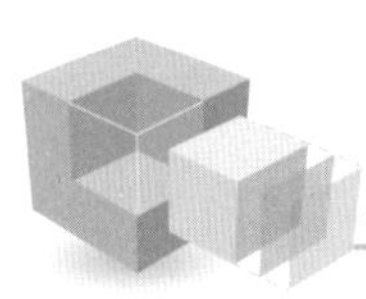

(4) 부채항목조정

		재무상태표금액	부채에서 제외	부채에 가산	상속세법상 금액
유동부채					
매입채무		740,000,000			740,000,000
미지급금		220,000,000			220,000,000
단기차입금		300,000,000			300,000,000
미지급법인세		25,000,000	- 25,000,000		-
이연법인세부채		70,000,000	- 70,000,000		-
비유동부채					
사채	100,000,000				
할인발행차금	- 30,000,000	70,000,000		30,000,000	100,000,000
퇴직급여충당부채	350,000,000				
퇴직연금	- 270,000,000	80,000,000	- 350,000,000	380,000,000	110,000,000
장기미지급금	450,000,000				
현재가치할인차금	- 60,000,000	390,000,000		60,000,000	*450,000,000
외화장기차입금		1,250,000,000		287,500,000	1,537,500,000

* 5년 미만 장기부채는 현재가치평가에서 제외함.

부채조정					
부채에 가산					
법인세				28,300,000*	28,300,000
농어촌특별세				-	-
지방소득세				4,430,000*	4,430,000
배당금.상여금				300,000,000	300,000,000
퇴직급여충당부채				380,000,000	
기타 소계				377,500,000	
부채에서 제외					
제준비금			-		
제충당금			- 350,000,000		
기타 소계			- 95,000,000		
부채 총계		3,145,000,000	- 445,000,000	1,090,230,000	3,790,230,000

* 법인세 실부담세액	38,300,000	[(1)법인세 신고내용요약표상의 법인세액]
중간예납상계액	(-)10,000,000	
미지급법인세금액	28,300,000	-
지방소득세미지급액	4,430,000	
합 계	32,730,000	

(5) 유보조정

과 목	기말잔액	조정금액	비 고
퇴직급여충당부채	270,000,000	-	평가기준일 현재의 추계액으로 평가하므로 유보조정불필요
퇴직연금	- 270,000,000	-	퇴직급여충당부채와 함께 조정불필요
대손충당금	37,500,000	-	대손충당금전액을 제거하였으므로 유보조정불필요
미수수익	- 6,000,000	-	미수수익을 자산으로 포함하여 평가하므로 유보조정불필요
국고보조금	100,000,000	-	국고보조금을 자산에서 제거하였으므로 유보조정불필요
제품평가충당금	30,000,000	-	제품재취득가액으로 평가하므로 유보조정불필요
지분법평가이익	- 75,000,000	-	보충적 평가액으로 평가하였으므로 유보조정불필요
토지건설자금이자	10,000,000	-	토지를 공시지가로 평가하였으므로 유보조정불필요
건물감가상각한도초과	20,000,000	-	건물을 기준시가로 평가하였으므로 유보조정 불필요
미확정비용	30,000,000	30,000,000	상속세법상 자산평가규정이 없는 항목이므로 유보금액가산
단기매매증권평가익	- 30,000,000	-	평가기준일 현재의 시가로 평가하였으므로 유보조정불필요
합계	16,500,000	30,000,000	

(6) 영업권 평가

순손익가치 평가액			
구 분	금 액	가중치	가중치 후 금액
전1년도 순손익액	326,499,500	3	979,498,500
전2년도 순손익액	9,000,000	2	18,000,000
전3년도 순손익액	603,960,000	1	603,960,000
합계			1,601,458,500
평균 순손익	가중치 후 금액/6		266,909,750
적용율	50%		**133,454,875**

순자산가치 평가액			
영업권포함 전 순자산가액			666,350,000
이자율	10%		**66,335,000**

영업권 평가액		
초과이익금액	순손익가치평가액 - 순자산가치평가액	67,119,875
5년연금현재가치계수		3.79079
영업권		**254,437,350**

3 주식평가보고서작성

(1) 순손익액 계산서

순 손 익 액 계 산 서					2026년 3월 31일
평가대상 법인명 : 주식회사 신한					
구분 \ 사업연도		계	평가기준일 전1년이 되는 사업연도 2025	평가기준일 전2년이 되는 사업연도 2024	평가기준일 전3년이 되는 사업연도 2023
1. 각 사 업 연 도 소 득			344,500,000	(23,000,000)	682,000,000
소득에 가산할 금액	2. 국세, 지방세 과오납에 대한 환급금이자		0	3,000,000	0
	3. 기관투자자 배당소득 등 × 80/100('98. 1. 1 이후 90%)		14,000,000	15,000,000	12,000,000
	4. 전기기부금손금산입액		20,000,000	0	0
	5. 유상증자 조정(2026년도분)		10,000,000	10,000,000	10,000,000
	5. 유상증자조정(2025년도분)		14,000,000	56,000,000	56,000,000
(A) 합 계 (1 + 2 + 3 + 4 + 5)			402,500,000	61,000,000	760,000,000
소득에서 공제할 금액	6. 벌금, 과료, 과태료, 가산금과 체납처분비		3,000,000	0	0
	7. 손금 용인되지 않는 공과금		7,000,000	0	6,000,000
	8. 업무에 관련 없는 지출		0	0	0
	9. 토지초과이득세 등		0	0	0
	10. 각 세법에 규정되는 징수불이행 납부세액		0	0	0
	11. 기부금 한도초과액			20,000,000	
	12. 접대비 한도초과액		10,000,000	8,000,000	7,000,000
	13. 지급이자 손금불산입액		12,000,000	24,000,000	16,000,000
	14. 광고선전비 한도초과액		0	0	0
	15. 법인세 총결정세액		39,455,000*	0	115,400,000
	16. 농어촌특별세총결정세액		0	0	0
	17. 주민세 총결정세액		4,545,500*	0	11,640,000
(B) 공제할 금액 합계(6 + …17)			76,000,500	52,000,000	156,040,000
18. 순 손 익 액 (A - B)			326,499,500	9,000,000	603,960,000
19. 사업연도말 주식 또는 환산주식수			220,000	220,000	220,000
20. 주당순손익액(18 ÷ 19)			1,484	41	2,745
21. 가 중 평 균 액 {(ⓐ × 3 + ⓑ × 2 + ⓒ) / 6}		1,213			
22. 재정경제부령이 정하는 율		10			
23. 순손익액의 가중평균액에 의한 1주당 가액 (21 ÷ 22)		**12,131**			

* 실부담법인세가 아닌 이월결손금을 공제하기 전의 법인세를 적용하였음(법인세 신고내용 요약표 참조)

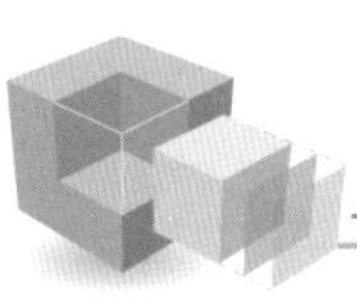

(2) 순자산가액계산서

순 자 산 가 액 계 산 서		2026년 3월 31일
주식회사 신한		
구 분 \ 평가기준일		2026년3월31일
1. 재 무 상 태 표 상 의 자 산 가 액		4,333,000,000
자 산 에 가 산	2. 평 가 차 액	382,580,000
	3. 법 인 세 법 상 유 보 금 액	30,000,000
	4. 유 상 증 자 등	100,000,000
	5. 기 타	
자 산 에 서 제 외	6. 선급비용(이연자산 · 외화환산차)	선급비용 연구개발비 등 392,000,000
	7. 증자일전의 잉여금의 유보액	0
가. 자산총계(1 + … 5) - (6 + 7)		4,453,580,000
8. 재 무 상 태 표 상 의 부 채 액		3,145,000,000
부 채 에 가 산	9. 법 인 세	28,300,000
	10. 농 어 촌 특 별 세	0
	11. 주 민 세	4,430,000
	12. 배 당 금 · 상 여 금	300,000,000
	13. 퇴 직 급 여 추 계 액	380,000,000
	14. 기 타	377,500,000
부 채 에 서 제 외	15. (제 준 비 금)	0
	16. (제 충 당 금)	350,000,000
	17. 기 타	95,000,000
나. 부채총계(8 + …14) - (15 + … 17)		3,790,230,000
18. 영업권포함전순자산가액(가 - 나)		663,350,000
19. 영 업 권		254,437,350
20. 순 자 산 가 액 (18 + 19)		917,787,350

(3) 평가차액계산명세서(자산)

평 가 차 액 계 산 명 세 서			2026년 3월 31일
주식회사 신한			
자 산 금 액			
계정과목	상속세법에 의한평가액	재무상태표상 금 액	차 액
합 계	4,453,580,000	4,333,000,000	120,580,000
현 금 과 예 금	155,580,000	153,000,000	2,580,000
단 기 매 매 증 권	280,000,000	300,000,000	(20,000,000)
매 출 채 권	220,000,000	210,000,000	10,000,000
재 고 자 산	370,000,000	370,000,000	0
기 타 유 동 자 산	8,000,000	10,000,000	(2,000,000)
투 자 와 기 타 자 산	560,000,000	570,000,000	10,000,000
토 지	800,000,000	600,000,000	200,000,000
건 물	420,000,000	360,000,000	60,000,000
구 축 물	140,000,000	140,000,000	0
기 계 장 치	450,000,000	350,000,000	100,000,000
기 타 고 정 자 산	900,000,000	900,000,000	0
무 형 자 산	20,000,000	370,000,000	-350,000,000
유 보 금 액	30,000,000	–	30,000,000
유 상 증 자	100,000,000	–	100,000,000

※ 기재요령

평가기준일 또는 직전사업연도말 현재의 재무상태표상의 자산 또는 부채금액을 기준으로 하여 순자산가액을 재무상태표상 미계상된 경우를 포함한 평가차액을 계산하는 경우에 사용함.

1. 계정과목란에는 평가대상 자산 또는 부채를 재무상태표에 기재된 계정명으로 기입하며 재무상태표상 미계상된 경우에는 추가 기재함.
2. 평가차액란 A(자산)에서 B(부채)를 차감한 잔액을 순자산가액계산서(0206-212)의 ②평가차액란에 이기함.

※ 순자산가액 계산시 재산의 평가는 공신력 있는 감정기관(지가공시 및 토지 등의 평가에 관한 법률에 의한 감정평가법인)의 시가감정서에 의할 수 있음.

(4) 평가차액계산명세서(부채)

평 가 차 액 계 산 명 세 서			2026년 3월 31일
평가대상 법인명 : 주식회사 신한			평가기준일 : 2026년 3월 31일
부 채 금 액			
계정과목	상속세법에 의한평가액	재무상태표상 금 액	차 액
합 계	**3,790,230,000**	**3,145,000,000**	**645,230,000**
매입채무	740,000,000	740,000,000	0
미지급금	220,000,000	220,000,000	0
단기차입금	300,000,000	300,000,000	0
기타유동부채	-	95,000,000	(95,000,000)
사채	100,000,000	70,000,000	30,000,000
퇴직급여충당부채	110,000,000	80,000,000	30,000,000
장기미지급금	450,000,000	390,000,000	60,000,000
외화장기차입금	1,537,500,000	1,250,000,000	287,500,000
법인세 등	32,730,000	-	32,730,000
배당금	300,000,000	-	300,000,000

※ 기재요령

평가기준일 또는 직전사업연도말 현재의 재무상태표상의 자산 또는 부채금액을 기준으로 하여 순자산가액을 재무상태표상 미계상된 경우를 포함한 평가차액을 계산하는 경우에 사용함.

1. 계정과목란에는 평가대상 자산 또는 부채를 재무상태표에 기재된 계정명으로 기입하며 재무상태표상 미계상된 경우에는 추가 기재함.
2. 평가차액란 A(자산)에서 B(부채)를 차감한 잔액을 순자산가액계산서(0206-212)의 ②평가차액란에 이기함.

※ 순자산가액 계산시 재산의 평가는 공신력 있는 감정기관(지가공시 및 토지 등의 평가에 관한 법률에 의한 감정평가법인)의 시가감정서에 의할 수 있음.

(5) 영업권평가서

영업권 평가서

1. 법인명	주식회사 신한	2. 대표자	
3. 사업자등록번호		4. 전화번호	
5. 본점소재지			
6. 발행주식총수	220,000	7. 액면가액	5,000

1. 순손익가치에 의한 평가액

구 분	평가기준일 전 1년 사업 연도	평가기준일 전 2년 사업 연도	평가기준일 전 3년 사업 연도	평가액(합계)
(1) 순손익액	326,499,500	9,000,000	603,960,000	
(2) 가중치	3	2	1	
(3) 가중치 적용후 금액	979,498,500	18,000,000	603,960,000	1,601,458,500
(4) 가중평균액	가중치 적용후 금액 / 6			266,909,750
(5) 적용율				50%
순손익가치에 의한 평가액	가중평균액 × 적용율			133,454,875

2. 순자산가치에 의한 평가액

원칙	(1) 순자산가액	순자산가액계산서상 (영업권 포함전) 순자산가액	663,350,000
	(2) 이자율	재정경제부령이 정하는 이자율	10%
	(3) 평가액	위의 (1) × (2) =	66,335,000
예외	(1)사업소득/자기자본이익율	한국은행이 발표한 업종별・규모별로 발표한 자기자본이익율	0
	(2)수입금액/자기자본회전율	한국은행이 발표한 업종별・규모별로 발표한 자기자본회전율	0
	(3)평가액	위의 (1)과 (2)중 큰 금액(소칙81⑥)	0

순자산가치에 의한 평가액	위의 원칙의 (3) 또는 예외의 (3)의 금액	66,335,000

3. 영업권의 가액

(1)	차가감 금액의 계산	자기자본 이익율초과 순손익액		(위의 1 - 2)	67,119,875
(2)	지속연수에 따른 평가액	초과순손익액	×	I = 10%, n = 5 연금현가율	3.79079
	영업권평가액	1. 순자산가액 계산에 포함시킬 금액임 2. 영업권의 가액이 부수인 경우에는 "0" 으로 한다.			254,437,350

(6) 비상장주식평가서

<table>
<tr><td colspan="4">비 상 장 주 식 평 가 서</td></tr>
<tr><td colspan="4">1. 평가대상 비상장법인</td></tr>
<tr><td>1. 법 인 명</td><td>주식회사 신한</td><td>2. 법인소재지</td><td>서울 영등포구 여의도동 1234번지</td></tr>
<tr><td>3. 대 표 자</td><td></td><td>4. 1주당액면가액</td><td>5,000</td></tr>
<tr><td>5. 발행주식총수</td><td>220,000</td><td>6. 자 본 금</td><td>1,100,000,000</td></tr>
<tr><td>7. 사업개시일</td><td></td><td>8. 휴·폐업일</td><td></td></tr>
<tr><td>9. 해산(합병)등기일</td><td></td><td>10. 평가기준일</td><td>2026년 3월 31일</td></tr>
<tr><td colspan="4">2. 1주당 가액 평가</td></tr>
<tr><td colspan="2">11. 순자산가액</td><td colspan="2">917,787,350</td></tr>
<tr><td colspan="2">12. 1주당순자산가액(11 ÷ 5)</td><td colspan="2">4,171</td></tr>
<tr><td colspan="2">13. 최근 3년간 순손익액의 가중평균액에 의한 1주당가액</td><td colspan="2">12,131</td></tr>
<tr><td colspan="2">14. 1주당평가액</td><td colspan="2">8,947</td></tr>
<tr><td colspan="2">15. 최대주주소유주식의 1주당 평가액
: 14 × 120/100</td><td colspan="2">8,947</td></tr>
<tr><td colspan="4">년 월 일 평 가 자 성 명</td></tr>
</table>

별첨

비상장주식 평가심의위원회 평가서식(국세청)

비상장주식 평가조서 및 작성요령

순손익액 계산서 및 작성요령

순자산가액 계산서 및 작성요령

평가차액 계산 명세서

영업권 평가조서

〈평가심의위원회 운영규정 별지 서식 부표5〉 (앞면)

비 상 장 주 식 평 가 조 서

1. 평가대상 비상장법인

①법 인 명		②대 표 자	
③대 표 자		④1 주 당 액 면 가 액	
⑤발 행 주 식 총 수		⑥자 본 금	
⑦사 업 개 시 일	. . .	⑧휴폐 업 일	. . .
⑨해 산(합병) 등 기 일	. . .	⑩평 가 기 준 일	. . .

2. 1주당 가액 평가

⑪순 자 산 가 액	
⑫1 주 당 순 자 산 가 액(⑪ ÷ ⑤)	
⑬최근3년간 순손익액의가중평균액에 의한 1주당가액 또는 2이상의 신용평가전문기관(회계법인 포함)이 산출한 1주당 추정이익의 평균액	
⑭1주당 평가액 [{(⑫×2)+(⑬×3)} ÷ 5] * 자산가액중 부동산가액의 50% 이상인 법인 [{(⑫ × 3)+(⑬ × 2)} ÷ 5]	
⑮최대주주 소유주식의 1주당 평가액 : ⑭ ×할증율	

3. 상속세및증여세법시행령 제54조제2항제1호 제2호 제3호에 해당되는 경우

⑯ 사업개시전인 법인		⑰ 사업개시후 3년미만법인		⑱ 휴·폐업중에 있는 법인		
⑲ 청산절차가 진행 중에 있는 법인		⑳ 평가기준일전 3개 사업연도 계속 결손인 법인				

(뒷면)

비상장주식 평가조서 작성요령

1. 법인명 등(①~④) : 평가기준일 현재 평가대상 비상장법인의 기본사항을 기재합니다.

2. 발행주식총수(⑤) : 평가대상 비상장법인의 평가기준일 현재 발행주식총수를 기재합니다.

3. 사업개시일(⑦) : 부가가치세법시행규칙 제3조의 규정에 의한 사업개시일을 말합니다.

4. 휴·폐업일(⑧) : 휴업기간은 시작하는 연월일과 종료하는 연월일을 기재하며, 폐업일은 그 사업을 실질적으로 폐업하는 날을 기재합니다.

5. 해산(합병)등기일(⑨) : 법인등기부상 해산(합병)등기한 날을 기재합니다.

6. 평가기준일(⑩) : 상속개시일 또는 증여일을 기재합니다.

7. 순자산가액(⑪) : 순자산가액계산서의 ⑳란의 금액을 기재합니다.

8. 1주당 순자산가액(⑫) : 순자산가액(⑪)을 발행주식총수 (⑤)로 나눈 금액을 기재합니다.

9. 최근 3년간 1주당 순손익액의 가중평균액에 의한 1주당가액(⑬) :
   순손익액계산서의 ㉒란의 금액을 기재하며, (⑯~⑳에 해당하는 법인인 경우에는 기재하지 않습니다)

10. 1주당평가액(⑭) : ⑫와 ⑬의 가중평균액을 기재합니다.
    (⑯~⑳에 해당하는 법인인 경우에는 ⑫란의 금액이 그대로 기재합니다)

11. 최대주주 소유주식의 1주당 평가액(⑮) : 상속세및증여세법 제63조 제3항 및 동법시행령 제53조 제3항의 규정에 의한 할증평가율을 적용하여 산출합니다.

12. ⑯~⑳ : ⑦~⑨란 등을 참고하여 해당란에 "○" 로 표시합니다.

〈평가심의위원회 운영규정 별지 서식 부표6〉 (앞면)

순 손 익 액 계 산 서

평가대상 법인명 :		평가기준일 :			
① 사업연도소득		계			
소득에 가산할 금액	② 국세, 지방세 과오납에 대한 환급금 이자				
	③ 수입배당금 중 익금불산입한 금액				
	④ 비업무용토지에 대한 취득세 환급액				
(A) 합계(① + ② + ③ + ④)					
소득에서 공제할 금액	⑤ 벌금, 과료, 과태료가산금과 체납처분비				
	⑥ 손금용인되지 않는 공과금				
	⑦ 업무에 관련없는 지출				
	⑧ 비업무용토지에 대한 취득세(중과세분)				
	⑨ 각 세법에 규정하는 징수불이행납부세액				
	⑩ 기부금한도초과액				
	⑪ 접대비한도초과액				
	⑫ 과다경비등의 손금불산입액				
	⑬ 지급이자의 손금불산입액				
	⑭ 법인세총결정세액				
	⑮ 농어촌특별세총결정세액				
	⑯ 주민세총결정세액				
(B) 공제할금액합계(⑤+…⑯)					
⑰ 순손익액(A-B)					
⑱ 사업연도말주식수 또는 환산주식수					
⑲ 주당순손익액(⑰ ÷ ⑱)			ⓐ	ⓑ	ⓒ
⑳ 가중평균액 {(ⓐ×3 + ⓑ×2 + ⓒ) / 6}					
㉑ 국세청장이 고시하는 이자율					
㉒ 최근 3년간 순손익액의 가중평균액에 의한 1주당가액(⑳ ÷ ㉑)					

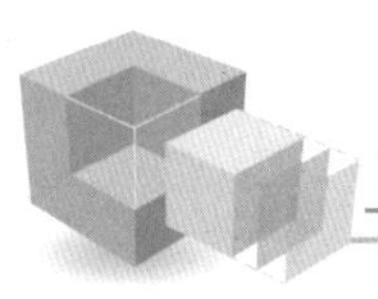

(뒷면)

순손익액 계산서 작성요령

1. 각사업연도소득(①) : 법인세법 제14조의 규정에 의한 각사업연도 소득금액 [법인세과세표준 및 세액조정계산서(별지 제3호 서식) ⑩⑥의 금액]을 말합니다.
2. 국세, 지방세 과오납에 대한 환급금이자(②) :
   법인세법 제18조제4호의 규정에 의한 국세·지방세의 과오납에 대한 환급금 이자로서 각사업연도 소득금액계산상 익금에 산입하지 아니한 금액을 말합니다.
3. 기관투자자, 지주회사 등의 수입배당금 중 익금불산입액(③) :
   법인세법 제18조제6호의 기관투자자가 상장법인 등으로부터 받은 배당금 중 익금에 산입하지 아니한 금액 및 동법 제18조의2와 제18조의3에 의한 수입배당금중 익금불산입액을 말합니다.
4. 비업무용 토지에 관한 취득세 환급액(④)
   지방세법 제112조제2항의 규정에 의한 법인의 비업무용 토지에 대한 취득세(동법 동조 제1항의 규정에 의한 세액을 초과하는 금액에 한한다)의 환급금으로 각사업연도 소득금액계산상 익금에 산입하지 아니한 금액을 말합니다.
5. 벌금, 과료, 과태료, 가산금과 체납처분비(⑤) :
   법인세법 제21조제4호의 규정에 의한 벌금과료·과태료·가산금 및 체납처분비로서 각사업연도 소득금액계산액 손금에 산입하지 아니한 금액을 말합니다.
6. 손금 용인되지 않는 공과금(⑥) : 법인세법 제21조제5호 및 동법시행령 제23조에 규정된 공과금 이외에 공과금으로서 각 사업연도 소득금액계산상 손금용인되지 아니한 금액을 말합니다.
7. 업무에 관련없는 지출(⑦) : 법인세법 제27조의 규정에 의하여 법인이 각 사업연도에 지출한 비용중 법인의 업무와 직접관련이 없다고 정부가 인정하는 금액으로 각사업연도 소득금액계산상 손금용인되지 아니한 금액을 말합니다.
8. 비업무용 토지에 대한 취득세(⑧) :
   지방세법 제112조제2항의 규정에 의한 법인의 비업무용 토지에 대한 취득세(동법 동조 제1항의 규정에 의한 세액을 초과하는 금액에 한함)을 말합니다.
9. 각 세법에 규정하는 징수불이행 납부세액(⑨) :
   법인세법 제21조제1호 및 동법시행령 제21조의 규정에 의하여 각 세법에 규정하는 의무 불이행으로 인하여 납부하였거나 납부하여야 할 세액(가산세포함)으로 각 사업연도소득금액 계산상 손금에 산입하지 아니한 금액을 말합니다.
10. 기부금 한도초과액(⑩) : 법인세 제24조의 규정에 의한 기부금 한도초과액(별지 제2호서식 ⑩⑤란의 금액) 및 비지정기부금(별지 제6호서식 소득금액조정 합계표에 계상되어 비지정기부금으로 손금불산입된 금액)

11. 접대비 한도초과액(⑪) : 법인세법 제25조 규정에 의한 접대비한도 초과액을 기재합니다.

12. 과다경비 등의 손금불산입액(⑫) :
    법인세법 제26조 규정에 의하여 각 사업연도 소득금액 계산상 손금에 산입하지 아니한 금액을 말합니다.

13. 지급이자의 손금불산입(⑬) : 법인세법 제28조 규정에 의한 지급이자 손금불산입액을 말합니다.

14. 법인세액(⑭), 농어촌특별세액(⑮), 주민세액(⑯) :
    평가대상 각 사업연도의 소득에 대하여 납부하였거나 납부하여야 할 법인세, 농어촌특별세 및 주민세의 총결정세액을 기재합니다.

15. 순 손익액(A-B)(⑰) : 평가대상 기준이되는 사업연도별로 (A)합계에서 (B)공제할금액 합계를 차감하여 기재합니다.

16. 사업연도말 주식수 또는 환산주식수(⑱) :
    평가대상 각사업연도 종료일 현재의 발행주식총수를 기재함.
    다만, 평가기준일전 3년 이내에 무상주를 발행한 사실이 있는 경우 무상주발행전 각사업연도종료일 현재의 총발행주식수는 다음 산식에 의하여 환산한 주식수로 합니다.

$$\text{무상주발행전 각사업연도말 주식수} \times \left(\frac{\dfrac{\text{무상주발행 직전}}{\text{무상주발행 주식수}} + \dfrac{\text{사업연도말}}{\text{주 식 수}}}{\text{무상주발행 직전사업연도말 주식수}} \right) = \text{환산주식수}$$

17. 주당 순손익액(⑲) : 해당 사업연도별로 각각 순손익액(⑰)을 사업연도말 주식수 또는 환산주식수(⑱)로 나누어 계산합니다.

18. 가중 평균액(⑳) :
    - 평가기준일전 1년이되는 사업연도의 주당순손익액을 당해사업연도란 ⓐ에, 2년이 되는 사업연도분은 ⓑ에, 3년이 되는 사업연도 분을 ⓒ에 기재하여 가중평균액을 계산함.
    - 상속세및증여세법시행규칙 제17조의3 제1항 각호의 사유가 있는 경우에는 신용평가 전문기관(한국신용평가주식회사, 한국기업평가주식회사, 한국신용정보주식회사)이 평가기준일 전후 6개월 이내에 증권거래법에 의하여 증권관리위원회가 정하는 공모주식의인수가액결정에관한기준에 따라 산출한 1주당 추정이익(상속세 및 증여세 과세표준 신고기한내에 신고한 경우에 한함)에 의할 수 있습니다.

19. 국세청장이 고시하는 이자율(㉑)
    - 2000. 4. 3이후 - 年 10%

20. 최근 3년간 순손익액의 가중평균액에 의한 1주당 가액(㉒) :
    ⑳가중평균액을 ㉑란의 이자율로 나눈 금액을 기재합니다. 이 경우 계산된 1주당 가중평균액이 "0" 이하인 경우에는 "0" 으로 기재합니다.

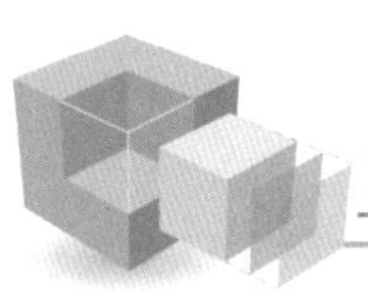

〈평가심의위원회 운영규정 별지 서식 부표7〉 (앞면)

순 자 산 가 액 계 산 서

평가대상 법인명 :

구분 \ 평가기준일				
① 재무상태표상의 자산가액				
자산에 가산	② 평가차액			
	③ 법인세법상 유보금액			
	④ 유상증자 등			
	⑤ 기타			
자산에서 제외	⑥ 선급비용이연자산 등			
	⑦ 증자일전의 잉여금의 유보액			
가. 자산총계((①+…⑤)−(⑥+⑦))				
⑧ 재무상태표상의 부채액				
부채에 가산	⑨ 법인세			
	⑩ 농어촌특별세			
	⑪ 주민세			
	⑫ 배당금·상여금			
	⑬ 퇴직급여추계액			
	⑭ 기타			
부채에서 제외	⑮ (제준비금)			
	⑯ (제충당금)			
	⑰ (기타)			
나. 부채총계((⑧+…⑭)−(⑮+…⑰))				
⑱ 영업권포함전순자산가액(가−나)				
⑲ 영업권				
⑳ 순자산가액(⑱+⑲)				

(뒷면)

순자산가액 계산서 작성요령

1. 재무상태표 상의 자산가액(①) : 평가기준일 또는 직전사업연도말 현재 재무상태표상의 자산총액을 기재합니다.

2. 평가차액(②) : 재무상태표 상의 자산종류별로 상속세및증여세법 제60조 내지 제66조 규정에 의하여 평가액 가액과 재무상태표상 금액과의 차액(평가차액계산명세서에서 옮겨 적음)을 기재합니다.

3. 법인세법상의 유보금액(③) : 법인세결의서 「자본금과 적립금조서(을)」의 ⑤란 기말잔액의 합계액에서 ㉠~㉢을 차감한 금액을 기재합니다.
   ㉠ 보험업법에 의한 책임준비금과 비상위험준비금을 부인한 유보액
   ㉡ 제충당금 및 제준비금을 부인한 유보액
   ㉢ 상속세및증여법시행령에 의하여 평가한 자산의 가액에 포함된 부인 유보액

4. 유상증자 등(④) :
   직접사업연도말 현재의 재무상태표를 기준으로 하여 순자산가액을 계산하는 경우 직전사업연도 종료일로부터 평가기준일까지 유상증자한 금액(유상감자한 경우에는 △로 차감으로 표시)을 기재하되, 유상증자 등의 내용이 반영된 평가기준일 현재 재무상태표를 기준으로 하는 경우에는 그러하지 아니합니다.

5. 평가기준일 현재 지급받을 권리가 확정된 금액은 이를 자산에 가산을 기재합니다.

6. 이연자산·선급비용(⑥) : 법인세법시행령 제77조제1항제1호 내지 제4호의 규정에 의한 이연자산(창업비, 개업비, 신주발행비, 연구개발비, 사채발행비)과 평가기준일 현재 비용으로 확정된 선급비용을 말합니다.

7. 증자일전의 잉여금의 유보액(⑦) : 증자일전의 잉여금의 유보액을 신입주주 또는 신입사원에게 분배하지 아니한다는 것을 조건으로 증자한 경우 신입주주 또는 신입사원의 출자지분을 평가함에 있어 분배하지 아니하기로한 잉여금에 상당하는 금액을 말합니다.

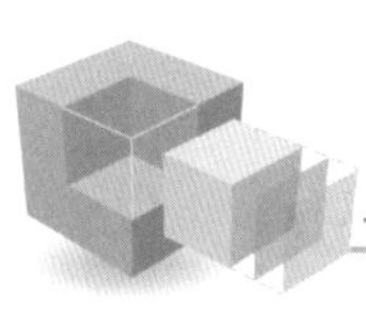

8. 자산총계(가) : [①+②+③+④+⑤]−⑥−⑦

9. 재무상태표상의 부채액(⑧) : 평가기준일 또는 직전사업연도말에 현재 재무상태표상의 부채총액을 기재합니다.

10. 법인세(⑨), 농어촌특별세(⑩), 주민세(⑪) :
부채로 계상되지 아니한 평가기준일까지 발생된 소득에 대한 법인세, 농어촌특별세 및 주민세로서 납부할 세액(순자산가액계산시 부채로서 공제되는 법인세 및 농어촌특별세에는 법인세법 제99조 내지 제102조 규정에 의한 특별부가세와 동특별부가세 감면에 따른 농어촌특별세가 포함됨)을 말합니다.

11. 배당금, 상여금(⑫) : 평가기준일현재 주주총회에서 처분결의된 주주에 대한 배당금 및 임원에 대한 상여금을 말합니다.

12. 퇴직급여추계액(⑬) : 평가기준일 현재 재직하는 사용인(임원포함)의 전원이 퇴직할 경우 지급하여야 할 퇴직금추계액을 기재합니다.

13. 기타(⑭) : 피상속인의 사망에 따라 상속인과 그 외의 사람에게 지급하는 것이 확정된 퇴직수당금, 공로금, 기타 이에 준하는 금액을 기재합니다.

14. 제준비금(⑮) : 비상장법인인 보험회사주식평가시 보험업법의 규정에 의한 책임준비금과 비상위험준비금으로서 법인세법시행령 제57조 제1항 내지 제3항에 준하는 금액을 제외한 재무상태표상의 제준비금의 합계액을 기재합니다.

15. 제충당금(⑯) : 퇴직급여충당금, 단체퇴직급여충당금, 대손충당금 등 재무상태표상의 제충당금의 합계액(평기준일 현재 비용 확정분 제외)을 기재합니다.

16. 부채총계(나) : [⑧+⑨+⑩+⑪+⑫+⑬+⑭]−⑮−⑯−⑰

17. 영업권(⑲) : 영업권평가조서 ⑳란의 영업권평가액을 옮겨 기재합니다.

18. 순자산가액(⑳) : ⑱란에 ⑲란의 평가액을 가산한 금액을 말하며, 이 경우 평가액이 "0" 이하인 경우에는 "0" 으로 기입합니다.

〈평가심의위원회 운영규정 별지 서식 부표8〉 (앞면)

평 가 차 액 계 산 명 세 서

평가대상 법인명 :				평가기준일 : 년 월 일			
자 산 금 액				부 채 금 액			
계정과목	상증법에 의한 평가액	재무상태표상 금 액	차 액	계정과목	상증법에 의한 평가액	재무상태표상 금 액	차 액
합 계			A	합 계			B
비 고							

※ 기재요령

평가기준일 또는 직전사업연도말 현재의 재무상태표상의 자산 또는 부채금액을 기준으로 하여 순자산가액을 계산시 재무상태표상 미계상된 경우를 포함한 평가차액을 계산하는 경우에 사용합니다.

1. 계정과목란에는 평가대상 자산 또는 부채를 재무상태표에 기재된 계정명으로 기입하며 재무상태표상 미계상된 경우에는 추가로 기재합니다.
2. 평가차액란 A(자산)에서 B(부채)를 차감한 잔액을 순자산가액계산서의 ②평가차액란에 옮겨 기재합니다.

〈평가심의위원회 운영규정 별지 서식 부표9〉

영 업 권 평 가 조 서

평가대상 법인명 :

① 평가기준일	평가기준일 전 3년간 순손익액 가중평균액			
	② 평가기준일 이전 1년이 되는 사업연도 순손익액	③ 평가기준일 이전 2년이 되는 사업연도 순손익액	④ 평가기준일 이전 3년이 되는 사업연도 순손익액	⑤ 가중평균액 $\frac{(②\times3+③\times2+④)}{6}$

⑥ 3년간 순손익액의 가중평균액의 50% (⑤ × 50 / 100)	⑦ 평가기준일 현재의 자기자본	⑧ 재정경제부령이 정한는 이자율	⑨ 영업권 지속년수
		10%	

⑩ 영업권 계산액(5년 현재가치 할인액의 합계액 $\left[\frac{⑥-(⑦\times⑧)}{(1+0.1)^n}\right]$ n : 평가기준일부터의 경과연수	⑪ 영업권 상당액에 포함된 매입한 무체재산권가액 중 평가기준일까지의 감가상각비를 공제한 금액	⑫ 영업권평가액 (⑩ − ⑪)

※ 계산근거 : 상속세및증여법시행령 제59조제2항

■ 찾아보기

김 영 수

저자 소개
• 고려대학교 경영학과 졸업
• 한국 · 미국 공인회계사
• (현)신한회계법인

주요 경력
• 재경부 정부투자기관 평가위원
• 지방세 정부합동조사반 파견
• 감사원 · 한국생산성본부 · KBS 방송연수원, 국민대 등 출강
• 영등포세무서 과세적부심 심의위원 역임
• 서울디지털대학교 겸임교수
• 국제금융회계아카데미(미국세법) 출강
• 한국공인회계사회 연수원 출강(비상장주식평가실무, 미국세법)
• 국세청 직무교육 출강(비상장주식평가규정해설)

■ **저서**

〈전문서적〉
• 미시중급회계의 대가
• 거시중급회계의 대가
• 한씨네 세법
• 세법개론(청람)
• 세법원리(세학사)
• 법인의 세법실무(세학사)
• 미국세법(2026, 세학사)
• 알기 쉬운 상속 · 증여세(2026, 도서출판 ONE)

■ YouTube : 납세자는 왕이다.

■ E-mail : yskimabc@hanmail.net

2026 비상장주식평가 *Pro* [제16판]

제 1판1쇄발행 • 2010년 3월 5일
제 2판1쇄발행 • 2011년 3월 22일
제 3판1쇄발행 • 2012년 4월 30일
제 4판1쇄발행 • 2013년 7월 8일
제 5판1쇄발행 • 2015년 1월 20일
제 6판1쇄발행 • 2016년 3월 2일
제 7판1쇄발행 • 2017년 3월 9일
제 8판1쇄발행 • 2018년 3월 14일
제 9판1쇄발행 • 2019년 4월 18일
제10판1쇄발행 • 2020년 4월 9일
제11판1쇄발행 • 2021년 4월 8일
제12판1쇄발행 • 2022년 3월 10일
제13판1쇄발행 • 2023년 3월 7일
제14판1쇄발행 • 2024년 2월 16일
제15판1쇄발행 • 2025년 2월 20일
제16판1쇄발행 • 2026년 2월 27일
저 자 • 김 영 수
발 행 인 • 정 성 열
발 행 처 • 도서출판 ONE
주 소 • 서울특별시 영등포구 선유로 3길 10
등 록 • 제313-2003-427호
전 화 • 02-323-8536
팩 스 • 02-323-8531

저자와의
협의하에
인지생략

ISBN 978-89-6481-503-8

정가 20,000원

- 출간이후 법령이나 해석이 수정되어 본 저서의 내용이 수정되어야 하는 경우에는 (http://one-book.co.kr)에 그 내용을 공지하고 있습니다.